城市研究·经典译丛

丛书主编：李友梅　张海东

CLIMBING
MOUNT
LAUREL

攀登劳雷尔山

一个美国郊区围绕保障性住房的抗争及社会流动

THE STRUGGLE FOR AFFORDABLE HOUSING
AND SOCIAL MOBILITY IN AN AMERICAN SUBURB

［美］道格拉斯·S. 梅西（Douglas S. Massey）
兰·奥尔布赖特（Len Albright）
瑞贝卡·卡斯诺（Rebecca Casciano）
伊丽莎白·德里克森（Elizabeth Derickson）
大卫·N. 肯锡（David N. Kinsey）　　著

朱　迪　张悦怡　译

社会科学文献出版社
SOCIAL SCIENCES ACADEMIC PRESS (CHINA)

Climbing Mount Laurel: The Struggle for Affordable
Housing and Social Mobility in an American Suburb

Copyright © 2013 by Princeton University Press

谨以此书纪念埃塞尔·R. 劳伦斯

目　录

图目录

表目录

序　言

　　本书以一种非常真实的方式将埃塞尔·R. 劳伦斯的愿景推向顶点并予以肯定。埃塞尔·R. 劳伦斯是 20 世纪 60 年代新泽西斯普林维尔社区行动委员会创始人之一，也是南伯灵顿市 NAACP（全国有色人种协进会）诉劳雷尔山案件的首席原告。该案中，州最高法院的裁决不仅清楚地说明市政府有"积极义务"针对地方住房需求提供一定比例的保障性住房，还为其他地方的保障性住房诉讼和发展提供了范例，同时也对整个美国的公平住房倡议给予了很大鼓舞。埃塞尔·劳伦斯一生都在坚定不移地捍卫"不论肤色和经济地位如何，人们都能按照自己的意愿选择居住的社区"这一权利，而且她坚信促进种族和阶级进一步融合不仅有利于贫穷和被剥夺公民权的人，而且会让所有公民受益。

　　本书将对埃塞尔·劳伦斯的愿景加以证明，并以此纪念劳伦斯女士。虽然她从 1967 年起就致力于向劳雷尔山镇引入保障性住房，在 1975 年和 1983 年得到州最高法院的批准，但以她的名字命名的保障性住房开发项目直到 2000 年 11 月才开工——这距她去世已经 6 年。此外，直到现在，不论是维护还是质疑她的这种融合与包容愿景，评估埃塞尔·R. 劳伦斯家园对租户、邻居和镇上居民的影响都很困难。本书中，我们将讨论 2009 ~ 2010 年为实现这些目标而开展的特殊的数据收集工作，包括组织、实施和结果三个方面。"监督劳雷尔山研究"得到约翰·D. 和凯瑟琳·T. 麦克阿瑟基金会（批准号为 08 - 92834 - 000 - HCD）的慷慨资助，其目的是评估建设埃塞尔·劳伦斯家园对周边社区和项目居民生活的影响。

　　与埃塞尔·劳伦斯的愿景相一致的是，本书展示了可以在富裕的白人郊区建设保障性的、少数族群占主导地位的住房项目，进而实现种族和阶级融合这一目标，且不会对周边社区的房价、犯罪率或税收负担产生消极影响。实际上，我们会展示这种项目能够融入更广泛的社区中，以至于许多邻居甚至不知道项目的存在。我们还会展示搬入埃塞尔·劳伦斯家园不会破坏居民与亲朋好友的互动，也不会阻碍他们获取日常必需品和关键服务。事实上，搬家促进邻里社交的可能性更大。

除了能够不断接触社会网络并获得配套服务以外，在劳雷尔山居住让项目涉及的居民面临的居民区失范和暴力现象有所减少，而且碰到的负面生活事件也变少了。在新的居民区中，住房项目的居民与过去相比心理健康状况有所改善，同时就业率提升、收入增加、经济上更为独立。这些居民有更多的时间和精力投入子女教育中，他们的子女能够上更好、更安全的学校，而且取得的成绩与之前学校中的成绩持平或更好。综合上述原因，实施和管理该住房项目不应仅被视为证实了埃塞尔·劳伦斯的梦想，还应被看作促进更高程度融合的范例，以及美国的弱势少数族裔家庭摆脱贫困的途径。

本书及其背后的研究包含许多人的贡献。除了麦克阿瑟基金会的资金支持以外，我们非常感谢该基金会的政策与住房主任迈克尔·A. 斯蒂格曼对项目自始至终的大力支持。一部分定性研究的资助来自住房和城市发展部，批准号为 H‐21567SG（2009～2011）。我们还想感谢曾经对埃塞尔·劳伦斯家园进行开发、现在对其进行管理的非营利性中介机构——公平住宅开发公司——内部的大批员工，特别感谢公司创始人、执行董事兼劳雷尔山案件原告协理律师彼得·J. 奥康纳。他不但贡献自己的时间为我们提供指导、答疑解难、讲解保障性住房开发的细微之处，还允许我们免费参阅文件以及让公平住宅开发公司的员工提供支持。在这些人的帮助下，该研究项目的设计与实施工作才得以落实。公平住宅开发公司副总监凯文·沃尔什先生和劳雷尔山案件原告法律顾问卡尔·S. 比斯盖尔先生在我们重建诉讼的时间线和轨迹时提供了极其宝贵的帮助。

我们也想对开发、管理埃塞尔·劳伦斯家园的公平住宅开发公司办公室的员工表达谢意，他们是米歇尔·巴拉卡、辛迪·哈斯、黛比·狄格兰和安德莉亚·卡德威尔。他们向我们提供了存档记录，方便我们获得课题和研究材料——这些帮助对我们来说十分珍贵。项目的完成同时离不开普林斯顿调查研究中心的员工给予我们的协助、支持和指导，特别是副主任爱德华·弗里兰在我们调查的设计、规划、安排和实施的各个阶段都给予了指导。我们还要衷心感谢田野调查经理玛格丽特·奥兰多，她在每周的电话会议中协调抽样、调查和访谈的具体细节，一直坚持了数月。在社区中，我们要感谢劳雷尔山学区的玛丽·雷诺兹与我们分享档案数据和历史信息，此外还要感谢许多"民间"、政治、警察和教育方面领袖的观察与思考。此外，我们很感谢彼得·奥康纳、亚当·戈登、约翰·戈林和一位匿名评审对我们早期稿件的批判性阅读。最重要的是，我们要感谢埃塞尔·劳伦斯家园的居民和邻居以及该地区参与调查的许多其他人，感谢他们打开大门与我们分享他们对南泽西保障性住房的看法。

第一章

位置的三次方

—— 居 民 区 的 重 要 性

任何房地产经纪人都会这么跟您讲："房地产最重要的三个因素就是位置、位置和位置。"我们可以把这句再三重复的话称为 "L^3" 或者 "位置的三次方"，它强调了地理位置在人类事务中的重要性。当然，每个人都需要一个居所，这既是一个遮风挡雨的住宅，又是一个吃饭、睡觉以及与社会关系网络互动的私人空间。住宅质量自然而然地对住户的健康、舒适、安全、幸福有着直接影响，而且长期以来将房屋属性与家庭需求和资源相匹配都是美国居住流动的主要原因（Rossi，1980）。随着家庭收入增加和资产增值，家庭通常会通过搬迁到其他地方或投资装修现有住宅的方式，力图改进他们居住的房屋以进一步满足不断变化的需求。

当人们购买或租赁房屋时，他们所买的不仅是一所实际的住宅及其配套设施，还包括周边邻近的社区及其特性——或好或坏。在近代城市社会，机会和资源在空间上往往分布不均；在美国，最近几十年来空间不平等问题明显加剧（Massey and Fischer，2003；Reardon and Bischoff，2011）。现在，一个人居住的地点对于其生活机会的影响可能非常大（Dreier, Mollenkopf, and Swanstrom，2001；de Souza Briggs，2005；Sampson，2012）。在选择居所时，家庭不仅选择栖身之所，还选择了一个社区。这样的话，家庭就会对面临的犯罪率，警察与消防安全，缴纳的税金，承担的保险费用，儿童的教育质量，接触的同辈群体，家庭获得的商品、服务和工作，以及通过房屋增值而为家庭带来财富的相对可能性做出选择。而家庭成员因居住在该居民区而获得的地位和声望（或者缺乏地位和声望）就更不必说了。

出于这些原因，房地产市场与美国社会分层系统有着重要的关系

（Massey，2008；Sampson，2012）。房地产市场尤为重要，因为它推销的不仅是房产，还包括教育、安全、健康、财富、就业、社会地位和人际关系。如果一个人没有进入房地产市场的全部权限，那么这个人也没有获取美国社会中全部类型的资源、优势和机遇的权限（Massey and Denton，1993）。因此，在美国居住流动一直是更广泛的社会流动进程的核心（Massey and Mullan，1984；Massey and Denton，1985）。当个人和家庭的经济水平提升后，他们会将收入和财富转化为更好的居住环境。这使得他们处于一个更好的位置，未来能够实现更高的社会经济收益。将居住流动和社会流动穿插在一起，随着时间的推移，时隔几代人，家庭和社会群体在社会阶层上逐渐向上攀爬。所以，现实就是，居住流动的障碍就是社会流动的障碍。

历史上，美国最重要的居住流动障碍就是种族（Massey and Denton，1993；Massey，Rothwell，and Domina，2009）。在民权运动之前，宗教少数群体和少数族裔，特别是非裔美国人，在房地产和抵押市场经受了制度性歧视，而且被旨在鼓励购房的联邦贷款项目拒之门外（Jackson，1985；Katznelson，2005）。除此之外，拒给贷款的歧视性做法在贷款行业已经制度化，并系统地拒绝向黑人居民区提供资本（Jackson，1985；Squires，1994，1997）。贫困的黑人居民区经常成为城市重建项目的拆除目标，这迫使居民离开并搬入建筑质量糟糕而且维修不善的密集公共住房中，致使黑人家庭因阶层和种族被孤立（Hirsch，1983；Goldstein and Yancy，1986；Brauman，1987；Massey and Bickford，1992；Massey and Kanaiaupuni，1993；Jones，2004）。

以上事实导致的结果是 20 世纪中期美国出现普遍且严重的城市种族隔离，直到 20 世纪六七十年代标志性民权立法通过才有所减弱（Charles，2003；Massey，Rothwell，and Domina，2009）。房地产市场和贷款行业消除种族歧视的进程缓慢且磕磕绊绊，但是经过众人与民权组织努力合作，废除种族歧视才得以缓慢实现（Patterson and Silverman，2011）。其中一项努力的成果出现在 1969 年费城新泽西的郊区，当时一群以少数族裔居民为主的低收入居民共同创立了斯普林维尔社区行动委员会（Haar，1996；Lawrence-Haley，2007）。令人惊讶的是，虽然他们的支付能力使其无法在自己的家乡新泽西州劳雷尔山找到体面的住房，但是该委员会成员与当地一家承包商联手，为自己和该地区其他低收入家庭修建了 36 套保障性住房。

考虑到美国的种族和住房历史，镇政府对为低收入的少数族裔家庭建造密集的城镇房屋这一提议的回应是坚定而响亮的否决——这并不奇怪。他们称该提议项目违反了劳雷尔山的区划政策和土地使用规定。该政策和规定更青睐在街道旁边的大面积土地上建造大规模的单独家庭住宅，像许多郊区社区一样（Rose and Rothman，1977）。作为回应，1971 年斯普林维尔社区行动委员会的成员联合当地的 NACCP 和卡姆登地区法务服务组织，提出诉讼反对镇政府，他们指出政府的区划政策在很大程度上禁止建设保障性住房，因此导致贫困的、主要是少数族裔的家庭无法在城镇居住，也无法享受当地的资源与福利——虽然不是法律规定，但已成为事实。

经过长期的法律抗争，1975 年新泽西州最高法院做出了有利于原告方的裁决，后来成为人们熟知的"劳雷尔山 I 案"。裁决中，法院界定了新的《劳雷尔山声明》，明确陈述了新泽西州市政府有满足该地区中低收入家庭的"公平"住房需求的"积极义务"（Kirp，Dwyer，and Rosenthal，1995）。裁决和相关声明为其他地方的公平住房倡导者和保障性住房开发者描绘了蓝图，以便他们能够代表低收入居民开展相似的工作。而且，在接下来的几年里，"劳雷尔山 I 案"在美国多地的房地产诉讼中都被引用（Burchell，1985；Haar，1996）。

虽然有一些社区成员从一开始就支持这个项目，但这样的支持并不广泛。整体来说，政府官员、城镇居民和拟定开发地区附近的居民对法院的裁决并不满意，并在刻薄的示威活动、喧闹的公众听证会以及给当地报纸的责骂信件中对其进行谴责。在接到修改区划以履行提供公平住房义务的指令后，劳雷尔山镇政府官员拖延了一段时间，一年之后才不情愿地对三个不合适的房产进行重新区划，同时将法院的最初裁决进行上诉。

又一个持续很久的诉讼案件随之而来，1983 年最高法院重新确认了先前的裁决，后被称为"劳雷尔山 II 案"。最高法院要求镇政府重新计算其保障性住房的公平份额，并且尽快重新制定区划修正案。两年后，政府官员和原告方达成一致的意见，允许在该地区进行多家庭住宅区划，并提供部分资金，最终推动了项目（Haar，1996）。将计划提交至当地政府这一举动又引发了新一轮的公众听证会。参加听证会的是一些愤怒的市民，他们言辞激烈地表达了恐惧感，认为开发会将烦人的城市问题带入他们郊区的乌托邦（Kirp，Dwyer，and Rosenthal，1995）。他们特别担心的是税收增加、犯罪率上升、房价下降，还有郊区的风气被破坏这些能够感知到的潜在问题（Smothers，1997a，1997b，1997c）。

听证会和公众抗议持续了 10 多年，直到 1997 年劳雷尔山规划委员会才最终批准项目动工的规划。即使是这样，在能够动工前，非营利性开发商仍要敲定建筑蓝图、申请许可，还要与当地官员就细节问题进行协商。直到 2000 年，项目才竣工，开发商可以接受 100 套住宅进驻项目的申请。首位租户在 2000 年底搬入——这距斯普林维尔社区行动委员会最初试图开展项目已 31 年，距起诉已 29 年，距"劳雷尔山 I 案"已 25 年，距"劳雷尔山 II 案"已 17 年。不幸的是，首席原告埃塞尔·劳伦斯已在 6 年前去世，为表示尊敬，该项目以她的名字命名（Lawrence-Halley，2007）。2004 年，埃塞尔·劳伦斯家园（ELH）另外新增 40 套住宅，并向新的租户出租，将其规模发展至现在的 140 套。

埃塞尔·劳伦斯家园的与众不同之处在于它是百分之百的保障性住房。新泽西和其他地方的许多保障性住房项目只是在市场价的开发项目中为低收入家庭设置一定比例的房屋，这一比例通常是 20%。相比之下，埃塞尔·劳伦斯家园最初就是为中低收入家庭设计并建造的。项目目前提供包括 1 间、2 间和 3 间卧室的套间，这些套间位于 2 层别墅中，家庭收入占地区中等收入 10% ~ 80% 的家庭就可负担得起。这些标准导致范围较宽的"支付能力"，住在埃塞尔·劳伦斯家园套间中的家庭每年的收入为 6200 ~ 49500 美元。尽管新泽西属于高收入经济、拥有昂贵的房地产市场，但是没有任何埃塞尔·劳伦斯家园居民能称得上小康或富裕，当然也没有谁被认为绝对贫困。

随着第一批居民搬入，一些观察者怀着兴趣和很大的忧虑进行观察。当地政府已做好准备，以承受市民的消极反应和贫穷的少数族裔家庭集体对社区架构造成的破坏。邻居们虽然抱着美好的希望，但他们仍担心税收上涨、房价下跌和犯罪率升高这些预感变为现实。新泽西和美国各地的公平住房倡议大多都祈祷开发的影响越小越好，而且他们希望开发能够帮新租户们脱离不利的环境。居民在搬入时怀着复杂的心情，他们一方面对未来充满希望，但另一方面也对如何融入白人郊区的环境感到害怕，因为这里的居民已对开发明确表达了疑虑和敌意。

就是在这个矛盾和有争议的环境中，我们启动了目前的分析——这是第一次系统地、全面地、尽量精准地确认劳雷尔山项目带来的多重希望和恐惧的程度。在第二章，我们将更细致地描述劳雷尔山诉讼案件及其争议。在第三章，我们会介绍埃塞尔·劳伦斯家园的建筑、组织和外观，并将此项目与周边地区其他住房相比较，进行美学评估。我们会在第四章对研究的设计和方法论进行概述，介绍我们用来确认项目对社区的影响的具体参考数据来源，以及为了解开放家园对居民、邻居和社区带来的大致影响所做的访谈。

做好上述准备后，我们将在第五章展开分析，其中包括对效果进行评估（这在项目动工前引起当地居民和镇政府巨大关注），采用公开的数据评估项目对犯罪率、税收负担及房价的影响。在发现项目对邻近居民区及城镇的犯罪率、税收负担和房价无影响后，我们会在第六章探讨埃塞尔·劳伦斯家园对郊区生活风气的影响。对周边居民进行有代表性的调查和选择性的访谈结果显示，尽管在最初有激烈的争论和情绪，但是在项目开始实施后，邻居的反应却出奇的沉默——1/3的人甚至没有注意到保障性住房开发项目就在隔壁。

在第七章，我们将目光转向对埃塞尔·劳伦斯家园居民和非居民的一个特殊调查，以评估搬入此家园对人们日常居住环境的影响。调查的设计让我们能够将埃塞尔·劳伦斯家园居民搬入前后的社区环境进行对比，并将他们与对照组（已经申请入住埃塞尔·劳伦斯家园但还未被接受的人）进行比较。两项对比都揭示在搬入埃塞尔·劳伦斯家园后，社区失范和暴力现象大幅减少，负面生活事件的发生频率也有所下降。第八章会探讨搬迁及其改善的居民区环境是否能够改变人们的生活轨迹。住房项目的居民和非居民对照组之间的系统性比较表明，搬入埃塞尔·劳伦斯家园对心理健康、经济独立和儿童教育有明显的改善。在第九章，我们会回顾之前的结论，并描述它们对公共政策和社会理论的影响。我们认为居民区环境对个人和家庭健康有着深远的影响，居住流动项目是美国大都市减贫和降低种族与阶层隔离程度的有效途径。

但在开始分析前，我们在本章剩下的部分将劳雷尔山争议置于更广的理论和实体环境中。理论层面，我们构建一个地区的政治经济的概念理解，强调房地产市场的鲜明特征。这样，我们会阐明劳雷尔山争议的各方参与者的动机和行为，其中包括项目开发商、预期居民、潜在的邻居、地方官员，以及像住房倡导者、民权领袖和郊区政治家这些辅助人员。实体层面，我们会描述发展中的关于美国种族和阶层的空间生态学，概述近期全国范围内和新泽西的种族和经济隔离趋势，并且评论过去几十年住房政策在构建这些趋势时所起的作用。我们也会回顾迄今为止关于居民区对个人与家庭的社会经济福利有何影响的文献。

尽管劳雷尔山争议充斥着大量正面和负面的情绪引发的愤怒和敌意令人担忧，但是我们希望通过对问题的理论和实体框架、项目及其结果的实证分析，能够为辩论提供所需的事实和理由，让市民的反应更冷静，让政策制定者更客观地评价保障性住房开发（例如埃塞尔·劳伦斯家园）作为社会政策所产生的效益。我们相信实证分析结果可以证实实施保障性住房项目能够解决房屋短缺、贫困和居民隔离这些紧迫的问题。我们还相信，研究方法和数据将会引起社会科学家的兴趣，让他们能够比以前更明确地评估居民区环境对个人和家庭的影响。

地区的政治经济

在美国这样的资本主义社会，房屋交易在市场上进行。房屋可以由户主、房东或中介以获得最大资金回报为目的进行售卖或出租，而租户和购房者追求以尽可能低的价格获得最优质的房屋。美国人通常拥护"自由市场"，而贬低"政府干预"及与其相关的"官僚主义"。但是，市场并不是在自然状态下形成的，它是社会构成，由人类为了交换物品和服务的功能性目的而建立和发展起来（Carruthers and Babb, 2000）。市场并非自发形成，直到被外部环境阻断，市场才以某种方式发展为自由的、无束缚的状态（North, 1990；Evans, 1995）。相反，市场是人类行动者在特定社会中有意识地建立的，采用何种制度形式或"建筑"，取决于市场如何嵌入周围通常已经存在的社会结构（Hall and Soskice, 2001；Fligstein, 2001；Guillen, 2001；Portes, 2010）。

现实中，政府会创建市场，没有政府管制，市场便无法存在（Massey, Behrman, and Sanchez, 2006）。政府创建并支持交换中介、明确财产权、执行合同、明确买方权利及卖方义务，并且建立社会的、物质的和虚拟的基础设施，以实现市场交换（Massey, 2005a）。许多美国人认为自己是通过自身努力获得郊区住宅，但其实他们得到了政府的很大帮助，包括受联邦政府支持的贷款项目、抵押贷款利息减免、高速公路建设补贴以及其他措施。问题并不在于政府是否参与到市场中，而在于政府为构建市场而采取的行动符合谁的利益，以及这些行动如何影响市场参与者所经历的市场表现及获得的经济效益。这些都是实证问题，不是哲学问题。

在人类历史上的绝大多数时期，人们所需的物品都是在市场之外通过交换得到的，比如通过互惠网络交换，通过亲属体系继承，或在独裁政权下通过命令得到（Massey，2005b）。只是在过去200年中，市场才在人类社会中占据主导地位。而且，市场在出现时并没有完全成形，而是随着经济的产业化和货币化逐渐形成，然后渐渐变得更具流动性、更有活力，分布更加广泛。与物品、商品、资产和劳动力市场相比，房地产市场在资本主义游戏中出现的时间较晚，因为它与其他市场在很多方面都不同。房地产市场促成了独特的地区政治经济，市场参与者的物质赌注很高，情感在交易中的作用明显但通常不被看重。

住宅通过房地产市场进行交易，产生了"地区"的商品化。该地区的市场参与者会追求房产价值最大化，以供私人使用或货币交易（Logan and Molotch，1987）。房产的使用价值取决于它承担的日常活动的适用性，这些活动包括吃饭、睡觉，与住宅内的其他人互动，并消费周边居民区的零售、教育、娱乐、宗教、社会和经济等方面的服务。房产的交换价值取决于短期内通过租赁或销售所能调动的货币数额，或长期通过有关房产内部和周边地区的土地使用、公共投资、私人开发所实现的资本收益。

所有的地区都有使用和交换价值，但二者的相对重要性对不同的市场参与者而言有所不同，这些市场参与者经常发生冲突（Logan and Molotch，1987）。对同一个市场参与者来说，使用和交换价值的相对平衡甚至会随着时间的推移而发生变化。租户大多更关心地区的使用价值。尽管他们希望将房屋租金降至最低，但是他们对居住地区的交换价值没有长期兴趣，而且相较于房价本身，他们更关注日常生活质量。自己拥有房屋的人既关注交换价值，也关注使用价值。对他们而言，日常生活质量与自己息息相关，他们与乡土地理有着情感联系，而且，他们对房价有长期兴趣。但当他们决定出售房屋时，由于使用价值减少，交换价值便成为他们计算时最重要的考虑因素。房地产中介和开发商最关注交换价值，他们希望通过房屋租赁或出售将短期收益最大化，或通过开发将财富创造的长期潜力最大化。

他们对居民区的日常生活质量不太关心，除非生活质量影响到他们的投资收益。

政府必须对租户、房主、销售者、购买者、开发商和中介之间竞争性的、冲突的和不断变化的利益做出评判，并以某种方式调节他们所代表的使用和交换价值的不同组合（Logan and Molotch，1987）。当然，政府在评判政策时也会追求自身利益，他们通常在促进地区繁荣、提高选民福利的同时寻求连任。早期，蒂伯特（Tiebout，1956）提出一个简单的大都市政治经济概念模型。该模型中，多个市政当局提供不同的成本（税收）与收益（服务）套餐以吸引消费者（租户和购房者）。这些顾客后来"用脚投票"以获得在平衡状态下对所有相关家庭效用最高的房地产市场，该市场将这些家庭与他们需要的住房和服务相匹配，同时确保他们支付得起税金。

但是，蒂伯特模型未考虑房地产市场相对于其他物品和服务市场的独特属性，因而受到批判（Logan and Molotch，1987）。可能房地产市场最独特的属性就是人们对自己居住的地方有情感上的依附。在自己家中和附近居民区，他们花很多时间从事人类生存的基本活动——分享食物、睡觉、成长、生育、组建家庭、与亲朋好友和邻居互动。这些活动包含深切的情感，所以人们对家、学校和邻居产生眷恋（Logan and Molotch，1987）。情感会不知不觉地影响人们视为"理性"的决定（LeDoux，1996；Kahneman，2011），因此关于土地使用、房地产实务和居民区开发的讨论与争论通常都会引发各种情绪（充满强烈的情感），这些情感将影响争论和决策。

经济学理论告诉我们，激励措施很关键。它还告诉我们，受信息和预算所限，人们倾向于采取理性行动将效益最大化。基于这些原则，新古典经济学模型引出关于城市结构和组织的确凿的理论预测，这些理论预测大多由实证研究证实（Alonso，1964；Mills and Hamilton，1997；O'Sullivan，2008）。但是，近期行为经济学、心理学和神经科学的研究表明，人类的理性非常不完美，其受到各种矛盾和限制制约（Ariely，2009；Kahneman，2011）。而且，人的理性在很大程度上受大脑深处的情绪状态限制，这种情绪状态可能不会被有意识地察觉，但是会对需求、要求和欲望的形成产生强烈影响，而且会干预或破坏做决策时的严密逻辑（Ledoux，1996，2002；Goleman，2006）。

除了受情感影响外，居住地点在另一方面也不同于其他商品：它们不可或缺，而且不能轻易被替换。人们可以决定不买新电视，或等到支付得起时再买新汽车，但是，人们无法决定放弃住宅。同样，人们可能用乘坐公共交通工具代替购买新汽车，但是其居住的地方无可替代。结果就是，如果市场无法以家庭能够支付的价格提供住房，就会出现无家可归的情况。这个结果不仅仅是私人消费的决策——用一件商品（住宅）代替另一件（街头露宿），同时还是强加于个体的结构性要求——源于收入分配与租金分配的根本不匹配（O'Flaherty，1996）。

家庭希望尽可能地避免无家可归，因而屈服于房产供应商和购买者双方不平衡的市场支配能力之下。另外，与租户和购房者相比，房地产中介和开发商通常更容易获取信息。开发商之间也相互串通，共同采取行动以形成"增长机器"去影响市场、限制竞争，以利己的方式操纵政府政策（Logan and Molotch，1987）。尽管业主也能共同采取行动，但他们的政治力量和影响较弱，而且他们共有的自身利益仅通过共同的使用价值脆弱地粘连起来，而不是通过共同的交换价值紧密凝聚在一起。当然，租户们共同行动的能力就更加有限了。

在美国地区政治经济中，开发商、投资商和其他"地方企业家"比租户、房主和政府的流动性更强——和其他市场参与者相比，他们能够更轻松地跨空间转移投资。理论上讲，虽然租户接到临时通知就能轻松地收拾搬家，而且不会有太多损失，但是当体面的房屋稀缺时，因为处于社会经济分配的底端，搬家就变得困难了。贫困家庭的房屋选择有限，他们搬家的自由更多存在于理论而非现实中。如果政治经济活动使房价下降至低于购房时的价格，那么收拾一下就搬家对业主来说也不是简单的事。而且不管怎样，出售房屋不是无代价的努力。

房地产市场在很多方面都有其独特之处：市场上交易的商品是不可或缺且无法替代的；购房者在买房的同时还获得了周边居民区，在这个意义上消费是集体性的；买方与卖方的交换和使用价值分配不均，而且经常发生矛盾；涉及情感，而且人们与特定地点之间存在强烈的情感联系；交易时在经济或情感（或两者都有）上的赌注较高。买卖双方在权力、信息和流动性方面不对等的情况比较常见。

上述特征造就了独特的地区政治经济：市场高度管制政治行为和政策（尤其是土地使用政策）对结果有巨大影响。在美国联邦系统中，土地使用与建筑决定权下放至各州，从各州到各县，再到各市，最终形成高度分散的决策系统（Schwartz，2006）。在一定程度上，如果联邦政府想要影响房屋供给，必须要通过州政府和当地政府才可实现（Rabinowitz，2004；Glaeser Gyourko，2008）。但到了 20 世纪，土地使用、建筑标准和房地产市场都在很大程度上不再受各级政府管制。

但是随着工业化和城市化的到来，土地使用迅速发展、空间竞争开始出现、人口多样化与社会经济多样性浮现出来，这便有了控制与管制开发的政治需要。在人口领域，20 世纪初期某些被社会定义的子群体被视为天生就与普遍的白种人、盎格鲁－撒克逊人、基督教徒无法和谐相处。这导致政府花大力气将黑人与白人、富人与穷人、犹太教徒与基督教徒在空间上划分开。针对来自南方农村的黑人移民和来自国外移民的数量不断上涨的问题，美国各城市在 20 世纪初颁布了法令，以在城市范围内根据种族与宗教信仰，建立分开的居民区。其采用了南非共和国种族隔离系统中盛行的《族群居住法》（Massey and Denton，1993）。

首个城市种族隔离法令在 1910 年由巴尔的摩市政府颁发，在法律上将城市地区划分成黑人区和白人区（Massey and Denton，1993）。此后，种族隔离法令在美国各个城市很快传播，但在 1917 年种族隔离立法进程被决定性地终止，当时美国最高法院判决《布肯南诉韦利案》中的种族隔离法令是违宪的，这并非因为黑人是受害者，而是因为白人被剥夺了在合适的时机处理房产的权利（Massey and Denton，1993）。然后，推进和维护种族隔离的集体行为主要集中在私有领域，通过使用诸如使用限制权和贷款歧视等机制，以及房地产和贷款行业制度化的歧视性操作（19 世纪 60 年代公开，后来转为暗地里一直持续下来）（Massey and Denton，1993）。

在政府当局试图针对不和谐的少数族群将居住隔离合法化时，他们还颁布了法律，针对协调的土地使用需求进行空间隔离。经过一番努力，当地政府在法庭上获得了更大的成功。在 20 世纪初期，随着纽约的建筑高度快速增加，针对土地使用规定的运动开始兴起。因为所获得的阳光和空气减少，高楼周边的居民和商户非常不满，他们自然也就试图寻找控制摩天大楼向外蔓延的方法。1916 年作为对民众要求的回应，纽约市政府颁发了国家首部区划法，在曼哈顿设定了楼层高度限制，不鼓励高层建筑的开发。

这些举措为区划规定和法规的扎实积累奠定了基础。这些规定和法规最终演变成美国其他小镇和城市效仿的复杂代码。但是，与规定种族隔离居民区的法规相反，最高法院在 1926 年俄亥俄州尤克利德村诉安布勒房地产有限公司一案中，确认了地方区划法令的合宪性（Rabinowtz，2004）。自那天起，地方区划法成为对美国当地土地使用进行规定的主要手段（Pendall，2000；Fischel，2004）。

"区划"包括各种不同的规定和法规。禁止混用土地的做法在美国郊区很普遍，这导致商业、行政、工业、居民和市政功能出现空间隔离（Duany，Plater-Zyberk，and Speck，2000）。遏制规定被用来划定地理边界，以限制指定郊区圈的开发，减缓城市蔓延（Nelson，Sanchez，and Dawkins，2004）。一些管辖区使用法令或影响费来限制新的开发，除非开发商出资建设学校基础设施或其他便利设施（Pendall，Puentes，and Martin，2006）。其他一些地方提供追求发展的激励措施，为保障性住房提供密度奖励，加快修建保障性住房的许可——几乎所有城市都有各种各样的建筑规范（Glaeser and Gyourko，2008）。Gyourko、Saiz 和 Summers（2008）设计了一整套指标衡量不同管辖区区划给开发商施加的监督负担。

尽管区划法规有多种形式，也被证实对地区房屋供给和价格有影响（Malpezzi，1996；Glaeser，and Gyourko，2003；Glaeser，Schuetz，and Ward，2006），但使用范围最广、最有力的土地使用规定是密度区划，它旨在管理和控制每英亩土地上建造的住宅单位数量（Pendall，Puentes，and Martin，2006）。Glaeser、Gyourko 和 Saks（2005）认为，户主和户主委员通常会努力限制当地开发，其目的是促进房价上涨，从而使得财富增值。相反，Fischel（2004）指出，阶级排他性是区划的动力；而 Fogelson（2005）强调，在美国历史进程中种族歧视已经渗入住房政策。不论是什么动机，与其他形式的规定相比，密度区划规定对房屋成本和供给的影响最大（Glaeser and Ward，2006；Glaeser，Schuetz，and Ward，2006；Pendall，Puentes，and Martin，2006）。而且如我们下文所讲，密度区划规定对决定种族和阶层隔离方面也有重大影响。当然，密度区划也是劳雷尔山争议的核心。

不平等的生态学

人类生态学研究人类如何在空间中安置自己，关注社会结构和建成环境的不同特点，以及如何有选择地引导不同社会经济、政治和心理特征的人进入城市地理中的不同区域。人类生态学还关注居住于不同生态环境中的人如何从多种社会和经济的维度反过来塑造个人与家庭的福利。在 20 世纪 20 年代，芝加哥学派最先指出了人类生态学研究的要点，即社会地位与空间位置密切相关。如果要透彻理解个人和群体的影响，就必须把二者都考虑进去（Burgess，1925；Park，1926）。

虽然社会地位与空间位置之间的紧密联系在几十年中都是美国社会学界的核心议题，但在 20 世纪六七十年代，家庭调查的迅速发展、计算机的广泛应用以及统计方法的进步使得人们可以借助新的大量的数据和计算机的力量，社会地位与空间位置之间的联系被打破了（Massey，2001）。由于有了详细的全国代表性的调查、有力的统计以及复杂的调查方法，社会科学家能够对个体之间和家庭内部所展现的社会经济过程进行复杂的分析，而个体和家庭是大多数社会调查的抽样单位。最初，调查未包含被调查者所在的居民区的信息，因此社会科学的定量研究逐渐与决策制定和社会进程所处的生态背景脱节。

1987 年 William Julius Wilson 出版了《真正的弱势》一书，重新有力地将空间引入主流研究中，这并不仅仅限于社会学研究，同时还包括所有社会科学研究。他认为，不论个体由于成长和生于贫困家庭可能经历何种劣势，他们都会由于贫困居民区这一成长和居住的环境而遭遇更多的困难，换句话说，生态环境从根本上就有着重大影响，远超过个人性格特点和家庭环境。Wilson 是首位意识到 20 世纪七八十年代世界在发生变化，而且贫困越来越在空间上集中的美国社会学家。

1987 年之后，对社会科学家和各个学科来说，空间突然变得至关重要，突然出现测量生态环境、估计多层模型的潮流，它们考虑居民区对社会经济产出的影响（请参阅 Sampson，Morenoff，and Gannon-Rowley，2002）。尽管必需的背景数据起初很稀缺（Jencks and Mayer，1990），但这种情况很快得到改善，而且对住房、空间隔离和人类生态学的研究从社会科学研究的次要位置也转为主要位置（Small and Newman，2001）。除了在美国有长远、完整历史的种族隔离研究以外（Burgess，1928；Duncan and Duncan，1957；Taueber and Taueber，1965；Massey and Denton，1993；Iceland，2009），研究者重新审视阶级隔离，并很快发现随着收入不平衡的凸显，穷人与富人之间的居住隔离也进一步加剧。在空间上不仅仅是穷人分布集中，富人也是如此（Massey and Eggers，1990，1993；Massey and Fischer，2003；Fischer et al.，2004；Reardon and Bischoff，2011）。

当然，过去40年里，美国社会的经济不平等程度大幅上升（Morris and Western，1999；Piketty and Saez，2003；Smeeding，2011）。自1970年起，收入和财富分配变得越来越不均，富人稳定地与其余的美国社会脱离开来。根据美国人口普查局（2011a）的统计，最富5%的家庭户的收入份额从1969年的17%上升到2009年的22%；基尼系数（收入不平等的标准测量）从39.1上升至46.8（0表示完全平等即所有家庭户的收入相同，100表示完全不平等即一个家庭户拥有所有财富）。财富分配的现状甚至更为不均，1977~2007年，由最富1%的家庭户掌握的国民财富从20%上升至35%（Wolff，1996；2010）。

随着经济不平等持续加剧，富裕和贫困的家庭逐渐将自己安置在不同的居民区，进而在美国产生了新的贫困与特权生态学。隔离程度通常用相异指数衡量，它计算了如果要实现居住分布均匀，所要交换的两个社会群体（例如富人与穷人）居民区的比例（Massey and Denton，1988）。Massey和Fischer（2003）采用1970~2000年60个都市地区的人口普查数据计算贫富相异指数时发现，30年间该指数从29上升至37，涨幅约28%。类似地，Reardon和Bischoff（2011b）计算出另外一种测量收入不平等的指标，称为"等级秩序信息理论指数"。他们发现在50万人以上的都市地区，该指数在1970~2007年从0.115上升至0.143，涨幅约24%。

伴随着富人与穷人的居住区域分布不均衡，财富与贫穷在空间上也越发聚集。给定特征人群的空间集聚程度通常采用 P^* 隔离指数来测量（Massey and Eggers，1990）。在测量贫困集中程度时，该指数给出了中等贫困居民区中贫困家庭所占的比例。当Massey和Fischer（2003）为美国最大的60个都市地区计算此指数时，他们发现贫困的空间聚集指数在1970~2000年从14上升至25，而财富聚集指数从31上升至34。换句话说，在进入千禧年时，中等贫困居民区中，贫困家庭所占比例为25%；而中等富裕居民区中，富裕家庭所占比例为34%。

利用根据人种和种族划分的287个都市地区的数据，Rugh和Massey（2012）发现了一个更为复杂的现象：在白人中，贫困聚集指数在1970~1980年从16下降至12，在1980~1990年又上升至23，之后的17年里只是微微下降，直至 2007 年达到 21。类似地，在黑人中，贫困聚集指数在 1970 ~ 1980 年从 26 下降到 21，然而到了 1990 年急剧上升至 40，最后到 2007 年回落至 34。尽管 1990 ~ 2007 年下降幅度不大，但无论是白人还是黑人，2007 年的贫困聚集指数都高于 1980 年的最低值。就 2007 年而言，中等贫困白人聚居的居民区中，贫困家庭占 21%；中等贫困黑人聚居的居民区中，贫困家庭占 34%。

Rugh 和 Massey（2012）还发现，1970 年财富聚集指数处在一个较高水平，后几年又持续上升，这比贫困聚集指数还要引人注目。尽管该上升趋势在 1980 ~ 2000 年处于平稳状态，但在 1970 ~ 1980 年以及 2000 ~ 2007 年，上升非常显著。在整个过程中，白人的财富聚集指数从 36 上升至 44，黑人的财富聚集指数从 19 上升至 34，与最初的数字相比涨幅都不小。总体来说，白人的贫困聚集指数上升最明显，而黑人的财富聚集指数上升最明显。

但是，无论在财富方面还是贫困的空间聚集方面，种族之间的差异依然很大。直到 2007 年，在典型的黑人贫困家庭聚居的居民区，贫困家庭占 34%，而典型的白人贫困家庭聚居的居民区中贫困家庭占 21%——这意味着尽管差异减小，但和贫困白人相比，贫困黑人所经历的贫困聚集程度更高。类似地，2007 年富裕白人比富裕黑人的财富聚集程度最高，典型白人富裕家庭居住的居民区中富裕的家庭占 44%，而对典型黑人富裕家庭居住的居民区而言，此数值仅为 34%。尽管黑人的相对位置在富裕和贫困的居民区中都有所上升，但富裕的黑人的相对位置比贫困的黑人提升得要多一些，两者并不均衡。因此，虽然黑人与白人在财富聚集上的相对差异从 86% 缩小至 30%，但在贫困聚集上的种族差异仅从 88% 下降至 58%。

在几十年中，尽管阶层隔离程度加剧、财富和贫困聚集程度上升，但黑人与白人之间的隔离程度持续下降，从而形成了以种族和阶级之间的新互动为特征的更为复杂的城市生态学。在最大的 60 个都市地区，黑人与白人之间的平均相异度从 1970 年的 77 下降至 2000 年的 60，而黑人的 P* 隔离指数从 53 下降至 30 左右（Massey, Rothwell, and Domina, 2009）。虽然在 1970 年典型黑人居住的居民区中大多数都是黑人，但是到了 2000 年，典型的非裔美国人所住的居民区中，黑人仅占了不到 1/3。

类似地，在分析 1980 ~ 2000 年所有都市地区时，Iceland、Weinberg 和 Steinmtez（2002）发现黑人与白人之间的相异度从 73 下降至 64，黑人的隔离指数从 66 下降至 59。尽管有了下降趋势，但美国的黑人隔离程度依旧很高，与其他像加拿大（Fong，1994，1996，2006；Fong and Shibuya，2005）、巴西（Telles，1992，2004）这些多种族社会相比更为明显。根据 Massey 和 Denton（1988）的标准，2000 年城市中大约有一半的黑人生活的都市地区可以定义为过度隔离，因为这些非裔美国人生活的贫民区高度不均衡、孤立、密集且集中（Massey，2004）。

在黑人与白人隔离趋势不断加强的同时，移民使美国的种族分类发生了根本性变化——美国不再将人仅分成黑人和白人两类，而是分成形形色色的类别，其中包括亚裔、拉丁裔、加勒比岛民、非裔和太平洋岛民，他们都具有新的与众不同的特征。虽然其他情况相同，但美国都市地区亚裔与西班牙裔人口数量的增加往往增加了人口隔离的可能性。1980 年之后西班牙裔和白人之间的相异度较为平稳，20 年后仅从 50 上升至 51，亚裔和白人之间的相异度也在同期从 40 上升至 41（Iceland，Weinberg，and Steinmetz，2002）。尽管居住不平衡程度保持不变，但越来越多的西班牙裔和亚裔人口涌入居民区，加剧了这两类人群的空间隔离，西班牙裔的 P^* 隔离指数从 45 上升至 55，而亚裔的空间隔离指数从 23 上升至 31（Iceland，Weinberg，and Steinmetz，2002）。换言之，在 20 世纪末普通西班牙裔居民所住的居民区中，西班牙裔占 55%；普通亚裔居民所住的居民区中，亚裔占 31%。

上述的趋势在新泽西州有所反映。1970～2010 年，亚裔人口从 2.3 万增加至大约 72.6 万，同期西班牙裔人口从 31 万增加至 155.5 万。[①] 在这段时间，黑人从 77 万增加至 114.2 万，这意味着西班牙裔已超越黑人成为新泽西州最大的少数族裔群体。在新泽西州人口普查区中，黑人与白人的相异度于 1980 年达到最高值 74，到了 2010 年已降至 67，而空间隔离指数已从 56 下降至 43。在同一时期，西班牙裔与白人相异度从 65 下降至 58。但由于拉丁裔人口的大幅上升，西班牙裔的空间隔离指数从 16 上升至 40。从阶层角度来看，贫富居民的居住相异度在 1970～2010 年在 45 上下波动，但由于不平等程度加剧导致穷人与富人数量激增，贫困人口空间隔离指数由 15 上升至 21，富裕人口空间隔离指数从 39 上升至 52。因此，在花园州[②]，

---

① 感谢雅各布·鲁为本段计算数据。
② 即新泽西州。——译者注

典型的富人居住的居民区中，超过一半的邻居比较富裕。

在新泽西州乃至整个美国，2000年后城市生态学越来越明显的特征就是黑人与白人相异性下降，黑人隔离程度下降，西班牙裔与白人，以及亚裔与白人之间的相异度保持稳定，西班牙裔与亚裔的隔离程度稍有上升。伴随这些种族趋势出现的还有阶层隔离的升温和贫困与财富空间集聚程度的上升。总体来说，旧的不平等生态学的结构是收入和购买力的适度差异（产生了低级的阶层隔离），以及高度的偏见和种族歧视（产生了高级的黑人和白人的隔离）；新的城市生态学的特点是种族歧视水平下降，购买力差异更为明显，呈现黑人与白人隔离程度下降但阶层隔离程度上升的趋势。另外，尽管歧视有所缓和，使得西班牙裔和亚裔之间的隔离并未加剧，但两个群体人口数量的上升导致更高程度的空间隔离。

结果，购买力、房租和房价越来越主导区位的选择，越来越决定美国的隔离模式。尽管房地产市场会辨别价格和购买力，但高度的阶层隔离并不一定仅遵循此规律。种族隔离通常导致多数居民区将少数群体排除在外，但价格歧视只有在高价和廉价住房单元分布在不同居民区时才会出现。当然，每个人都想住在理想的居民区，但这些位置的土地价格通常都被抬高，以创造较高的土地价值（Mills and Hamilton，1997；O'Sullivan，2008）。但即便土地昂贵，开发商仍能采用集约利用土地的方式来满足下层阶级家庭对房屋的需求。他们可以大批购买，然后建多单元结构以取代大型单一家庭住宅，这样一来，大批购买者或租赁者就可以分摊高昂的土地成本。

因此，在完全"自由"的房地产市场中，开发商（尤其是非营利性开发商）可以在富裕、理想的地区购置土地，然后建造公寓大楼，其中包括为低收入家庭设计的廉价住房单元，但现实中房地产市场并非如此。如上文所说，房地产市场不是"自由"的，而是受区划和土地使用规定约束。理想地区的富人为了保持自己的特权并将房产价值最大化，会促使政府出名政策以防止有害的土地使用（例如有毒废弃物处理设施）和不受欢迎的人口群体（例如贫困的少数族裔）进入他们的领地（Orfield，2002；Fischel，2004；Fogelson，2005；Glaeser，Gyourko，and Saks，2005；Levine，2005；Massey，2008）。

政府系统越分散，越容易出现这种排斥。局部地区集中的、经济上相似的人，通常使用和交换价值观也相同，对社会和经济局外人的态度相似，而且他们可利用自己在当地的主要势力对市政府进行有效控制，迫使当地规划部门将最大允许住宅密度保持在较低水平，进而限制房屋供给并提高房价，防止低收入家庭进入（Massey，1996）。因为西班牙裔和黑人通常比白人收入低，这种建立在阶层上的排斥也预先阻止了少数族裔家庭的进入。因为市政府被几乎没有社会问题的富裕家庭掌控，富裕的居民会为自己提供丰富的服务但只支付少量税金（Massey，1996）。

密度区划利用多种规定限制每单位面积土地上允许建造的住宅单位数量。这些规定可能明确设定了密度上限，但也可通过间接方式实现较低的居住密度，比如对该地块加以限制、制定退后要求，以及撰写价格昂贵、难以承担的建筑标准。尽管 1970 年前密度区划开始在美国被谨慎采用，但在此之后密度区划在美国各地变得越来越引人瞩目，尤其是在老城市周边的郊区更为明显（Pendall，2000；Fischel，2004）。在新泽西，近期研究表明，从 20 世纪 80 年代中期开始，土地使用在很大程度上越发排外（Hasse，Reiser，and Pichacz，2011）。结果，1986 年后超过一半的住宅开发占用了 1 英亩或以上的土地，2/3 的住宅开发占用了至少 1.5 英亩的土地。

密度区划现在是推动阶层和种族隔离的最重要的机制，不论是在整个美国还是具体到新泽西州都是如此（Rothwell，2011；Rothwell and Massey，2009，2010；Hasse，Reiser，and Pichacz，2011）。美国大城市郊区的居住密度上限越高，种族隔离程度越低。黑人隔离程度越低，贫困的空间聚集程度越低，财富的空间聚集程度也越低。同时，较高的密度容限则预示着向种族和空间融合转变的速度加快；工具变量回归估计显示这些关系不仅仅是相关的，更是因果的（Rothwell，2011；Rothwell and Massey，2009，2010）。

空间两级化和公共政策

在居住隔离的形成与延续过程中，区划的兴起和种族歧视程度的下降是后民权时代的产物。正如之前所说，20 世纪初，政府试图通过法令实现种族隔离，但 1917 年最高法院裁定区分黑人和白人居住区的法律不符合宪法规定。1920 ~ 1970 年，私下歧视行为取代公共政策成为推动隔离的主要动力（Massey and Denton，1993）。20 世纪 20 年代，房地产业发明了新方法（例如"使用限制权"和"限制性契约"），以阻止黑人进入白人居民区。

"使用限制权"是在产权上附加的条款,禁止向非裔美国人和其他不受欢迎的群体(例如犹太人)进行后续销售;而"限制性契约"指的是特定地理区域内房主之间的合同,该地区居民都同意不向非裔美国人和其他不受欢迎的群体出租或出售房产。在大多数房主签约后,该合同就会生效,之后该地区内违反合同约定的人将在民事法庭上被起诉。

在 1948 年雪莉诉克雷默的判决中,虽然最高法院宣布"限制性契约"不可实施,但之后几年联邦住房管理局(FHA)仍继续使用"限制性契约"(Massey and Denton,1993)。之后的几十年,个人和机构拒绝向少数族群成员出租和出售房屋的行为仍然属于合法,而且直到 20 世纪 60 年代,种族歧视在整个美国普遍存在。在民权运动晚期,四项法律的通过,彻底扭转了住房歧视和住房隔离的局势(Metcalf,1988)。1968 年议会通过《公平住房法案》,宣布出租和出售房屋过程中的种族歧视属非法行为。1974 年《平等信用机会法》出台,禁止抵押贷款中的歧视行为;1975 年《房屋抵押贷款披露法》出台,要求贷款公开申请人的种族与族群数据,以便执行 1974 年颁布的法律。1977 年,议会最终通过了《社区再投资法》,禁止历史上拒向黑人居民区提供抵押金的歧视行为。

20 世纪 70 年代之后,公然歧视减少了,排斥少数族群的制度化措施基本消失。但审计研究显示,隐性种族歧视在各种各样的伪装之下依旧存在于房地产和信贷市场(Squires,1994;Yinger,1995;Turner et al.,2002;Charles,2003;Ross and Turner,2004;Squires,2007)。在一次审计研究中,调查者为少数族群和主流群体成员。审计员安排了一系列偶然相遇的场景,这些审计员受训假装成特征相同的买家,以及一些逐利市场中的卖家。几次相遇场景中,研究者记录下对待少数群体审计员和主流群体审计员的系统性差异,以揭示歧视中的隐藏模式。审计研究表明,民权运动时代后,出现了一种新的、秘密的、更为隐蔽的歧视形式(Massey,2005),包括对有典型黑人名字的人的姓名歧视(Bertrand and Mullainathan,2004),通过黑人口音判定其人种(Purnell,Idsardi,and Baugh,1999;Massey and Lundy,2001;Fischer and Massey,2004;Squires and Chadwick,2006),以寻求次贷产品的黑人贷款人为目标的掠夺性贷款(Lord,2004;Squires,2004),以及针对整个黑人居民区出售商品风险金融工具的逆向歧视(Smith and DeLair,1999;Turner et al.,2002;Friedman and Squires,2005;Brescia,

2009；Rugh and Massey，2010）。

尽管房地产和信贷市场中隐性歧视持续存在，但过去几十年黑人与白人的隔离程度稳步减弱（Massey，Rothwell，and Domina，2009）。随着公然歧视的减少，在决定人们的居住地点时，购买力的差异愈发凸显，而且密度区划上升为推动和维持收入与种族隔离的重要机制（Rothwell，2011；Rothwell and Massey，2009，2010）。尽管私人公平住房团体、市政当局、受害的个人一直以起诉开发商、贷款人和房地产中介的方式打击歧视，但是随着时间的推移，这些行动成为反隔离措施中疲软的箭头。在公然歧视基本从公众眼中消失时，隐蔽的歧视很难被发觉，而且密度区划现在是导致隔离的主要原因。作为回应，公平住房倡议开始寻求新方法以促进居住融合。

在他们采用的新方法中，最显而易见的就是提升少数群体和贫困人群住房流动性的计划。当然，提倡住房流动政策不仅仅是为了促进种族和阶层融合，同时还为了更广泛地消除贫困，促进社会经济流动（de Souza Briggs，Popkin，and Goering，2010）。住房流动计划不仅力求改变房地产市场和信贷活动，还为贫困家庭提供了一个机会，让他们逃离贫困、弱势的居民区，搬入有吸引力的优势地区，从而减轻对其福祉的威胁，并让他们更容易获得像工作和教育这样的社会和经济资源（Goering and Fines，2003；de Souza Briggs，2005）。通常富裕的居民区坐落于大城市的郊区，但这也并不是绝对（Rosenbaum and Rubinowitz，2000）。

历史上，居住流动性计划项目有两种形式：或者是实施包括廉价房的补贴住房项目，并向目前居住于其他不符合标准的住房的贫困家庭提供这些廉价房；或者是向贫困家庭提供直接补贴（通常是以住房券的形式），让他们能够搬到优势居民区中更好但更贵一些的住房中，而市值租金和家庭可支付租金之间的差额由市政当局补齐（Schwartz，2006；Varady and Walker，2007）。

建造保障性住房并向贫困家庭分配的做法可追溯至 1933 年《国家工业复兴法》，公共工程管理局（PWA）由此成立。在其努力下，联邦政府拆除了贫民窟，并以廉价公共住房项目取代，最初供 PWA 员工居住。当最高法院判定 PWA 没有土地征用权、无法参与居民区趸售清仓时，议会的回应是通过了《1937 年住房法》。此法授权成立地方公共住房管理局，并留出联邦资金，以使这些管理局能实施低收入住房项目（Hirsch，1983；Schwartz，2006）。

由于"大萧条"和"二战"持续，在 1933 年和 1937 年法案下几乎没建造什么住房。直到 1949 年《住房法》的修订充分扩展了它的范围、增加了资金，以便开展大规模的城市重建项目和大型公共住房建设。尽管联邦资助的住房项目最初是向应得但暂时运气不佳的贫困工人家庭提供临时住房，但是在 20 世纪五六十年代，公共住房与大规模城市重建项目结合得越来越紧密，其努力限制黑人区的扩张，加强种族分界线，根据阶级和种族对家庭进行隔离（Hirsch，1983；Turner，Popkin，and Rawlings，2008；Hunt，2009）。在 20 世纪 70 年代，公共住房已成为新的高楼大厦聚集区中空间流动性较低的准永久性下层阶级的住房，而不再是临时住房（Hirsch，1983；Massey and Denton，1993）。

人们以歧视性方式利用公共住房，使得种族和阶层隔离得以延续而非缓和，在 20 世纪 60 年代末，民权运动领导者在法庭上对地方住房管理局的政策提出挑战（Polikoff，2006）。在 1966 年，多萝西·高特罗对芝加哥房屋管理局（CHA）和美国住房和城市发展部（HUD）提起诉讼，代表自己和其他公共住房租户指出 CHA 和 HUD 在项目选址和分配时有种族歧视行为，这违反了联邦法律（Hirsch，1983；Varnarelli，1986）。1969 年美国最高法院在希尔对高特罗的案件中支持原告，但在劳雷尔山的案件中，一系列的上诉使得案件一拖再拖，直到 1981 年才得到最终解决。当年联邦法官最终同意了和解协议，要求 CHA 和 HUD 承担过去种族歧视的责任，并同意向公共住房居民发放 7100 张租金补贴券，以确保他们在城市和周边郊区租到私人房屋（Rosenbaum et al.，1991；Kaufman and Rosenbaum，1992）。

在高特罗判决给选择性拆除黑人居民区和系统性将高密度家庭住房安置在邻近地区画上了句号后，地方政府不再提出城市重建项目，并停止建设高密度公共住房（Massey and Denton，1993）。高特罗判决恰逢林德·约翰逊的抗贫战争结束，这使得理查德·尼克松执政时期政府项目缩减，并带来向市场化政策解决方案的转变。由于公共住房建设基本维持现状，住房需求压力仍在上涨，1974 年议会修订了 1937 年《国家住房法》第八部分，开创了两个新的以私营市场（而非公共住房管理局）为依托的住房券计划，以便让穷人也可以买房。其中一个计划是"以项目为基础"，另一个是"以租户为基础"。在"以项目为基础"的计划中,合作的房东和开发商同意保留一定比例的住房单元,提供给持有"第八部分规定证明"的低收入家庭,此证明可补齐市值租金和他们收入 1/3 之间的差额。"以租户为基础"的计划中,上述证明会直接发至个人或家庭,以在私人租赁市场上使用,用住房券抵扣一部分私人房东要求的市值租金(Varady and Walker,2007)。

到了 20 世纪 80 年代,即便是自由党人士都认为针对穷人的高密度住房项目只会延续而不能缓和城市贫困的无休止循环(Venkatesh,2000;Husock,2003;Polikoff,2006;Hunt,2009;Cisneros and Engdahl,2009)。在这个背景下,虽然以住房券为基础的居住流动性计划起源于共和党,但这些计划变得越来越受欢迎。值得注意的是,高特罗案处理机制中的补救措施要求参与的家庭使用第八部分规定的住房券搬入取消隔离的郊区居民区(Rubinowitz and Rosenbaum,2000)。但一些参与高特罗案的家庭被允许搬入芝加哥以黑人为主的居民区,前提是这些社区是"振兴后的"社区(Marelli,1986;Keels et al.,2005)。

随后,高特罗示范项目确立下来,以跟随向城市和郊区搬家的人,并比较他们后来的社会经济轨迹(Rubinowitz and Rosenbaum,2000)。结果表明,最终搬到城市的人所在居民区平均有 47% 的黑人,27% 的穷人;而搬到郊区的人所在居民区平均有 6% 的黑人和 5% 的穷人(Keels et al.,2005)。

虽然最初这两个群体的统计特征相同,但搬到郊区的人在离开城市后,工资和就业率上升,其子女的学习成绩提高、辍学率减少,上大学的比例也高于留在城市家庭的子女(Rosenbaum,Kulieke,and Rubinowitz,1987;Rosenbaum and Popkin,1990,1991;Rosenbaum,1991;Rosenbaum et al.,1991)。Mendenhall、Deluca 和 Duncan(2006)的研究也表明,白人占主导、资源充足的居民区的女性收入要比那些非裔美国人占主导、资源匮乏的居民区中的女性收入高。

虽然上述结果说明住房券计划在消除隔离和促进社会经济流动方面有效,但由于高特罗示范项目不是建立在实验设计之上,其结论的有效性很快就受到评论家的质疑。但是,高特罗示范项目的发现足够为 20 世纪 90 年代两个新的 HUD 房地产刺激方案做辩护。第一个方案是由议会 1993 年批准的 HOPE Ⅵ 计划，用以拆除国内各城市老旧的公共住房，并通过公私合作建造新的房屋开发项目。HOPE Ⅵ 也废除了要求房屋管理局以一对一的方式替换被拆除的住房的联邦法规。它还废除了住房管理局优先考虑极度贫困家庭的规定，使得美国都市地区的高补贴住房在数量上减少（Popkin et al.，2004）。在 HOPE Ⅵ 方案作用之下的重建过程中，一些拆迁居民会住进原址重建的新房中，而其他人可能被分配到其他住房计划，或获得第八部分规定的住房券，以在私人市场中使用（Schwartz，2006）。

尽管 HOPE Ⅵ 的最初目标是重建低密度公共住房并赋予居民更多权力，但随着时间推移，项目范围拓展至经济一体化、贫困分散、内城振兴和社会流动等目标（Popkin et al.，2004；Schwartz，2006；Cisneros and Engdahl，2009）。不幸的是，不论 HOPE Ⅵ 刺激方案（更广泛来说就是流动性计划）对别的居民有何效果，这些方案并未满足那些被拆迁的公共住房居民的需要（Popkin et al.，2004）。强制家庭搬迁破坏了家庭社交网络和援助系统，使得居民更加弱势——特别是老年人、残障居民和儿童（Crowley，2009）。在评论 HOPE Ⅵ 对公共住房居民的影响时，Crowley（2009）的结论是和从中获得帮助的人相比，受到伤害的人更多。

第二个方案是迁居机会示范项目（简称 MTO）。与高特罗示范项目不同的是，这从一开始就是一个实验，它将五个城市地区的公共住房居民随机分配到三个比较组中。实验组的人获得第八部分的住房券，但要利用住房券搬入贫困率低于 10%（含）的居民区；传统住房券那一组的人会获得住房券，但他们可利用住房券搬到任意的地方；控制组的人不会获得住房券，实验也不会导致其居住环境发生任何改变（de Souza Briggs，Popkin，and Goering，2010）。

参与 MTO 实验的五所城市为巴尔的摩、波士顿、芝加哥、洛杉矶和纽约。参与 MTO 实验的租户必须居住在极度贫困的人口调查地区（贫苦比例超过 40%），育有 18 岁以下儿童，并同意完成第八部分要求的资格审定。项目设计是一个对受试者的纵向调查，包括在搬家之前对其进行访谈，对其搬家进行追踪，然后对其进行调查（de Souza Briggs，Popkin，and Goering，2010）。尽管项目被设计为实验，但实验设计在实际操作中并未坚持很长时间（Clampet-Lundquist and Massey，2008）。

在那些被随机选为实验对象并被指定搬入低贫困率社区的人中，只有半数接受了提供的住房券后搬走，这使得采样过程具有选择性而非随机性（Clampet-Lundquist and Massey，2008）。另外一层选择发生在实验对象搬入非贫困居民区后，因为一年过后他们不是必须留在那些居民区。随着时间的推移，一个普遍且有规则的现象就是实验对象又搬回了贫困地区（Clampet-Lundquist and Massey，2008）。

　　除了这些脱离实验控制的情况外，MTO 示范项目还有其他不足之处。例如，实验设计将搬入贫困居民区的影响与居住在贫困居民区的影响混淆。搬家一直都会引起混乱，而且当调查对象搬入可能离工作、交通和服务都比较远的居民区，进入全新的、不熟悉的社会环境时，他们的社交网络势必遭到破坏。虽然实验对象搬家之前的居民区比较贫困、条件艰苦，但通常都位于市中心，离公共交通和市区职业介绍所较近。另外，因为几代人都住在同一屋檐下，大多数住宅项目的居民都深深地嵌入广泛的社会援助网络中（Clampet-Lundquist，2004a，2004b，2007，2010）。所以，即便实验对象最终会努力脱离贫困，但在最初他们都会经历一些挫折，需要较长一段时间从搬家的冲击中恢复。对于大多数家庭来说，要求居住的一年时间并不足以让他们恢复，即使那些后来留在低贫困居民区的家庭也是逐渐受益，相比之下他们搬家的代价却是立竿见影而且非常显著（Clampet-Lundquist and Massey，2008）。即使搬家之后会受益，人们也需要花时间重新建立社交网络和开展日常事务，以便让生活更轻松。

　　MTO 设计的另一个问题是未要求实验对象使用住房券搬入种族融合的居民区或者郊区居民区（即低贫困居民区）——高特罗示范项目的参与者也是如此。结果，3/4 的人在内城区高度贫困和低度贫困黑人居民区之间移动，仅在贫民区内部改变了位置。而且，搬入融合而非隔离的居民区具有高选择性，于是后来他们又搬回了隔离程度高的贫困地区（Clampet-Lundquist and Massey，2008）。分配产生的大范围选择性迁移的结果，就是大多数实验对象在低度贫困的环境累积了相对较短的时间，而且在低度贫困且种族融合的居民区度过的时间非常有限。在阶段性评测时，将近一半搬家的实验对象已经搬回贫困且种族隔离的居民区（Clampet-Lundquist and Massey，2008）。

　　可能是由于这些设计的问题，MTO 示范项目产生了一些让人喜忧参半的结论。分析表明，MTO 在将人们搬离贫民区方面的确取得了成功，而且搬家让参与其中的成年人感觉更安全且对房屋和居民区更满意，对其心理健康有着积极影响。但是尽管如此，从长期来看这对劳动力市场和社会活动参与几乎没有任何影响。此外，对儿童而言，搬家并未改善他们的教育结果，也未能提高他们的数学和阅读分数。虽然搬家对女孩子的心理健康状况有所改善，降低了她们参与危险举动的可能性，但对男孩子来说有相反的影响（Kling，Liebman，and Katz，2007；Ludwig et al.，2008）。

尽管结果喜忧参半，但是住房流动性计划一直作为纠正种族和阶层隔离以及减贫和促进社会流动的方法，被人们广泛讨论。的确，在 2009 年联邦法院的一个裁决（纽约反歧视公司诉威斯切斯特县）之后，这种讨论越来越多。案件中，一个纽约白人郊区县因在 HUD 资金申请中谎称其目的是消除隔离而被判有罪。多年来，HUD 要求承授人做出积极的努力，以消除住房隔离作为资助的条件这一遗留问题（请参阅 Termine，2010）。在纽约这个案件中，法院发现尽管威斯切斯特政府官员的确已经开始在县内开发保障性住房，但他们的方式不能推进消除隔离的目标。HUD 扣留了该县大约 1500 万～2000 万美元的资金，直至该县能设计出合适的取消种族隔离的计划为止。威斯切斯特争论仍在持续。

在与法院的和解中，威斯切斯特县同意以 5200 万美元建筑 750 套保障性住房，而且这些保障性住房将被建在民族和种族多样性较低的社区中。这一判决与 1985 年纽约扬克斯消除种族隔离的案例相映衬，该案中扬克斯因将近乎 700 套保障性住房都建筑在贫困的少数族裔占比较高的地区而被判有罪。作为补救措施，扬克斯被下令通过在城市中开发分散的住房单元来消除住房隔离（Briggs et al.，1999）。

劳雷尔山的背景

"位置的三次方"这一口号强调了人类事务中地点的重要性。住宅必然会与居民区关联，这转而会划定一个塑造生活轨迹的社会、经济、文化和政治环境，从多方面影响个人和家庭福祉（Sampson，2012）。城市的房屋市场比较复杂，房子和居民区向市场参与者显示其使用和交换价值，行动者因为动机不同常常发生冲突。地点也会渗入情感因素，而且居住地点是不可替代的，这形成土地使用和市场结果激烈斗争的高风险领域。土地使用决定具有争议正是因为地点非常关键——地点的确至关重要，但是它的重要性在当前的政治经济中才逐渐提高。

因此，劳雷尔山研究的一大背景就是学术界内外的争论和辩论，这并不奇怪。学术界之外，使用第八部分证明和为贫困家庭建造保障性住房项目一直都是郊区政策中的"第三轨道"——它太热而无法触碰，以致没有一个政治家不受到冲击或被灼伤。每当有保障性住房计划宣布，或有第八部分证明持有人准入计划时，郊区就会爆发强烈的抗议和反对，正如劳雷尔山一样。家庭保障性住房问题在新泽西尤其让人担忧，因为它是整个国家人口密度最大的州，州内房产税较高、开放区域较少，而且许多社区认为自己已经充分"扩建"。

在 20 世纪 90 年代中叶之前，确定保障性住房对周边居民区和社区的影响时，可以参照的系统的、方法论合理的研究非常少。但后来人们完成越来越多的周密的统计学研究，重点关注保障性住房如何影响当地房价（请参阅 Galster，2004；Nguyen，2004；Koebel，Lang，and Danielsen，2004）。这些研究主要关注为贫困家庭提供的保障性住房，而不是为老年人提供的房屋，因为后者很少引发明显的争论，且后者主要考察的是丹佛（Santiago et al.，2001）、孟菲斯（Babb et al.，1984）、明尼阿波利斯（Goetz et al.，1996）、费城（Lee et al.，1999）和伯特兰（Rabiega et al.，1984）的中心城市地区而非郊区。一个例外是范德伯格和麦克唐纳 2010 年对低收入住房税收优惠证（简称 LIHTC）在爱荷华州波尔克县发展的研究，此研究囊括了梅因市部分郊区。他们研究发现，与同一县内其他地方的住房相比，集中的 LIHTC 房屋开发与附近单独的家庭住房升值速度减缓 2%～4% 有关联。但他们还发现，当房屋质量很高且不同收入阶层混合居住时，这一影响可以忽略。

Ahrentzen（2008）在一份给亚利桑那州立大学星尘保障性住房和家庭中心的房屋研究综合项目的报告中概括了 2008 年的研究成果。她在综述中认为，保障性住房是否会使房价下降这一问题并没有全面的答案。然而，其大小和方向由五个因素决定：项目是替代了现存的破败不堪的房屋还是在空地上建造；房屋密度和地理分布集中程度；项目周边是有安定且低度贫困的社区环绕，还是被脆弱的高度贫困居民区包围；项目管理和维护的质量；项目建筑质量与建筑美感，以及它与周边郊区房屋的相容性。尽管关于租户特征对周边房价影响的研究非常少，但保障性住房的三个特征已被发现并无影响，即所有权类型、补助类型以及项目由单一家庭、多个家庭还是联建住宅构成（Ahrentzen，2008）。

现有研究一直将在城市内建造高密度家庭项目与周边居民区犯罪率上升和社会失范联系在一起（Newman，1972；Roncek，Bell，and Francik，1981；Sampson，1990；Bursick and Grasmick，1992；Holzman，1996；Mc-Nulty and Holloway，2000；Popkin et al.，2000），但当下很少有研究考虑低密度保障性住房项目对郊区的影响。在巴尔的摩和丹佛的家庭保障性住房研究中，Galster等（2003）发现除了在现存的高密度房屋项目附近开发的情形外，在城市内建造高密度家庭项目对犯罪率并无影响。在对"联邦低收入住房税收信用计划"下的保障性住房开发的研究中，Freedman和Owens（2011）发现保障性住房开发事实上与犯罪率的减少有关系。

最近，保障性住房和犯罪之间的关系成为广泛猜测的对象，也成为非学术领域激烈辩论的话题。在2008年《太平洋月刊》的一篇文章中，Rosin（2008）提出HOPE Ⅵ之下公共住房分散化与孟菲斯和其他城市近郊犯罪率大幅提升有直接的因果关系。但是，她的文章记录很多逸闻趣事且颇为印象派，分析不足，受到了社会科学家的强烈批评（请参阅Briggs and Dreier，2008）。与对房价和犯罪率的关注相比，几乎没有研究考虑保障性住房的开发对周边居民区和该城市的居民承担的房产税负担产生的影响。

如前所述，学术界、郊区居民和政治家们都对保障性住房对社区和居民区的影响很感兴趣，对于面临后院可能会建起保障性住房的居民来说，问题及其结果都没有激起他们太多情绪，也没有学者认为的那样充满争议。学者们花费更多的时间和精力争论居民区对穷人的影响，却并不关注穷人对居民区的影响，因而出现的"邻域效应"文献（大多在Wilson 1987年的书中产生）对此一直富有争议。

虽然目前已经广泛认同居民区的优势和劣势能够显著地、往往强烈地预测个人和家庭的一系列重要产出，包括健康、认知水平、教育、劳动力参与、收入、家庭组成、生育率、犯罪率和青年犯罪（Sampson，Morenoff，and Gannon-Rowley，2002；Sampson，Sharkey，and Raudenbush，2008；Sampson and Sharkey，2008；Sampson，2009，2012），但争议在于这些关系是因果的（直接由居民区环境本身导致），还是虚假的（主要原因是居民区环境和社会产出相关的一些无法测量的内生变量，或者由于流动过程的选择性——

存在问题严重的贫困人口往往聚居在几个居民区）（Tienda，1991）。

许多学者希望 MTO 能解决争论，但最终它只是把争论拖得更长。但正如我们已经注意到的，MTO 暗示居民区条件确实对成年人心理健康有影响，但不会影响成年人经济独立，这使得一些人得出结论：在城市贫困再生产的问题上，"居民区无关紧要"。作为回应，反对者列出了一系列原因说明为什么更广泛的社会经济效益可能未被监测：只有住房券的提供具有随机性；是否接受实验处理具有选择性；分配后的居住流动范围广泛且非随机；低贫困居民区仍然种族隔离；混杂的设计改善了居民区环境但干扰了搬迁。最终，大多数实验对象在搬回高度贫困居民区之前在优势环境中度过的时间相对较少（Clampet-Lundquist and Massey，2008）。

虽然关于保障性住房对人们和居民区影响的争论还在继续、有待解决，但考虑到近几十年美国城市生态环境两极化严重，因此争论的问题对美国来说十分重要。美国大城市的种族多样性与日益凸显的阶层分化及趋于缓和的种族隔离相结合，形成了一个复杂的社会生态环境。在这个生态环境中，密度区划在决定种族和阶层隔离时起着主导作用。这让我们回到了劳雷尔山案例中的核心问题。在对城镇提起诉讼时，原告劳雷尔山的区划规定在很大程度上禁止贫困的少数族裔进入，这与新泽西州宪法相悖。从城镇居民和当地政府的角度来看，他们是想通过阻止土地使用（多居住单元开发）和人口（贫困家庭）的进入，以保护他们来之不易的美国梦。因为在他们看来，这会带来税金上涨、犯罪率上升、房价下降以及郊区生活方式受干扰的威胁，进而破坏他们的社区。

从我们对地区政治经济的讨论中可以看出，邻居和社区成员只是动员起来保护房子潜在的预期交易价值（担心房价下降）和感知的使用价值（担心犯罪率上升）。相比之下，潜在租户动员起来想提升居住环境的使用价值（房屋质量升级和居民区条件改善），而他们对流出地抑或是未来流入地的交换价值并无太多考虑（因为他们是住户而不是房主）。与此同时，保障性住房开发商和公平住房倡议者正在寻求一个机制，以打击新泽西坚持种族和阶层隔离并将不利条件推向贫困少数族裔的强大力量。就政府而言，他们被迫对这些价值观和利益进行裁定，并且理所当然地支持选举他们的城镇居民（其最终在法庭上大力反对开发提议）。

考虑到劳雷尔山居民与他们的家和居民区之间的牢固纽带和情感依附，

以及他们的房屋产权和房价中所含的经济利益，冲突不但会造成不和，还会十分激烈且非常情绪化。本章是系统研究埃塞尔·劳伦斯家园对居民区、社区和租户影响的序章，在第二章我们将仔细研究劳雷尔山居民反对该项目相关的情绪和争议。

第二章
郊区对决
——劳雷尔山争议

劳雷尔山镇位于新泽西州卡姆登东部 8 英里的地方。卡姆登是费城一个衰退的市郊工业区，曾经容纳了几十家蓝筹股公司旗下的工厂，例如美国无线电公司、金宝汤业公司、纽约造船公司。在 1950 年鼎盛时期，卡姆登市有 12.5 万人，他们构成了一个富有活力的中产阶层和工薪阶层社区。但到了 20 世纪 60 年代，由于工厂关闭、商店关门、服务消失以及工薪阶层家庭搬到周边地区寻求更好的机会，卡姆登陷入了城市衰退的旋涡。在 2010 年，卡姆登人口仅有 7.7 万人，其中黑人占据一半，西班牙裔占 42%（大多为波多黎各人），贫困家庭占了 38%（U. S. Census Bureau，2011b）。2009 年，卡姆登市获得了全国最高犯罪率这项不光彩的"殊荣"，因为每 10 万人中就有 2333 起暴力犯罪（Hirsch，2009）。最近的三位市长都因贪污入狱，而且在 2005 年，新泽西州被迫对卡姆登市进行管治，包括学校系统和警察局。卡姆登的人口甚至比德拉瓦河对岸的邻居费城还要多，成为城市功能失调的缩影。

劳雷尔山镇是工人阶级白人家庭离开卡姆登后前往的地点之一。1950 年当卡姆登人口数量达到 12.5 万人的峰值时，劳雷尔山还是一个只有 2800 人的昏昏欲睡的小村庄。但是在接下来的几年间，小镇彻底从一个孤立的农业社区转为大费城地区一个不断蔓延的郊区。新泽西收费公路和州际 295 号公路分别在 20 世纪 50 年代和 60 年代修建。这两条高速公路的建成为当地居民提供了 4 条入口匝道，让他们能够快速前往该地区的职业介绍所。借助方便的高速公路，劳雷尔山的农场很快变成了四个大型的规划单元开发项目，最终目标是安置 1 万户家庭，另外还包括一些小型居民区和零售中心、综合办公楼、轻工业园区，提供成千上万的工作机会。到了 1960 年，劳雷尔山居民人口几乎翻了一番，达到 5200 人；到了 1970 年，人口又翻了一番，达到 1.12 万人。此后，居民人口一直快速增长，1980 年达到 1.8 万人，1990 年达到 3 万人，2000 年达到 4 万人，2010 年达到 4.5 万人（U. S. Census Bureau，2011b）。

随着这些新的高速公路从当地农场穿过，低收入的租佃农场农民（大多为非裔美国人）被迫迁走，这些人是劳雷尔山人口的重要组成部分，而且通常几代人都住在这里。由于当地住房选择较少，许多常住居民都搬到小镇旁边的斯普林维尔区域，该区域由农场结构转变而来，摇摇欲坠，夏季村舍简陋且不适宜全年使用，棚屋缺少水管设施。小镇政府很快开始在居民区内加强规定的执行，但通常一有机会就宣布房屋不宜居住并将其拆除。有时，政府就等着家庭对在贫困环境中生活感到厌倦后搬离，然后宣布该房产报废、拆除损坏的结构，而不必考虑恢复房屋或重新安置居民。许多其他改变后的结构都建立在硬邦邦的泥地上，它们的屋顶漏水，未经处理的污水会通过管道返流到屋里（Lawrence-Haley，2007）。

作为新泽西的里程碑，《劳雷尔山声明》主要涉及排他性区划和保障性住房，其借助斯普林维尔居民对抗这种极端境地所采取的行动开始出现（Kirp，Dwyer，and Rosenthal，1995；Fair Share Housing，2011）。除了搬到卡姆登或费城的贫民窟外，居民没有其他实际的替代办法。对于搬家的压力，他们越来越担忧。许多人预感到镇上历史久远的黑人社区被迫系统性搬走——这是通过房屋破败刺激人们将其抛弃，然后由镇政府用征用的方式迫使人们搬离。这种"更友好、更温和"的种族清洗方式后来在费城这样的城市以大规模城市重建、改建和重要的保障性住房建设的形式逐渐显现（Jones，2004）。

埃塞尔·劳伦斯是对此表示担忧的人之一。她是劳雷尔山第六代非裔美国居民，是一位注册的日托老师、9 个孩子的母亲，也是伯灵顿县社区行动计划的一员。她很快就意识到，如果不采取谨慎的行动，那么她家中下一代人将无法再在劳雷尔山居住。她的女儿说，她看到"那些几代都在劳雷尔山居住的邻居和朋友被迫搬离，因为这些低收入家庭的住房不符合标准，政府宣布报废后又将其拆除，但并未帮助他们重新安置到社区的其他地方"（Lawrence-Haley，2007）。

1967 年，埃塞尔·劳伦斯加入其他当地居民的行列，成立了斯普林维尔社区行动委员会。委员会的目标是在劳雷尔山建造补贴住房。这个非营利组织从新泽西州获得了种子资金，之后在 1968 年选择了斯普林维尔哈特福德路沿线的一块 32 英亩的地块。然后，他们开始起草建造 36 户两居和三居花园公寓的计划，让低收入租户也负担得起。这是郊区决战的起源，其先后登上了地区和国家新闻，后又让新泽西最高法院通过裁决确立了标志性的《劳雷尔山声明》（Kirp，Dwyer，and Rosenthal，1995）。

"劳雷尔山 I 案"之路

为了开发提议的多家庭保障性住房，斯普林维尔社区行动委员会要获得劳雷尔山镇政府的三项重要批准。第一，因为当地区划条例禁止在四个规划单元开发区以外建造多家庭住房（这专为中等和上等阶层住宅开发设计提供），32 英亩的地块需要重新区划，或获得当地政府特批，以准许建造提议的低收入、多户住宅项目；第二，斯普林维尔社区行动委员会需要征得镇政府同意才可获得"需求解决方案"，继而才可获得必要的联邦和州政府住房补贴，从而使得建造的房屋对低收入家庭来说买得起；第三，提议的住宅项目所在位置必须与镇上的公共供水和污水系统相连，显然这需要镇政府同意才可以实现。

图 2-1 的时间线按顺序将劳雷尔山案件从始至终总结了一遍，以便展开埃塞尔·劳伦斯家园的复杂故事。如第一章中提到的，斯普林维尔社区行动委员会对这三件事的要求在镇政府那里以失败告终。1970 年 10 月，劳雷尔山镇长比尔·海恩斯在 Jacobs Chapel AME 教堂的一次周日会议上发表了镇政府的回应，他无耻地对贫困的黑人教堂会众说："如果你们在我们的镇上住不起，那就搬走。"（Kirp，Dwyer，and Rosenthal，1995：2）教堂会众当时震惊得哑口无言，但在他们离开教堂时，一位斯普林维尔社区行动委员会成员——埃塞尔·劳伦斯——发誓说："劳雷尔山的事我不会就此放手。"（Getlin，2004）

镇长和斯普林维尔社区行动委员会成员不知道，卡姆登地区法务服务（代表南泽西五个县的贫困家庭的非政府组织）的律师们已经在研究该地区的排他性区划条例和规划住房开发计划，他们正在寻找原告以在法院向排他

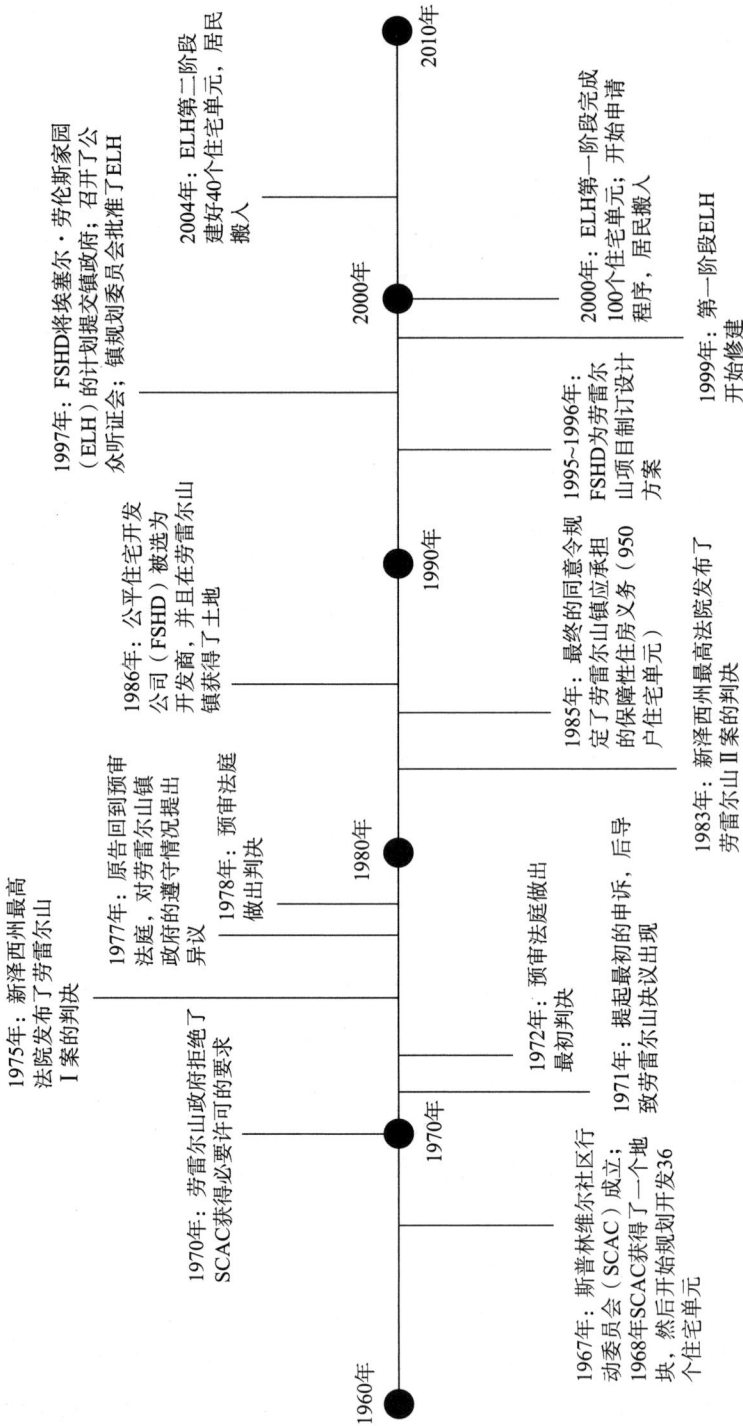

图2-1 新泽西州劳雷尔山镇埃塞尔·劳伦斯家园的发展历程时间线

性政策发出挑战。一位白人牧师在斯普林维尔社区行动委员会很活跃,他将埃塞尔·劳伦斯与法务服务律师 Carl S. Bisgaier 相互引见。Carl S. Bisgaier 与 Kennth E. Meiser、Tomas J. Oravetz 和 Peter J. O'Connor 一起在 1971 年 5 月 1 日提起最终诉讼,即南伯灵顿县 NAACP 等诉劳雷尔山等。①

该申诉指控劳雷尔山镇政府通过区划条例实质上已经系统地基于阶层、种族将部分人排除在外,并在规划住房开发计划中给中等阶层住房优惠的待遇。另外,该申诉还宣称,在新泽西宪法下,镇政府有积极义务为所有种族和收入的人民创造真正的机会,让他们能够在境内居住,并享有福祉。在律师看来,事实一目了然,而且对他们非常有利:内战之前一个本土的贫困黑人社区建造低收入家庭住房以留在家乡的机会被否认了。

仔细构想的诉讼原告包含了以下四种群体:第一种是像埃塞尔·劳伦斯这样的劳雷尔山本地居民,如果区划条例不改动或者没有建造保障性住房的资金,他们就面临流离失所的问题;第二种是原来在劳雷尔山生活的居民,他们由于保障性住房短缺,从劳雷尔山搬迁(或被迫搬迁)至卡姆登或其他地方;第三种是卡姆登和其他贫困社区的低收入居民,他们因为排他性区划导致的高额租金和房价,无法在劳雷尔山居住;第四种是三家签字支持起诉的原告机构,他们包括像南伯灵顿县 NAACP、卡姆登种族平等议会和卡姆登县 NAACP 这样的民权团体。民权团体加入该申诉的部分原因是在镇政府有激烈的情绪反应以及像许多人担心的那样,在诉讼被提起后居民情绪爆发时,为个人原告提供庇护。

尽管有机构提供庇护,但是个人原告在接下来的数日和数年中仍举步维艰,而且对于原告领袖埃塞尔·劳伦斯来说,压力更沉重。她的女儿描述说,在提起诉讼后,"埃塞尔·劳伦斯受到严重的骚扰,收到死亡恐吓,而且不得不向儿女解释为什么他们在学校被点名和被骚扰。但是,她仍然承担起责任,与劳雷尔山以及新泽西其他许多郊区社区的'排他性区划'做法对抗。她之所以这样做,是因为她看到了人们的需求,而且相信许多人会因此而得到帮助"(Lawrence-Haley,2007)。

劳雷尔山诉讼并非发生在法律和社会的真空环境里。20 世纪 60 年代末

① 此处的叙述基于 Carl S. Bisgaier 1999 年 3 月 5 日在普林斯顿大学的土地使用政策与规划研讨会上的讲话以及后续与他的交流。

和 70 年代初，全国各地自由派的圈子中逐渐出现了忧虑，他们对大城市的郊区通过区划和其他法律机制所引发的普遍经济和种族排斥表示担忧（Danielson，1976）。特别是在新泽西州，这里是反对郊区市政府的诉讼温床，因为郊区市政府一贯欢迎能带来就业的大公司和能带来中产阶层住房的开发商，却借着区划的权力阻止下层社会居民进入以及低收入群体保障性住房的建设。这些行为不仅引起了民权领导者和穷人权益维护者的注意，还引起了营利性房地产开发商对此的关注。

例如，1971 年新泽西的一家大型开发商向贝德明斯特镇的高档社区区划发出了挑战。在其提起诉讼后，美国民权同盟也加入其中。贝德明斯特位于萨默赛特县中部，那里经常进行猎狐活动，而且那里的区划条例禁止建造占地少于 5 英亩的住宅，不论是联建住宅、公寓还是独栋别墅都不可以。1971 年，两个开发商与不断扩大、发展迅速的米德尔赛斯县麦迪逊镇的低收入原告联手，向区划政策发出挑战，因为区划政策忽视了多家庭住房。同时，在博根县的莫瓦市有一家福特汽车组装厂，但工人在该社区住不起，这促使全美汽车工人联合会先后在 1971 年的民权申诉和诉讼中，对排他性区划政策提出异议。

1972 年，受理劳雷尔山诉讼的预审法庭的最初裁决是：根据州宪法规定，劳雷尔山镇显然采取了非法经济歧视的方式，致使贫困的人无法在市内享受足够的住房。预审法庭还发现，在规划住房开发计划中，尽管镇政府常常利用联邦、州、县和市的资源为中等和高等收入家庭服务，但仍非法地剥夺了开发商建造补贴住房的机会（South Burlington County NAACP et al. v. Mount Laurel Township et al.，119 N. J. Super，164 1972）。在做出判决时，法院的决定是"该镇借区划条例显示出经济歧视的行为，因为贫困的人无法获得充足的住房，也被剥夺了确保建造补贴住房的机会，而且市政当局将联邦、州、县和当地的资金、资源仅用于为中等和高等收入阶层的人修缮房屋"。

作为违反新泽西州宪法的补救办法，预审法官判定劳雷尔山镇的区划条例无效，并要求该镇准备一套新的土地使用规划。规划需要明确镇内具体的住房需求，并且经法院批准后要实施一套"积极的计划"来满足这些需求。判决要求当地政府明确找出镇内全部不合标准的住房，然后计算出有多少人会因为执行有效的住房规范计划而被迫移居（不考虑他们现在的收入）。除了统计当前在镇上的破旧房屋中居住的家庭数量外，法院也要求政府查明其他低收入和中等收入人群的住房需求（无论他们的住房是否符合标准），以及所有当前和未来短期内要在该镇工作的人的需求。然后，政府要在制订新的区划计划时将这些需求纳入考虑范围。

原告和镇政府均对预审法庭这一判决进行上诉。前者希望能将判决的范围扩大，以便在劳雷尔山的保障性住房供给问题上能够采用一个适用于整个地区的补救办法，而后者希望宣布整个判决无效。新泽西最高法院同意听取上诉，同时也受理在麦迪逊镇提起的诉讼，因为这个诉讼也引出了相似的排他性区划的问题。但在麦迪逊一案口头辩论被推迟后，劳雷尔山上诉成为最主要的案件，并命名了最终判决和由此产生的声明。

1975年新泽西最高法院宣布了一个大胆的、原创的意见，后被称为"劳雷尔山 I 案"。这个彻底的裁决向新泽西州各个城市发布了一条空前的指令，以终止排他性区划的做法。通过这样的方式，法院对新泽西宪法的公共福利规定进行了解释，要求市政当局颁布土地使用政策，为人们提供切实可行的机会，让他们能找到合适的房屋类型，从而满足该地区（不仅仅是当地）的住房需求（South Burlington County NAACP et al. v. Mount Laurel Township et al.，67 N. J. 151 1975）。法院又为"发展中城市"（例如劳雷尔山）确立了"积极的义务"，以允许为了满足地区需求的"公平份额"——低收入和中等收入家庭的住房需求建造住房。此指令不仅明确包含当前在不符合标准的房屋居住的家庭的需求，还包含周边地区家庭对保障性住房的预期需求。这些原则后被称为《劳雷尔山声明》。

除了对宪法的准则进行说明外，最高法院特别要求劳雷尔山政府在90天内修订该镇的区划条例，以便允许建造多家庭住房而无须限定卧室数量，还允许在小块土地上建造小型房屋。除此之外，最高法院还要求镇政府解除其他一些人为地抬高住房成本的规定，例如最低土地面积和过于苛刻的建筑规定。该意见甚至表达了新泽西州政府有建立地方房屋中介的"道德义务"，以便向其管辖范围内目前在不符合标准的环境生活的贫困居民提供体面的住房。

在这个极其全面的意见中，最高法院在两个关键点上否定了预审法庭。第一，它要求劳雷尔山政府承担地区需求中的"公平份额"，这不仅仅局限于劳雷尔山境内的保障性住房需求，还要像原告最初所希望的那样，有效地将劳雷尔山的贫困家庭需求与卡姆登及其他地方的贫困家庭需求联系起来。第二，它撤销了预审法庭"要准备并实施积极计划以明确和满足镇内住房需求"这一要求。取而代之的是，最高法院委托镇政府进行必要的区划调整，然后采取其他一切必要的措施以达到地区保障性住房需求的"公平份额"。换句话说，法院相信劳雷尔山将践行法治精神，而不用明确具体行动。但不幸的是，这个信任被证实是错误的。

"劳雷尔山Ⅱ案"之路

在开始的时候，镇政府抓住每一个拖延履行法院判决的机会，当他们最终修改区划条例时，其所做的努力充其量也只是敷衍。直到最高法院的判决过去 13 个月后，镇政府才最终对其区划条例进行了修改，宣布了三个能够建造多家庭住房的小居民区，总面积仅为 20 英亩，占比不到该镇 21 平方英里面积的 0.2%。原告在 1977 年告回预审法庭，对镇政府遵守最高法院判决的情况提出异议，而且当地一家开发商也加入诉讼，因为该开发商提出要在镇上建立一个占地面积 107 公顷、容纳 585 个住房单元的移动房屋公园，其中 20% 的住房单元将留作保障性住房。

但是，预审法庭最初在 1978 年的判决使得原告受到挫折，因为地方法院同意了镇政府敷衍修改的区划条例符合最高法院的判决。法院部分依照 1977 年新泽西最高法院对麦迪逊镇的判决做出此决定，对麦迪逊镇的判决从某种程度上来说则是"劳雷尔山Ⅰ案"崇高原则的倒退（Oakwood at Madison, Inc. v. Township of Madison, 71 N. J. 481 1977）。尽管预审法庭同意移动房屋开发商对于重新区划的请求，但原告对其判决有异议并再一次向新泽西最高法院上诉。

法院同意复审此案，并在复审中将此案与之前新泽西州公共利益团体和住宅开发商寻求推翻相似的限制性区划条例而提起的其他诉讼案例合并。在漫长持久的法律程序中，埃塞尔·劳伦斯一直都坚定不移地为能够在劳雷尔山和其他城镇建造保障性住房这一目标而奉献。在典型的集体诉讼中，原告仅能在远处观看审判。与此不同的是，埃塞尔·劳伦斯出席了每一场听证会，日复一日地旁听，不仅是为了观察诉讼的开展情况，还为参加此案辩护的律师提供历史研究和实用的建议（Lawrence-Haley, 2007）。

在 1980 年，口头辩论展开，这导致内部审讯的时间加长。在此期间，法官仔细起草了最终意见，力求避免之前判决中出现的明显的含糊不清的内容。过了两年多，在 1983 年，最高法院一致通过并最终宣布了判决，也就是"劳雷尔山Ⅱ案"。判决不但更全面地对"劳雷尔山Ⅰ案"进行了明确说明，还为其注入了活力（South Burlington County NAACP et al. v. Mount Laurel Township et al., 92 N. J. 158 [1983]）。最高法院决心将最初判决中的模糊原则变为具体的现实并严格执行州宪法，因此坚决重申了《劳雷尔山声明》的健全性，并将其范围缩小到仅关注低收入和中等收入家庭的需求。

为鼓励市政当局遵守法院命令，法院判决为城市提供 6 年内免于因排他性区划被起诉的豁免权，前提是其条例符合新声明的要求。为确保在州宪法约束之下市政当局能立即承担其应分担的义务，法官力图为私营中介创造激励措施，以加强原则的实施。具体来说，最高法院为建筑公司原告创造了潜在的补救办法，如果市政当局未履行住房责任，法院将确保法院要求的高密度区划的可能性，前提是建筑公司提议的建筑用地和项目提供了高比例的保障性住房且符合正确的土地使用规划原则与环境规定。

为了管理因判决而产生的潜在诉讼，并将劳雷尔山原则转化为切实可行的定义、标准与住房分配，法院也采取了不同于往常的举措。第一，法院指派了三名法官来听证与劳雷尔山相关的诉讼；第二，法院授权广泛使用特殊的、法院任命的"主事人"，这些人是预审法官的专家和谈判者；第三，法院建立了机制和程序用于激烈的案件管理；第四，法院将暂停的诉讼发回预审法庭重审，以确定应由该镇承担的地区保障性住房需求的"公平份额"，并批准可能需要的区划调整和其他措施，以便创造机会在劳雷尔山和该州其他城市为低收入和中等收入者建造住房——这样的机会可以说是姗姗来迟。最后，法院邀请州立法机关来解决公平住房问题，同时明确州立法机关的责任在于继续执行宪法义务，在其看来宪法义务是《劳雷尔山声明》的核心。

在主动采取这些举措后，最高法院坚决地反对劳雷尔山镇政府为遵守"劳雷尔山Ⅰ案"所做的明显微不足道、没有诚意的努力，并要求修改后的区划条例"不可以是用来掩盖镇政府持续排斥贫困家庭住房的障眼法"（South Burlington County NAACP et al. v. Mount Laurel Township et al., 92 N. J. 295 1983）。判决的坚定精神体现在法院的一句话中："我们可以不建造房屋，但是我们必须执行宪法。"（South Burlington County NAACP et al. v.

Mount Laurel Township et al. , 92 N. J. 352 1983）

最终，州立法机构和州长接受法院的邀请，针对保障性住房立法，并在 1985 年启用了新泽西州《公平住房法案》。该法案创建了一个新的州政府机构——新泽西保障性住房委员会，通常简称为 COAH。这个机构的任务是解决排他性区划问题，并协助市政府设计和实施计划，以便履行宪法要求的低收入和中等收入者的住房义务（State of New Jersey P. L. 1985，c. 222；N. J. S. A. 52：27D－301 以及下列等等）。1986 年，最高法院裁定新的法律是合宪的（Hills Development Corporation v. Bernards Township. 103 N. J. 1，65 1986）。在随后的判决中（1990 年、1993 年和 2002 年），最高法院继续解释并重申《劳雷尔山声明》（Holmdel Builders Association v. Township of Holmdel，121 N. J. 550 1990；关于 Township of Warren，132 N. J. 1 1993；Toll Brothers v. West Windsor Township et al. ，173 N. J. 502 2002；and Fair Share Housing Center，Inc. ，et al. v. Township of Cherry Hill，173 N. J. 393 2002）。

随着针对保障性住房的法律体系稳固确立以及立法通过，新建成的公共机构快速运作起来，以将埃塞尔·劳伦斯对于保障性住房的梦想变成遍及全州的现实。在 1983～1985 年，三名法官和法院任命的专业"主事人"与市政规划者、开发商、保障性住房小组、民权组织和个人原告一起创建了机构机制，用来在新泽西州实现公平住房目标：①创建切实可行的方法来评估该地区低收入和中等收入家庭的住房需求，以及设计一套方案来公平合理地向州内各城市调配这些需求，以确定它们的"公平份额"；②创建一套程序和标准来判定城市是否履行了分配给它们的"公平份额"义务；③建立评估地点、项目和遵约机制的标准（遵约机制由建筑公司原告和市政府提出，目标是修复不符合标准的房屋并建造新的保障性住房）。

郊区的小题大做

此时此刻，劳雷尔山对保障性住房的探求又回到了预审法庭重审，因为要负责监督和批准新的区划制度和行动计划才能在镇上建造保障性住房。1984 年，又有两起劳雷尔山诉讼案件出现，这两起诉讼也被合并到重审之中。这两起诉讼案件中的第一起是最初的劳雷尔山原告控告邻近的拉奇蒙特居民区开发商，该居民区属于四大规划住房开发计划之一，控告原因是其未能提供低收入和中等收入住宅，甚至没有这样的计划。第二起诉讼是另一家开发商向市政府提起建造商的补救诉讼，希望尽早开始建造保障性住房。在新泽西南部的一位特别法官和法院任命的"主事人"协助下，各方达成了全面和解协议，避免了诉讼再次发生。该和解协议于1985年9月被预审法庭批准。

根据新的方法，最终的同意令规定该镇应承担建造950户保障性住房的义务。这些房屋应平均分给低收入和中等收入家庭。那时候，除了大量非住宅开发之外，劳雷尔山有8000户住宅单元，另外还有更多住房处于四个规划住房开发计划的筹划当中，所以保障性住房单元在镇上全部住房中所占比例多于10%。和解最终创造了"切实的机会"来在劳雷尔山镇建造保障性住房——这样的机会已寻找多时。埃塞尔·劳伦斯在1988年观察发现，"法庭说'穷人有权利获得在任何地区居住的机会'"（DePalma，1988）。

因此，住宅项目终于得以向前推进。各方同意让原始原告指定的非营利性开发商建造255户保障性住房，房屋密度上限为每公顷10户，其位置应是原告在劳雷尔山选择的至少两个地点，要经过政府审查，必要时还要通过特别主事人进行强制性仲裁。规划住房开发商捐赠的320万美元和额外的自来水与污水管连接费用为最初的行动提供资金支持。除了最初的斯普林维尔社区行动委员会探求的住宅项目外，该镇将履行自己应承担的义务，方法是依靠更高的密度容限（最高每公顷14个住宅单元）刺激，促使私人开发商在其他地点开发项目。在将20%的住宅单元留给低收入和中等收入家庭后，开发商内部可将市场价格的房屋利润补贴给保障性住房。

"劳雷尔山Ⅱ案"、《公平住房法案》以及随后向保障性住房的迈进，在新泽西州引发了一场政治和城市反对风暴。新泽西州部分城市向美国联邦法庭上诉失败，因为联邦法庭以未引起明显的联邦问题为由拒绝审理。另外一些州立法议员尝试修改州宪法，想废除《劳雷尔山声明》，但此举也未成功。温和派共和党代表汤姆·基恩甚至要将声明贴上"共产主义概念"的标签，并提出要中止已被法院批准的开发商补救措施（Hanley，1984）。在劳雷尔山，项目规划在1997年已递交给镇政府，后由此多次召开激烈的意见听证会。最终该镇规划委员会的意见听证会共有超过500名焦虑不安的市民出席。

针对提出的劳雷尔山开发规划，政治上的反对非常强烈。一位社区居民说："我们需要这些，就像库斯特需要更多印第安人一样。"（Smothers，1997a）在意见听证会召开之前，一些证人提供了劳雷尔山城市失调、郊区平静的生活方式被扰乱的图片。而且正如人们所料，由于存在反对保障性住房的学术文献，证人的证词又经常提到该地区贫困的少数族裔社区，这让人十分反感。最终，一位居民怒斥道："我们不希望这个地方变成另一个卡姆登。"反方一名律师将提议的项目称为"贫困的低收入移民"（Smothers，1997b）。将"移民"和"卡姆登"并排放在一起，就很难忽视其中暗含的种族问题。

典型的反对派是一位上了年纪的白人，这位证人觉得自己是别的城市地区城市失调的避难者，他告诉受众："我55岁了，在费城居住……离两个低收入住宅项目不远。我小时候在那里居住了15年。在这15年间，这两个住宅项目被夷为平地，最后变成了贫民窟。我未曾见过成功的（保障性——译者注）住宅项目，只见过失败的。"（Albright，2011：40）另外一位居民同意这种意见，并讲述了自己遇到的城市萎缩经历。他说："我在纽瓦克的法律学校上学。我们曾经建立过中低收入住宅的隔墙，但就在10年中隔墙变得年久失修，不得不用木板封上，最终还是被拆除了。我很不愿意相同的事情发生在我们美丽的劳雷尔山。"（Albright，2011：41）

一位居民更隐晦地表达了他的反对意见，他批评提议的建筑用地不合适，声称"低收入居民买不起车，而且建筑用地附近没有公共交通工具，他们精心打扮之后也没有地方可去，我们的低收入邻居会陷入窘境。鉴于这些原因，建筑用地并不合适"（Albright，2011：46）。其他的反对更为直接，在原则上反对保障性住房。附近区域的一位居民在给《伯灵顿时代报》的信中写道："创建100%的低收入居民的居住区这个荒谬的主意不再是人们的希望，因为城镇选择让居民更好地融合和适应社会生活，而不是将其分开。"（Fox，1997）

在居民将自己的反对意见建立在项目特点上时，其他人关注的是预设的居民性格缺陷。在规划委员会的一次会议中，一位市民做证说："想着搬到公平住房的将会是模范市民就令人愉快。我知道这是公平住房的希望，而且也这么认为。但是其他类型的住宅开发经历告诉我们其实并不是这样。"（Smothers，1997b）正如第一章提到的，保障性住宅项目最终以埃塞尔·R. 劳伦斯的名字命名，附近退休养老社区的一位律师担心这样命名住宅房项目会给该地区和租户带来耻辱，因为他预料"大多数市民将会把带有'埃塞尔·R. 劳伦斯家园'的住宅开发视为低收入住宅项目，就像把'贫穷'二字写在租户脸上一样"（Smothers，1997b）。在第三章，我们将更细致地讨论这个问题。

一位住宅项目租户搬入后，在她为新的住房开启供电服务时，在上述问题上遭遇了道德谴责：

> 在我刚搬到这里时，我要更改电费和其他账单。电话上，对方问我要搬到哪里，我说要去埃塞尔·劳伦斯。他问是不远处那些新的房子吗？我说是。他很凶恶。他说，你好大的胆子，你怎么敢用那点钱在我 20 万美元的家对面建房子。（Albright，2011：42）

除了假定租户的道德品质外，其他在规划委员会前做证的人诬陷公共住房破坏了隐含的道德契约。这样的契约规定：人们应努力工作、遵守规定、存钱，然后会受到社会的适当报偿，在像劳雷尔山这样漂亮的郊区居住。这暗示潜在的住宅项目居民没有努力工作，没有遵守规定，也没有存钱，不然他们就已经得到在郊区居住的奖励，无须外界干预。在诬陷中，证人常常赞美像"我们"这样的人拥有责任与正气，却将那些住宅项目居民的隐含特征搁置不提，让人们认为"他们"缺少相同的优点。一个自以为是的人这样说："我们没有补贴，我们早早起床去挣钱谋生，我们缴税、交车险、为孩子的各种活动支付费用。如果我们想出去吃顿晚饭，我们自己会买单。没有人给我们提供补贴。"（Albright，2011：43）

在一个冗长的总结中，同一个人列出了"他们"（即假定的住宅项目居民）如果想被劳雷尔山接受，需要具备（但可能不具备）的特征：

> 如果这个社区要进入我们的居民区，这些人要在我们的社区中居住，我不在乎他们收入有多少，但是如果他们有能力，如果他们不是残疾人，如果他们想维护自己的房产并尊重自己与周边的人，那么他们每天都要努力起来去工作。我觉得这才是这些人所寻找的生活。我欢迎任何人来我们的居民区，前提是他们想要成为这样的人。（Al-

bright，2011：43）

这种隐含的"我们与他们"的对比在另一位证人的陈述中也显而易见。这位证人告诉规划委员会：

> 我自己工作了50年就为了攒钱，没有人为我提供补贴。如果爸爸挣得钱不够妈妈维持生计，那么妈妈会告诉他要多挣些钱。于是爸爸就又找了份工作，要工作到夜里11点。我们没有要过补贴。哈里·杜鲁门应该是我们所经历的最好的总统了。他说如果你想为饥饿的人做点什么，那么你应该教给他们捕鱼、种庄稼的方法，而不是给他们食物，因为那样你会打消他的能动性。（Albright，2011：45）

一些人提供了解决办法，以平息居民对潜在居民道德品质的顾虑。例如，一位律师说他"会请开发商考虑让附近居民区中有顾虑的居民与你一起成为审查委员会的成员。这样他们可以为你的组织提供建议与见解，帮助你筛选租户"。当时的市长回应了这些意见，他告诉市民："我对此表示同意，但同时会要求几个条件。其中一个条件是申请人必须建立一个租户筛选委员会……筛选条件应包括对潜在居民进行个人访谈、查验信用记录、查验犯罪记录、查验过去五年的居住环境历史、到之前的居住地上门访问，还有书面收入证明。"

这些话表明，反对住宅项目的负面观点通常非常强烈，有时候以至于超出了民众言论的界限。比如，下面的两种情形中，人们的愤怒情感爆发，转变成了象征性的行动，从某种角度来看其实非常暴力。在以公平住房为提议的住宅项目地点做广告而立起的标志被蓄意破坏了两次——一次是被人用电锯割成了碎片，另一次是被车辆撞倒（Bell，1997）。当然，怀有陈旧观念的居民认为新来的人在道德上让人怀疑，不配住在这里，很可能给社区带来城市问题（例如犯罪），从而拉低房价并增加郊区乌托邦的税收负担时，上述强烈的情感表现就在预料之中了。实际上，在规划委员会之前的证词中，人们对于犯罪率上升、房价下降和税收上涨的恐惧就反复被提及（Haar，1996；Kirp，Dwyer，and Rosenthal，1997）。

例如，一位证人站出来说："我的顾虑是这个项目对整个社区的影响。

我们是否与警察局的人谈过此事?"他后来又引用了附近把保障性住房单元留给低收入家庭租用的住宅开发的案例:

> 说起 Stonegate,那里有小型公寓单元。在四栋楼中,我记得有三个在售的低收入住房单元卖给低收入家庭,还有一栋楼供出租使用。在 Stonegate 的整个开发过程中,所有出现的问题都源于那栋公寓楼。现在你说的是 8 个家庭。到现在为止,有多少 Stonegate 的居民没碰到过问题?他们在 Stonegate 里放了一栋出租楼,每次警察局对那栋楼的回应都是这一点。(Albright,2011:43)

假设镇上居民的预期是住宅项目中犯罪率将会上升,他们自然会看到随之而来的房价下降。正如一位居民所言:"我希望留在劳雷尔山,继续住在现在的位置,而不害怕自己的房价将要下滑。"(Albright,2011:41)另外一名居民表示,他担心提议项目附近的居民区遭受的污名会促使迁出和衰退循环出现,这不仅会严重影响房价,还会破坏社会性。谈到提议的项目,他说:"镇上这个地区会被污名化,会导致大批人迁出,房价将会下降,各方之间的愤怒将会成为常态,形成仇恨和报复的氛围。"(Albright,2011:41)。

除了对房价和犯罪率的担忧外,居民们也表达了对税金过度增加的顾虑。一位居民挖苦说:"我觉得,他们不付的税金我们也不应该付,而且我们也不需要为他们的污水、自来水和街道付费。我认为镇政府在与开发商讨论什么是对劳雷尔山的公平贡献时,这个重要问题应该被考虑进去。就目前来看,这个项目除了给业主带来麻烦外,我什么都没有看到。"(Albright,2011:43)附近退休养老社区的老年人提出这是迫害的特殊掩盖形式,一位老年人认为:

> 老年人要为比自己收入更多的人缴税……我们不得不替比我们自己挣钱还多的人缴纳教育税,从而造成努力生活的、努力收支平衡的、有固定收入的人面临失去家园的危险。这公平吗?(Albright,2011:42)

另一位老年人的意见集中在教育税上,也暴露出代际以及种族和阶层之间的冲突暗流：

> 我们必须为有固定收入的人做点什么。他们缴税的压力将会更大，因为教育税一定会上升。在我们今晚离开这个讨论会时，我所害怕的是他们将缴纳更多税金，而且没有平台去表达这种忧虑。我想问问公平住宅开发公司是否愿意拿出一些时间或一些员工在税收问题上为老年人提供帮助。（Albright，2011：42）

尽管当时在规划委员会听证会上表达的关于保障性住房的意见主旨是明显敌对的，但不是每个发言的人都是消极的。正如一位证人告诫说："如果我们劳雷尔山的居民不以开放的心态接受这个改变，不努力让这些居民融入并欢迎他们来到我们社区，那么我们自己很可能会搬起石头砸自己的脚。"（Albright，2011：41）另外一位女士利用自己在劳雷尔山工作30年的经验，从解决社会正义问题及该问题在镇上的悠久历史方面表达了自己的支持意见：

> 30年前，我是劳雷尔山的社区护士。尽管还有其他责任，20世纪60年代和70年代初期我还是在劳雷尔山农村地区度过了许多天。我在这里的责任是查看是不是每个孩子都有机会接种必要的疫苗、接受体检以及定期复查。那时候谁住在劳雷尔山呢？除了最近才进行开发的兰布勒伍德外，在劳雷尔山农村居住的都是需要我们门诊服务的低收入和中等收入人群。在哈特福德路上，我走访了一个在改造后的鸡舍中居住的家庭。我记忆中的一些小路已经消失了，但是我记得人们努力工作并把孩子培养得很好。我们没看到无人照管的儿童。当埃塞尔·劳伦斯和其他人在1970年设计了建造公寓楼的计划，以便住在破落住宅的人能够有个好一点的地方居住时，镇政府拒绝了这一计划，尽管这对城镇来说并不会有任何代价。我帮忙医治的孩子被迫离开他们的家园，现在这些孩子得有二三十岁了。就是因为我们的镇政府过去拒绝为居民建造公寓，后来在这个问题上才有了诉讼和成千上万美元的花费。现在是时候改正错误了。（Albright，2011：47）

另外一个人也站出来斥责居民——这些居民的大多数最近才搬到这里，指出他们不应该反对为世世代代都居住在劳雷尔山的非裔美国人提供住房。他提到：

> 这些人有的已经在这里住了七八十年了，有的和家人一起都住了100年了。这些人在这里住了这么多年，其他人怎么能进入这个特殊的地区，而且据我所知他们有的人可能只在这里住了10年、15年的样子。他们是新来的。所以咱们这里要面对现实。（Albright，2011：48）

另外一位女士在给当地的《伯灵顿时代报》（1997年4月1日）写的信中说道：

> 我听很多评论说，对于在建的价值30万美元和40万美元的房屋，我应该感到非常兴奋，因为显然这些房屋会提升我自己的房价。什么？由于这次过度开发，我的税金已经涨到了17年前的4倍？我没看到这样的事发生。哦，这不是很好笑的事吗？10个不同的开发项目同时进行，不会使接收许多新儿童的学校负担过重，但是突然这个低收入住宅开发会给这些学校带来很大的负担？对我来说，这听上去就是优越主义。

尽管有这些积极的看法，但听证会上大多数评论明显反对在劳雷尔山建造保障性住房。居民从道德和物质方面都提出了理由来反对提议的项目。道德方面，他们表达了对预设的项目居民性格的担忧，经常照搬对贫困的少数族裔成员的刻板印象，比如懒惰、依赖社会服务、容易犯罪、不能或不愿意好好维护私有财产等。其他人引用了隐含的道德契约，即努力工作和行为良好的人会被奖励居住在郊区——在他们看来原告不应享有这样的奖励。物质方面，居民反复表达对于项目会导致犯罪率上升、房价下降和税收负担增加的恐惧。他们的恐惧都是建立在该地区其他公共住房项目以及对项目居民的刻板印象上的。

在劳雷尔山以外的地方

新泽西州关于保障性住房的争论一直持续至今。例如在 2009 年州长竞选中，两位竞选人力图在对《劳雷尔山声明》的轻蔑言语中击败对方。议员理查德·莫克特告诉选民："如果我是州长，我就用木棒穿透 COAH 的核心，把它埋葬起来，让它永不复生。"而前美国检察官克里斯·克里斯蒂更机智但更直接地说："如果我是州长，我会从内部摧毁 COAH 并使其终结。"（Pizarro，2009）根据记者描述，克里斯蒂的讲话获得了郊区民众震耳欲聋的回应，这使得一位当地的政客预测说："你已经赢得竞选了。"最后克里斯蒂也确实在竞选中胜出。竞选结束后，他试图废除 COAH 以实现诺言，但被新泽西最高法院驳回（Spoto，2012）。之后，他又试图让市政当局将保障性住房资金转回给州政府（DeMarco，2012）。

尽管纷争不断，但"劳雷尔山 II 案"的裁决成功改变了全州的政治和政策，迫使整个新泽西州郊区市政当局关注在哪里、怎样为保障性住房创造切实可行的机会，而不是是否要创造这样的机会。在裁决后的两年中，开发商原告提出了 100 多次诉讼，并向州内的排他性区划发出挑战。在这些法院诉讼之前的那些诉讼案件对两个县和其他分散的城市影响最大。此外，尽管市政当局有拖延的情况发生，房地产周期与获取许可时出现异常，但在"劳雷尔山II案"和 COAH 建立后，已经有 6.5 万户保障性住房单元得以建成。除此之外，1.5 万户不合标准的房屋也得到了翻修（COAH，2010）。每年新泽西州的人均保障性住房单元都不断上升，并且已经超过了其他的州（Keevey，2008）。

劳雷尔山争论最讽刺的是，如果镇政府同意了斯普林维尔社区行动委员会最初的要求，那么只需建设 36 个保障性住房单元。而且，这些住房只会在非裔美国人长期聚居的镇内部分区域修建。但是，由于镇政府反对这一请求并将其搬上州最高法院，其反而背负上了在社区分散建造将近 1000 户保障性住房的义务。同时，镇政府制定的新声明使得州内每个城市都要遵守——该声明禁止排他性区划，并将"为低收入和中等收入家庭提供住宅"定为积极义务。在新泽西州以外的地方，此案为美国各地的保障性住房诉讼和促进种族与阶层融合的司法救济提供了一个范例（Kirp，Dwyer，and Rosenthal，1997）。

第三章

梦想之地

——埃塞尔·劳伦斯家园来到劳雷尔山

在自己的家乡劳雷尔山建造保障性住房可以说是埃塞尔·劳伦斯的梦想。她的女儿说，她在该案和随之而来的诉讼中扮演"指挥"的角色，她亲自站出来用激情和活力带头前进以给原告和律师鼓励。"埃塞尔·劳伦斯在新泽西最高法院前并未亲自对此案进行辩解，"她的女儿写道，"她没有写下新泽西《公平住房法案》，也没有利用这个法律创立 COAH。但是她关切、抗争而且没有放弃，所以这些才得以实现。她从未放弃为劳雷尔山的保障性住房抗争，整个新泽西州都从中受益。"（Lawrence-Haley，2007）尽管埃塞尔·劳伦斯参与了每一次诉讼和法院听证会，并积极参加早期的项目规划，但在 1990 年后她的身体情况每况愈下，在 1994 年 7 月离开了人世，享年 68 岁。去世时，她的劳雷尔山保障性住房这个梦想还未实现。为了纪念她，后来的项目就取名为"埃塞尔·R. 劳伦斯家园"。

如图 2－1 所示，保障性住房项目的发展一路艰辛，读者可以回顾此图以明确事件的时间顺序。项目的发展过程漫长而持久，其中牵扯到了三个因素：①一个符合场地开发标准的、可购且合适的地块；②建筑房屋所需的资金充足，未来低收入和中等收入居民又能够支付得起；③能够成功领导完成审批流程的组织能力。1985 年批准的同意令解决了这三点问题，引出了一系列的事件，最终让斯普林维尔社区行动委员会最初在 1968 年提出的保障性住房设想变为现实。不幸的是，整个过程还要再花 16 年的时间才能实现。直到 2000 年，它才迎来了第一批居民——这距埃塞尔·劳伦斯去世已经过去了 6 年。

设计出来的郊区

在项目开发的复杂过程展开前，同意令要求原告选择一家开发商。1968
年，他们选择了非营利性组织公平住宅开发公司来规划、建造并最终对保
障性住房开发进行管理。公平住宅开发公司（FSHD）在同年由原告律师之
一——彼得·奥康纳——创办。他在协助另一个非营利性开发商建造和管
理其他地方的保障性住房时，获得了保障性住房开发经验。那些保障性住
房中有 402 户位于北卡姆登，50 户位于格洛斯特县德特福德镇，还有专为
老年人提供的 100 户位于塞勒姆县彭斯维尔镇。有了最终同意令批准的 320
万美元资金，以及在劳雷尔山任意选择保障性住房位置的司法许可，他于
1985 ~ 1986 年在镇上四处搜寻，只为找到一块合适的土地。①

尽管对于原始原告来说，在 1960 年选中一块潜在的建筑用地不难，但
20 世纪 80 年代劳雷尔山的房地产成了一个热门行业，土地市场竞争非常激
烈。最终，公平住宅开发公司不得不针对 10 个不同的地点进行投标，以便
获得合适的土地产权。与此同时，劳雷尔山一家大型的住宅开发商正在寻
找建筑用地，而且为了获得市场上的可用土地，它的竞价经常高于公平住
宅开发公司。埃塞尔·劳伦斯直接参与了选址的过程，其间她考虑了后来
审核多种可购的牧场、农场和林地时可以使用的规划标准。除了考虑街道
和湿地保护问题外，公平住宅开发公司最终获得了总面积 132 英亩的三个地
块，以供 1986 年末可能进行的开发使用。至少，埃塞尔·劳伦斯能够看到
以她名字命名的项目最终的建造地点。

第一个地块是一个面积为 10 英亩的林区，临近教堂，与一所综合性学
校和园艺中心只隔了一条主干道。第二个地块面积为 60 英亩，其中含有农
场、树林和湿地，在未开发的农村里一个十字路口附近。第三个地块是 62
英亩的赫尔·利道房产，它包含了一个由树林和湿地包围的大型农场，还
有一条狭窄的小溪，离莫里斯敦到劳雷尔山的公路有 1000 英尺。这条公路
从镇上穿过，将新的综合性城市和同名的劳雷尔山相连（距一所 18 世纪贵
格会会堂 2.5 英里）。

---

① 这段叙述的主要依据是新泽西州劳雷尔山公平住宅开发公司提供的文献，以及 2010 年 5 月
25 日对公平住宅开发公司执行董事和创始人彼得·J. 奥康纳的访谈。

受保护的树林和湿地在赫尔·利道的边缘迅速扩大，天然地在赫尔·利道与附近以农场和树林为主的其他用地之间形成了缓冲带。它的西面有一幢独栋别墅和一座谷仓；南面在莫里斯敦－劳雷尔山公路的另一侧，是一个未完全开发的有年龄限制的退休养老社区。这个社区被称作"度假村"，建成后共有几百户小型、由单一家庭组成的两户和三户合住的住房单元。赫尔·利道的买入价为每英亩 2 万美元，它很快就成为提议的住宅开发的首选地点。公平住宅开发公司承诺，同意令批准的 320 万美元资金将主要用来购置土地，以便能够实现最终和解协议预期的开发 255 个住宅单元的目标。然而，镇政府希望这笔资金既用于购置土地也用作开发成本，还要求将十字路口处的 60 英亩土地出售以获得更多资金。公平住宅开发公司勉强同意后将该地块卖给了当地一家开发商，将收入添加到了启动资金中。

尽管已最终确认并购置了建筑用地，在 1985～1995 年，公平住宅开发公司还关注了当地其他的项目开发，其目的是为劳雷尔山项目获得更多的资金。例如，公平住宅开发公司在卡姆登开发了库珀广场古宅。这个古宅由市中心附近一座大型的维多利亚式住宅翻新而成，内部共有 64 个可供出租的保障性家庭住房单元。公平住宅开发公司从该项目最终挣得 60 万美元开发费用，然后将其存入劳雷尔山项目开发的启动资金。为这个项目融资非常复杂，因为与大多数住宅开发不同，埃塞尔·劳伦斯家园从最初就已定位为保障性住宅。

在埃伦斯·劳伦斯去世后，劳雷尔山的规划才正式开始。在 1995～1996 年，公平住宅开发公司执行董事彼得·奥康纳在当地一家餐馆的餐巾纸上草拟了规划，思考后又对自己的开发想法进行完善。他可以肯定的是，项目开发应与周边的郊区环境适应。因此，他力求将房屋密度控制在居民区要求的每英亩 10 个住宅单元以下。他还希望保证较高的建筑质量，提供充足的绿化和灌溉设施。而且，他想要建造联建住宅，而不是公寓楼。但为了能够容纳更多的低收入家庭，他不想让住房单元的面积高于最低标准。除此之外，彼得·奥康纳希望避免建造大面积、不美观的停车场，而是提供玩耍所用的户外设施，以及娱乐、教育、社会服务和公平住宅开发公司维护与管理人员办公所用的室内设施。

最重要的是，彼得·奥康纳希望房屋具有吸引力。通过以前的听证会和法院诉讼，彼得·奥康纳很清楚政府官员和居民害怕这次会重蹈覆辙，因为以前失败的公共住房项目破坏了卡姆登和费城的风景。因此，他极力避免美国人印象中那种负面的公共住房建筑形式和建筑美学。他感觉，如果他成功了，那么郊区居民会来住房项目参观，他们离开时还会抱怨住房开发对穷人来说未免也太好了。

进入埃塞尔·劳伦斯家园复杂的内部要经由一条 1000 英尺长、布满绿化的大道。这条大道通过树林中一个空隙与一条农场小路连接，直接通到莫里斯敦－劳雷尔山公路。这个公园一样的入口通向 1/3 开放的村庄公共绿地和环绕绿地的四个居民院落。每个院落都包含了一条环形双向街道，环形街道以绿地为中心，连接了入口的大道。在每个院落中，联建别墅数量在 28～40 栋。这些别墅都是小型、双层、结构细节简单的房屋，每栋都由 4 个连接一起的住房单元围绕院落的绿地中心分布。在联建别墅前面和院落中心绿地周围，有供居民和访客使用的垂直式停车场。院落中的人行道成环形，联建别墅与停放的车辆和人行道之间有小型前院相隔。除了面向庭院和中心绿地而开的前门外，每栋联建别墅都设有通往普通草坪和充足绿化区域的后门。这里有三个大池塘收集和管理雨水，还有一个抽水站将废水传送到镇上的污水系统中去。

最终，埃塞尔·劳伦斯家园建成后总密度仅为每英亩 2.25 个住宅单元，远低于 1985 年争端处理结果允许的每英亩 10 个住宅单元，而且只是稍高于整个镇的平均密度（每英亩 1.31 个住宅单元）。除了联建别墅外，总设计图中还有一个两层的、占地 8000 平方英尺的公平住宅开发公司管理和维护楼，一个 4.1 英亩的户外娱乐区（内含带有照明设备的篮球和网球场、手球场、露天剧场、野餐和游戏区），还有一个 1 万平方英尺的教育娱乐楼。直到 2012 年，户外娱乐区和教育娱乐楼都还未开发。

我们在第一章回顾的研究表明，保障性住房项目的设计和密度，以及在审美上与周围房屋是否和谐，这些都对塑造邻居们的印象有着重要影响，而且还对诸如房价和犯罪率等结果起着决定性作用。当地居民在公共听证会上针对该项目提出的一个重要疑虑，就是这个项目外观会不好看，很容易让人看出是"公共住房"，如果管理不善会很快导致房屋变得破旧不堪，从而"拉低整个居民区的水准"。结果，公平住宅开发公司特别注意设计和布局的审美问题，力图开展一个在物理和美学两方面都与周围居民区相似的住宅开发。建造传统公共住房的惯例是采用砖块和水泥筑造密集的房屋，而且房屋会排成方形。但与此不同的是，公平住宅开发公司采用了道路尽头的模式建造了木质结构的联建别墅，建筑材料和方法都与附近的郊区住房相似。图 3 - 1 展示了两张对比照片：第一张是埃塞尔·劳伦斯家园的两栋联建别墅；第二张是距离埃塞尔·劳伦斯家园大约 1 英里的住宅区中的市场价房产。

（a）埃塞尔·劳伦斯家园——保障性住房

（b）教堂山路上的市场价住房，距离埃塞尔·劳伦斯家园大约 1 英里

图 3 - 1　埃塞尔·劳伦斯家园与周围市场价住房的美学比较

在对整个镇上现有的房屋进行系统深入的研究后，埃塞尔·劳伦斯家

园的规划才被精心地制定出来。一方面，因为劳雷尔山现有住房相对较新，开发项目融入进去比较容易。2000年的人口普查显示，在1970年之前建成的房屋仅占15%，而在1990～2000年建成的房屋则占了33%（美国人口普查局，2009）。单一家庭独立式住宅是镇上最普遍的房屋类型，大约占了镇上现有房屋的一半；单一家庭联建别墅占了1/4。劳雷尔山房屋空间结构的主导模式是在划分出的小块地皮上建造住宅小区。小块地皮一般组织为独立的"飞地"或"分离舱"，通常由一个房地产开发商建成（请参阅 Duany，Plater-Zyberk，and Speck，2000）。因此，在划分出的小块地皮上建造住宅小区和埃塞尔·劳伦斯家园开发中道路尽头的设计与镇上大多数居民区的空间结构相适应，而且连接一起的多家庭联建别墅的设计复制了现有住房的1/4。因为是新建成的房屋，埃塞尔·劳伦斯家园在方法和材料方面也能够与镇上其他新开发的住房相匹配。

除了确保埃塞尔·劳伦斯家园与周围道路布局、材料和建筑形式相适应外，开发商还特别关注园林建筑美学。的确，埃塞尔·劳伦斯家园的维修预算最初就有一项专门供园林绿化使用，而且据公平住宅开发公司经理说，最终的园林设计已被附近哈登菲尔德和莫里斯敦的房子直接用作样本，而这两个邻近的富裕郊区的特点就是房价高。项目庭院的设计和维护由私人供应商承包，公平住宅开发公司经理会对其进行监督，以确保这些承包商提供的产品有质量保证——尽管是补贴性住宅区，但也要与其他高端住宅区提供的服务相差无几。另外，公平住宅开发公司还在项目现场安排了一名全职维修人员，将管理办公室安置在住宅区，以便经理能够灵活监管这些房产。

管理者也力图通过多种途径在住宅区的社会结构中进行城市美学控制。首先，管理者采用了一套严格的审查和筛选程序，目的是找出能够成为良好租户和规规矩矩的邻居的人。第三方机构会对全部申请者进行收入核实，并检索公共记录中的犯罪、破产或者房东评价等信息。申请人还要提供五年期的居住历史记录。符合最初准入条件的人会在办公室和家中接受面试。家中的面试包括房屋检查，这是为了确保未来的租户会对房屋进行适当维护，并将维护工作保持在一定水平。

其次，项目自身设计也考虑到了社会因素。例如，根据当地警察建议，为了避免手球运动中的墙壁成为街头涂鸦的画布，提议的手球墙最终就没有建起来。这与犯罪威慑的"破窗理论"一致，诸如街头涂鸦这样的社会失范的标志被认为是缺少当地社会管制,因而会导致社会性犯罪(Wilson and Kelling,1982;Wilson,1983;Skogan,1990)。

最后,公平住宅开发公司为住宅区组织了一个居民区监督小组。小组隶属于劳雷尔山官方的居民区监督计划,每月在住宅区的管理中心开一次例会,是社区监管工作的一部分。每月会议通常有一小群居民参加,也会有教育协调员和临时发言人与嘉宾出席。会议一般为一小时左右,是居民对居民区表达关切意见的一个时机。住宅区中每条独头巷道的尽头都有一位领导提供近期事件和活动的信息。另外,公平住宅开发公司工作人员会借开会的机会发布近期内住宅区和镇上的一些事件资讯,并且回答与社会服务组织和项目相关的问题,他们也提供联系信息。居民会对未来的事件、社交机会和与当地组织的合作提出自己的建议与想法。

居民区监督的每月例会为人们提供了固定场所,让他们可以提出维修问题,提议需要修复和改进的地方。根据居民意见的特点,管理人员可以建议如何最好地解决问题,或者应该向谁投诉。比如,在一次居民区监督会议上,一名工作人员详述了居民维护住宅外观的重要性,他告诫租户不要在院子中堆放杂物。这位工作人员强调"(居民)保持后院整洁非常重要,因为这是别人来到住宅区看到的第一个和最后一个地方,应该给他们留下好印象"。会议上,一个频繁讨论的话题就是收集垃圾当天妥善放置和取回垃圾桶的问题。

曲折的建筑之路

在完成工程和建筑规划后,公平住宅开发公司在 1996 年末向劳雷尔山镇规划委员会提出申请,以获得在小块地皮上建造住宅区和地区开发规划的批准。如第二章所讲,1997 年冬季和春季在当地一所中学里,激烈的公共听证会当着成百上千名居民的面召开了。尽管居民反对情绪强烈,但最终镇规划委员会在 1985 年和解协议的约束之下基本没有酌处权。如果埃塞尔·劳伦斯家园规划符合之前原告协商达成的区划及地区开发标准,那么委员会除了同意开发项目外,别无他选。在 1997 年 4 月,规划委员会最终和解并一致同意在新泽西劳雷尔山建造埃塞尔·R. 劳伦斯家园,尽管这中间少不了刻薄的批评。一名反对者在投票后向委员会成员、市长和镇政府成员做出凶狠的手势,并怒吼:"你们没命了!"(Smothers,1997c)

当规划委员会赞成后，原告、镇政府和其他各方为更新和修订 1985 年的和解协议展开了另一轮协商。镇市政公共事业管理局同意为项目供给充足的水资源和地下水道容量，并认可计划中的泵站拥有所有权和维护责任以及将压力干管设在项目现场。劳雷尔山镇规划住房开发的一位开发商重申自己愿意为埃塞尔·劳伦斯家园房屋承担自来水和污水管连接费用（每个住房单元 900 美元）。镇政府也同意贡献出项目的入口大道和污水泵站。

每一项这样的协议都让项目离现实更近一步。在拿到之前的许可后，开发商下一步要获得新泽西州环保局的许可。为了能够在入口建造布满绿植的大道，部分溪流和湿地将被侵占，这需要得到该州的允许。尽管车道由一条存在已久的农场小路延伸而来，而世世代代的人都开着拖拉机和其他农机沿着这条小路前往农场，但是开发商花了两年的时间才达到湿地口岸和淡水减缓的环境规定，这在很大程度上延误了项目，而且增加了最终成本。

除了前述的批准之外，修建之路上还要跨过筹资这个主要障碍。1998 ~ 2004 年，埃塞尔·劳伦斯家园收到 2670 万美元资助（140 户联建别墅中每个住房单元为 190459 美元），这包括了征购土地的费用。图 3 - 2 显示了这笔资金的来源。大约一半（49%）的资金来自联邦低收入住房税收抵免（LIHTC——译者注）计划。此计划由 1986 年《税收改革法案》开展，目的是鼓励私人对低收入租赁房屋进行投资。自从创建后，LIHTC 计划就已资助建造了大约 160 万个住房单元，占那个时期建造的所有多家庭住房的1/6，这还高于目前以公共住房名义管理的住房单元总数（Schwartz，2006）。

在任何一年，LIHTC 抵税额都是由联邦政府根据各州的情况设定的。例如，2010 年各州可以为保障性住房建设分配人均 2 美元的税收抵免。因此，年度税收抵免直接受每个州的人口数量限制，有了这个限制，最终的资金通常竞争性地分配给符合条件的开发商（Schwartz，2006）。这些程序在项目处于规划阶段的那些年中，限制了公平住宅开发公司开发商可获得的 LIHTC 资金的数额，迫使他们在两个不同的阶段资助和修建埃塞尔·劳伦斯家园：100 个住宅单元在三个中央院落中修建并在 2000 年末开放；最后 40 个住宅单元后来被添加到第四个院落并在 2004 年开放。

和平常一样，资助保障性住房项目的主要挑战是如何填补租金收入和住房项目的实际运营成本之间的差距，因为预期中低收入租户最多仅能拿出收入的 30% 缴纳房租和杂费。项目的运营成本包括管理费、维护成本、杂费、修配储备金、代税付款，以及偿还最初建筑该项目时所借用的资金。在房地产圈中，这个融资挑战被人们称为"缺口融资"（Schwartz，2006）。租金收入无法为运营开销提供足够的资金是 20 世纪 60～80 年代内城区公共住房项目发生物理损坏的主要原因（Hirsch，1983；Hunt，2009）。

新泽西利用税收抵免权益开发的住房对收入在该地区收入中位数的50%～60%的家庭而言通常都负担得起。在家庭规模调整后，这相当于劳雷尔山 2011 年年收入在 36180～43416 美元的三口之家。但是，公平住宅开发公司开发商力图为多种收入的家庭提供住房，将收入范围放宽到地区收入中位数的 10%～80%，相当于一个三口之家 2011 年年收入在 7230～57888 美元之间。开发商认为，如果购买力范围不够大，那么许多曾经作为项目原动力的低收入原告在埃塞尔·劳伦斯家园开放后都住不起。

为了能够建造多种类型的高质量保障性联建住宅，同时让购买力的跨度更大，公平住宅开发公司不得不将税收抵免、补助金、开发商捐款、城镇收费缩减和贷款拼凑成一揽子福利，这非常少见。如图 3-2 所示，大部分差距（34%）是由新泽西州贷款填补的，其中 18% 来自新泽西住房和抵押贷款金融局，13% 来自该州的保障性住房信托基金（以前称为均衡住房社区保护项目），剩下的 3% 主要来自新泽西社区事务部的一小笔补助金。

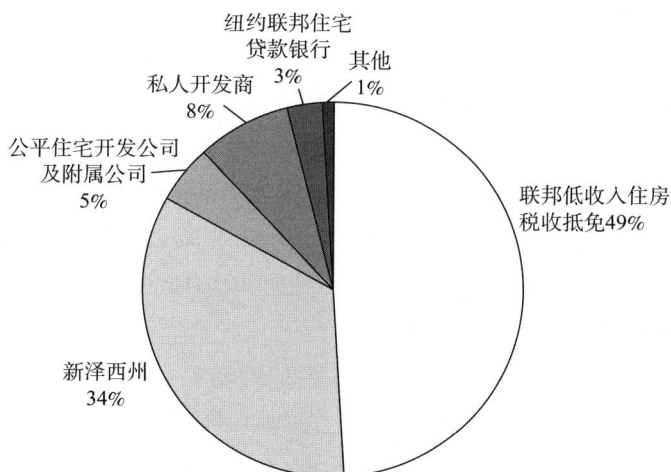

图 3-2　开发埃塞尔·劳伦斯家园的资金

将联邦 LIHTC 项目的资金和新泽西州款项合并起来，我们可以看出
83% 的项目资金来自公共资源（州或联邦）。剩下的 17% 来自私人资源，其
中 5% 是 FSHD 的捐款，8% 是其他私人开发商的捐款，3% 来自纽约联邦信
宅贷款银行，最后 1% 来自一些小型不同来源（见图 3-2）。纪念埃塞尔·
R. 劳伦斯的象征意义对于开发商筹集必要的资金有很大帮助。

梦想成真

埃塞尔·劳伦斯家园第一阶段在 1999 年终于开始动工，最初的 100 个
住宅单元在 2000 年末可以入住。这时候，公平住宅开发公司在当地报纸和
媒体上开始了积极的销售战略，然后申请表在三天内发放到申请者手中。
申请表必须现场提交，最终共有 868 名潜在租户申请了前 100 户住宅。根据
收到申请表的时间，他们将会被排序并列成名单。在 2004 年项目第二阶段
提供了 40 户额外住宅单元时，该地区保障性住房的潜在需求就显示出来了。
因为埃塞尔·劳伦斯家园的福利已在卡姆登和其他地方的低收入者社会网
络中传开（Molz, 2003），这次申请者超过了 1800 人。他们许多人甚至在进
城道路上和停车场中扎起帐篷，为的就是能够在第一天早晨排在前面提交
申请。现在等待的时间在两年到五年之间，具体取决于申请人所需的卧室
数量和他的收入。

在 3 天的申请窗口关闭后，公平住宅开发公司员工从名单中第一位候选
人开始往下逐一进行评估，因此本着"先到先得"的决策规则，他们会优
先考虑早申请的人。在申请表中，候选人会报告家庭规模、家庭结构和住
房需求，所需的卧室数量，婚姻情况和家庭成员年龄、收入；最近的居住
环境历史，以及申请原因。如前文所讲，收入会单独核实，而且工作人员
会检索公共记录中的犯罪、破产和房东评价等信息。通过筛选的人会进行
现场面试和入户访谈。如果他们满足上述标准并且同意租赁条件，那么他
们会在新的住宅区获得一处住所。

首批租户在 2000 年 11 月开始搬入他们的新家。他们大多是在医疗室、
房地产和保险公司以及其他小型企业工作的单身母亲（Getlin, 2004）。讽
刺的是——当然由于项目距离最初设想已经过去了 30 年所以也不足为
奇——尽管有的居民与原告有一些延伸的亲属关系，但是没有一个原始原
告或其直系亲属在埃塞尔·劳伦斯家园最终开放时搬入。随着时间的推移，

当一些家庭在郊区站稳脚跟后，他们就会搬离，然后腾出一些空房。公平住宅开发公司经理会再去查看排序名单。当名单人数较少时，2006 年、2007 年和 2010 年就重复了申请流程以便更新名单。

到了 2010 年，埃塞尔·劳伦斯家园已成为劳雷尔山社区的一个标志性特征，尽管争论没有完全消失，而且为回应对当地秩序的周期性威胁（威胁通常与项目本身没什么关系）有时还会再起，但争论已经逐渐平息下来。但在地方和国家媒体中，住宅区通常被誉为绝对成功。2000 年埃塞尔·劳伦斯家园开放时，当地的报纸将其搬上了头版新闻。南泽西《快递邮报》的文章标题是"社区带来了新的开端"，并放了一张一名来自东卡姆登的年轻女子站在她的新家前面微笑的照片（Wahl and Pearsall，2000）。这篇文章对埃塞尔·劳伦斯家园的描述是，它为居民提供的"不仅是新公寓，还是她人生的新开端"。

接下来的一年，《纽约时报》的一篇文章将埃塞尔·劳伦斯家园称为"有效的保障性住房社区"（Capuzzo，2001），与早前《纽约时报》刊登的标题为"低收入住房和郊区的恐惧"的新闻报道大相径庭（Smothers，1997b）。《快递邮报》2002 年 5 月的一篇文章刊登了一张名为"南泽西住房项目崭露头角"的照片，照片中有两名儿童在他们的祖母前面玩耍（Molz and Burkhart，2002）。2011 年夏天，专栏作家鲍勃·博朗在《纽瓦克明星纪事报》发表的意见是"劳雷尔山低收入住房是一个成功的故事"，并指出"从道路来看，住宅区与新泽西城市周围规划的郊区住宅社区没有差别"（Braun，2011）。

从某种程度上来说，宣称项目绝对成功反映了人们最初对项目抱有较低的期望。最终，埃塞尔·劳伦斯家园开放并吸引了租户，但是灾难并未发生，郊区世界也没有停滞——实际上与过去并无差别。但是迄今为止，宣布成功基本没有什么事实和系统性评估依据。尽管新闻记者的故事、从居民中挑选出来的言论还有公平住宅开发公司的自我评价都一致给项目打了高分，但本书中我们将进行一个全面且系统的评估。在展示分析结果之前，我们必须先介绍为进行研究而制定的方法论，设计方法论时面临的认识论问题，还有实施时面临的问题。这些问题会在第四章提及。

第四章

豪言与现实

——监督劳雷尔山

先前回顾这里的政治经济情况时，我们就预料到在土地使用的争论中人们的情绪会非常激动，并为此提供了理论依据。在埃塞尔·劳伦斯家园这个具体案例中，劳雷尔山居民也的确如此。无论是对在镇上开发保障性住房项目表达强烈疑虑的大多数人，还是对冒险表示同情和支持的少数人，他们的情绪都很激动。从公共听证会上大声的责骂来看，反对项目的人们的情感表达尤其直接。在很多方面，又有谁能责备他们呢？美国补贴性住房的记录一向不好。

历史上，公共住房项目曾被用来支持种族和阶层隔离，而不是刺激经济流动，镇上居民很难认为这是一个好兆头（Goldstein and Yancey，1986；Brauman，1987；Massey and Denton，1993；Massey and Kanaiaupuni，1993）。此外，过去公共住房补贴主要都用来购置土地、拆除和建造房屋，而在项目运营成本方面长期存在资金不足的问题（Bowly，1978；Hirsch，1983；Hays，1985）。在许多城市，住房管理局的管理措施都是虚有其表，而且经常有舞弊行为发生。管理不善外加运营资金不足，久而久之就会导致项目发生物理和社会基础设施损坏（Rainwater，1970；Venkatesh，2000；Hunt，2009）。

因此，劳雷尔山居民反对"公共住房项目"的情感也可以理解。尽管埃塞尔·劳伦斯家园的设计、管理和筹资将与典型的补贴性住房项目不同，而且埃塞尔·劳伦斯家园将由一家私人非营利性组织（而非慢条斯理的公共官僚机构）管理，但居民并未重视这些细节。在他们看来，公共住房就是公共住房，且不说他们可能怀有的种族和阶层偏见，他们有很好的理由对开发商的动机和管理能力产生怀疑。坦白来讲，就算是保障性住房的倡议者也不得不承认，保障性住房过去的记录并不乐观，人们很难想象项目会取得成功。

最终，尽管镇上居民所预见的极其负面的结果并未成为现实，但在此研究之前，对于项目开放究竟如何影响当地犯罪趋势、房价和税收，或者租户的搬入如何影响郊区生活基调，我们没有进行客观的评估。另外，关于项目修建后邻居们对项目和居民的实际看法，我们也没有可靠的信息。最重要的是，我们没有办法评估搬入埃塞尔·劳雷尔山家园对租户们的人生机会和福祉有怎样的影响。本书会明确解决这些问题，而且在这一章中我们会描述在"监督劳雷尔山研究"中收集资料所采用的方法，主要是关于居住于埃塞尔·劳伦斯家园如何影响租户和邻居生活的相关资料，也会描述为评估其对更广泛的社区带来的影响所开发的研究设计。

对社区的影响

如第三章所讲，在居民反对建造埃塞尔·劳伦斯家园时，他们反复表达了对犯罪率上升、房价下降和税收负担增加的恐惧。为了评估埃塞尔·劳伦斯家园开放对这些结果有怎样的影响，我们设计了多个对照组时间序列实验（Campbell and Stanley，1963；Spector，1981）。时间序列实验包括收集政策干预出现前后纵向指标，基本分析是进行统计检验以确认干预前后的时间趋势是否有明显的不连续性，这形成了 Galster（2004）说的"双重差分"研究。

例如，为了评估埃塞尔·劳伦斯家园开放对犯罪率的影响，我们要检查 2001 年前劳雷尔山每年的犯罪率，然后将其与后来观察到的年趋势进行对比。如果先前的趋势平缓或下降，而后来上升，那么轨迹的差异就具有统计学意义，我们说项目开放使犯罪率上升这一结论就是合理的。如果开始时趋势平缓或下降，后来仍保持平缓或下降，那么我们就可以判定埃塞尔·劳伦斯家园开放对犯罪率没有影响。通常，干预前后观察的次数越多，因果推论就越有说服力，设计的内部有效性就越强。

在时间序列设计中，对因果推论有效性的主要威胁就是 Campbell 和 Stanley（1963）所说的"历史"——政策干预与其他能够想到的也可能产生趋势中断的事件的时间性配对。通过采用一个或多个对照案例进行比较，推论的说服力就会大大增强。在目前这个情况下，增加对照案例会观察到附近其他相似城镇犯罪率趋势。如果埃塞尔·劳伦斯家园开放恰巧与一些历史事件同时发生，那么发生的事件应该也会影响到其他城镇的趋势。因此，如果我们在劳雷尔山的时间序列中观察到短暂的中断，但是在别的城镇没有发现中断的话，就会大大巩固我们的因果推断，即项目开放会使犯罪率上升。采用多个对照案例让研究变成了多个对照组时间序列实验。

图 4-1 显示了劳雷尔山和用作对照案例的三个相邻城镇（实际上就是我们的对照组）的地理位置和家庭收入中位数。三个城镇分别为樱桃山、辛纳明森和伊夫舍姆。如图 4-1 所示，这三个城镇都离劳雷尔山很近，而且家庭收入中位数相似。这幅图还展示了卡姆登市内和周边的贫困在空间上高度集中，贫困集中区距离郊区城镇①仅有几英里，从而描绘出南泽西普遍存在的不平等的地理分布。

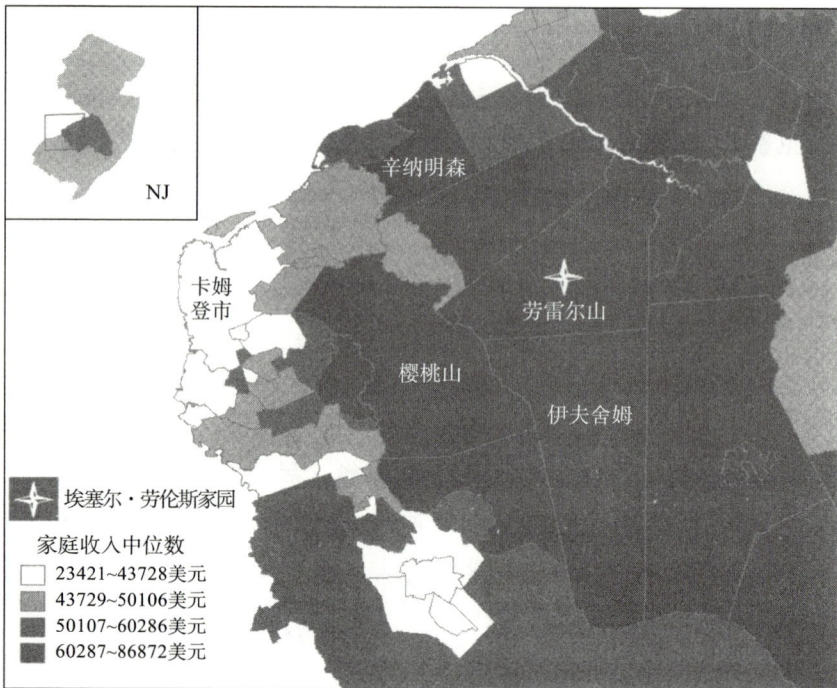

图 4-1 1999 年劳雷尔山和南泽西三个对照城镇的地理位置和家庭收入中位数

因为埃塞尔·劳伦斯家园首次开放的时间是在 2000 年，所以基于当年

---

① 郊区城镇较为富裕。——译者注

人口普查的结果，表4-1选择了城镇的社会、经济和人口学特点，进一步证实了对照城镇和劳雷尔山之间的相似程度（U. S. Bureau of the Census, 2009）。在那个时候（而且一直到今天），所有城镇中白人占了绝大多数，从樱桃山的85%到辛纳明森的91%，而劳雷尔山是87%。现有住房绝大多数是业主自用，所占比例从伊夫舍姆的78%到辛纳明森的96%，而劳雷尔山是84%。这些地方的贫困率都很低，范围仅在2.4%~4%；同样，家庭收入中位数也都在每年6.4万~6.9万美元这个狭窄的范围。虽然辛纳明森的人口数量（1.5万人）比其他城镇（4万~7万人）要少得多，但它的地理面积也小得多（请参考图4-1）。与其他城镇的人相比，伊夫舍姆的居民平均年龄和收入相对较低，住宅租赁的比例较高（尽管房主自用仍占绝对主导地位）。

表4-1　劳雷尔山和南泽西对照城镇的人口与经济特征

特征	劳雷尔山	樱桃山	辛纳明森	伊夫舍姆
人口状况				
年龄中位数（岁）	38.9	41.8	42.0	36.0
家庭住户（%）	66.8	74.0	81.9	72.2
有18岁以下居民的住户（%）	31.9	34.0	36.3	40.1
有65岁以上居民的住户（%）	24.5	31.3	36.3	17.4
种族与族裔				
白人（%）	87.1	84.7	91.4	91.3
黑人（%）	6.9	4.5	5.1	3.1
美洲印第安人（%）	0.1	0.1	0.2	0.1
亚裔（%）	3.8	8.9	1.9	4.1
两个或更多种族（%）	1.4	1.2	1.0	1.0
西班牙裔（任何种族）（%）	2.2	2.5	1.5	2.0
经济情况				
家庭收入中位数（千美元）	63.8	69.4	68.5	67.0
贫困率（%）	3.1	4.0	2.4	2.8
住房成本				
每月按揭还款中位数（美元）	1467	1538	1398	1501
每月租金中位数（美元）	939	793	916	886
房屋所有权				
业主占有（%）	83.7	83.0	96.2	77.7

特征	劳雷尔山	樱桃山	辛纳明森	伊夫舍姆
租户占有（%）	16.3	17.0	3.8	22.3
总人口	40221	69865	14595	42275

除了与劳雷尔山地理位置相邻、社会经济具有可比性外，我们选择对照城镇的原因是在观察期间，这些地方没有100%的纯保障性住宅区。借助于COAH的报告，我们调查了1990~2008年在每个城镇建造的保障性住宅区的数量、类型和时间（New Jersey Department of Community Affairs，2010）。与劳雷尔山的140个百分之百保障性住房单元相比，辛纳明森没有这样的住宅区，伊夫舍姆也仅有一个包含16个住宅单元的项目。但在1997年，樱桃山开放了122个保障性住宅单元。辛纳明森不是完全没有补贴性住房，因为那里有89个老年人住宅单元。樱桃山老年人住宅单元也有100户，而劳雷尔山有个包含了不到100户老年人住宅的小项目。

其他城镇最普遍的保障性住房形式是通过包容性开发项目实现的分散型房屋。市场价的项目开发商同意为低收入家庭留出一定比例的住宅单元，而不是建造完全由保障性住房组成的项目。樱桃山有398个这样的住宅单元，伊夫舍姆有101个，劳雷尔山有238个。在几个城镇中，通过改造现有住宅的项目，一小部分住宅单元也供低收入家庭居住。这样的住宅单元在樱桃山有18个，伊夫舍姆有16个，劳雷尔山有21个。社区中最后一种补贴性住房是配有残疾人专用卧室的特需住房。这样的住宅单元在劳雷尔山有73个，在辛纳明森有21个，在伊夫舍姆有97个。总体来看，尽管其他城镇有补贴性住房，但到目前为止劳雷尔山的补贴性住房最多，而且没有任何其他城镇在百分之百纯保障性住房项目中建造了如此大量的住宅单元。

如前文所讲，在设计多个时间序列实验时，我们关注三个问题，它们都是镇上居民在项目批准过程中进行的争论中频繁提到的疑虑：犯罪率、房价和税收。犯罪数据从1990~2009年FBI针对新泽西州的《统一犯罪报告》中获得。每年，新泽西州警方都会从州执法机构收集犯罪统计数据，之后这些数据会被录入"统一犯罪报告系统"（New Jersey Division of State Police，2009）。这些数据包括被FBI归为"指数罪案"的所有犯罪，包括凶杀、强奸、抢劫、严重袭击、盗窃、扒窃和机动车盗窃。在这些"指数罪案"中，凶杀、强奸、抢劫、严重袭击属于暴力，而盗窃、扒窃和机动车盗窃被指定为非暴力。过失杀人和人身攻击不算作"指数罪案"，而且如果没有被归入其他"指数罪案"（例如凶杀）的名下，家庭暴力也不算是"指数罪案"。每项犯罪都会归算到发生犯罪的城市，而不是收到报告或对犯罪做出应对的城市。

　　房价和税收数据出自新泽西税务局的报告，有 1994 ~ 2010 年（房价，请参阅 New Jersey Division of Taxation，2010a）和 1997 ~ 2010 年（房产税，请参阅 New Jersey Division of Taxation，2010b）的市级数据可供参阅。新泽西税务局每年都会计算各个城市的住宅销售平均价格，并报告市级房产税负担（"总体税率"），也就是计算向每个房产征收的税金时所用的乘数。假设所有城市在得出"有效税率"时采用的都是 100% 估价，总体税率据此进行调整，这样使得比较更加准确。

　　除了镇级房价数据外，我们还使用了公共财产记录来收集两个具体地区的居民区层次的数据。这两个地区分别为山坡小道和度假村，它们紧邻埃塞尔·劳伦斯家园，开发时间比埃塞尔·劳伦斯家园要早，都是在 20 世纪 90 年代初。度假村与埃塞尔·劳伦斯家园隔一条街，是一个由独栋住宅和公寓组成的具有年龄限制的退休社区，仅对 55 岁以上的人提供住房。山坡小道位于同一条街上，由奢华的独栋住宅组成，这些住宅按照少量的设计模型而建。

　　为了能够更深入地了解 2001 年居民入住埃塞尔·劳伦斯家园后劳雷尔山发生了什么，我们对埃塞尔·劳伦斯家园的 42 名居民和埃塞尔·劳伦斯家园管理团队的 5 名成员进行了一系列访谈，将访谈中收集的定性数据用作时间序列数据的补充。这些半结构化的访谈关注住宅项目中的社会组织和个人行为，以及埃塞尔·劳伦斯家园员工的管理操作。借助与公平住宅开发公司的合作，我们也获得了 2006 ~ 2010 年埃塞尔·劳伦斯家园所有监督会议的记录。

对劳雷尔山的看法

　　为了评估社区对住宅项目的反应，我们对度假村和山坡小道附近居民区的家庭进行了具有代表性的调查。图 4 - 2 是埃塞尔·劳伦斯家园的航拍图，显示了它与周边居民区的空间位置关系。Hurley Tract 地带（即项目建筑位置）在图上已用白线框出，而且项目的四条尽端路也已标记出来。老年人专用住宅度假村的入口在照片底部中央处，就在 Hurley Tract 底部中心的下面。Hurley Tract 上边框的上面，也就是图的右上角，是沿着郊区道路 Rolling Glen Court 而建的独立式住宅。山坡小道刚好是在照片航拍之外的左上方。

图 4 - 2　埃塞尔·劳伦斯家园的航拍图，显示其相对于周围居民区的位置
资料来源：谷歌地球；© 2012 Google。

　　我们从一个私人卖主那里购买了 Hurley Tract（也就是埃塞尔·劳伦斯家园的建筑位置）附近的邮递员途经的所有住宅地址。在获得的 1942 个地址中，有 70% 也包含了电话号码和户主名字。因为调查只是针对两个居民区，所以我们将度假村和山坡小道的街道列出，然后用这个清单生成了一个包含 1129 个地址的抽样框，并将抽样框分成了两层：度假村（n =

891）和山坡小道（n＝238）。抽样时，我们从每个清单中随机选取了 200
个地址，然后挨家挨户发出访谈邀请，在定制的信函发出后通常还会追加
一个电话。在 400 个地址中，能够找到 382 名符合条件的受访者，其中
127 人能够参加访谈，124 人拒绝，131 人没有回复，最终应答率为
33.2%，完成访谈的 127 人中，57 名受访者在度假村居住，70 名受访者
在山坡小道居住。最终度假村受访者的样本权重为 15.63（或 891/57），
山坡小道受访者的样本权重为 3.4（或 238/70）。在呈现调查发现时，我
们报告的是加权数据。

　　访谈者根据被访者的偏好，通过电话或面试的形式进行调查，但都会
采用计算机辅助访谈。附录 A1 重现了给邻居的调查问卷。可以看出，调
查询问了周边居民对近些年居民区和城镇变化趋势的看法，特别关注了房
价、犯罪率、税收和各种其他生活质量指标。这些问题后面就是一系列对
埃塞尔·劳伦斯家园的认识、与埃塞尔·劳伦斯家园居民的接触程度和对
项目本身印象的调查。调查比较简短，仅用了大约 15 分钟。除了进行这
个简短调查外，我们也对来自相同住宅区的 15 名受访者和劳雷尔山周边的
31 名利益相关者进行了访谈。这些利益相关者包括现任和前任官员、学校
行政人员、教师、图书管理员、牧师和警察。半结构式访谈的提纲请见附
录 A2。

对住宅项目居民的影响

　　为了评估搬入埃塞尔·劳伦斯家园对项目居民自己的影响，我们对现
在和过去的埃塞尔·劳伦斯家园居民进行了调查。作为对照样本的，是那
些已经申请搬入此项目，但出于某些原因在调查时还在候选名单中或者申
请未被接受的人。调查人员发信介绍调查和目的，并请所有符合条件的受
访人参与。访员随后将打电话或者在电话号码无法识别时入户访问。来自
普林斯顿大学调查研究中心的访员对所有自愿参与者进行 60 分钟的面对面
访谈，或者在参与者的家中，或者在他们选择的场所。进行访谈的时间为
2009 年 11 月 19 日至 2010 年 3 月 3 日。

　　最终的样本包括 116 名居民和 108 名非居民。在 116 名居民中，5 人为
已经从项目中搬出的前居民。表 4-2 显示了两组被访者的应答率以及未应
答的原因。从 2001 年起，共有 153 个家庭在 140 个住房单元中居住过。调

查的时候，有 2 个住房单元未被占用，所以总共有 138 个住户家庭和 15 个
先前在埃塞尔·劳伦斯家园居住的家庭。除这些家庭外，350 个家庭已经提
交申请，但他们未被接受或者仍在候选名单中——这些人就组成了我们的
非居民对照群体。埃塞尔·劳伦斯家园当前居民的应答率最高，这并不奇
怪，因为他们比较容易找到。埃塞尔·劳伦斯家园当前居民中，有 80% 完
成了调查，但相比之下，埃塞尔·劳伦斯家园前居民的应答率仅为 33%，
非居民的应答率只有 31%。在后两组中，导致未能应答的最重要原因就是
找不到调查对象（70% 的前居民和 65% 的非居民）。在成功找到并联系上的
那些人中，63% 的前居民和 56% 的非居民同意参与访谈。

表 4 - 2　　根据居民状态统计的应答率和未应答的原因

	当前居民	前居民	全部居民	非居民
最终样本量（人）	111	5	116	108
尝试联系的总人数（人）	138	15	153	350
应答率（%）	80.4	33.3	75.8	30.9
未应答的原因（%）				
未找到	3.7	70.0	21.6	64.5
拒绝	96.3	30.0	78.4	34.7
其他	0.0	0.0	0.0	0.8
拒绝的总人数（人）	27	10	37	242

　　调查居民、前居民和非居民时所用的问卷已放在附录 A3 中。调查首先
让居民回想自己在 1999 年（埃塞尔·劳伦斯家园开放之前）的居住环境。
我们会提示他们回忆庆祝千禧年时自己在哪里、与谁住在一起，因此这个
日期对受访者来说比较容易定位。我们先将 1999 年受访人家中居住的人列
出名单，记录下每个家庭成员的年龄、性别、教育情况、劳动力参与情况
以及居住时间。然后，我们向受访人询问 1999 年他们所处的居民区环境，
关注暴露于社会失范和暴力的具体事件。我们也询问了他们与亲朋好友交
往以及使用各种公共和私人服务的频率。
　　在问完 1999 年的情况后，我们继续向他们询问相同的问题——关于当
前家庭的组成和居民区环境。在这些结束后，我们还问了一系列关于受访
人健康状况、工作情况和受教育程度的问题，他们近期有关犯罪和社会失

范的经历，还有访问亲朋好友和使用公共与私人服务的情况。当前居民、前居民和非居民申请人都将询问这些信息。

如上文所述，从申请名单抽样的原因是提供一个对照组，以便我们能够更准确地识别出在埃塞尔·劳伦斯家园居住的影响。在分析中，我们考虑了一些突出的结果，例如接触社会失范和暴力、精神与身体健康、劳动力参与、收入和项目参与，形成了一个被称为"测试后专用的静态组比较"的研究设计（Campbell and Stanley，1963；Spector，1981）。与非埃塞尔·劳伦斯家园居民相比，如果埃塞尔·劳伦斯家园居民（现在和以前的居民）的劳动力参与率更高、收入更多、健康状况更好、接受福利的比例更低，那么就会表明，搬入优势郊区内的保障性住房会对低收入者的生活有积极的影响。

在多大程度上能够将上文提到的积极影响归因于在埃塞尔·劳伦斯家园居住的因果效应，取决于两个对照组潜在的等同性。如果两个组从所有重要的方面来看的确可被视为等同，那么就能证明因果关系；如果不可以，那么这样归因就会受到质疑。在现在的案例中，居民和非居民样本中的成员身份不是随机分配的，因此等同性无法默认。在缺少随机分配的情况下，选择性是对研究的内部有效性最大的威胁（Campbell and Stanley，1963；Spector，1981）。如果是根据与结果相关的变量或特点选择对照组，可能就会有另一种看似合理的解释。研究者通常担心基于无法衡量的属性上的自我选择——例如积极性、持久性或进取心——使得实验组成员拥有更多这样的品质，从而表现更好。

但在现在这个案例中，当前和以前的居民还有非居民申请人自己都曾试图离开自己当时的住宅和居民区，然后搬入埃塞尔·劳伦斯家园。因此，他们那些无法衡量的特征（如积极性和进取心）或多或少都是恒定的。所有实验组和对照组成员都来到埃塞尔·劳伦斯家园管理办公室获取并填写申请表，这显示了他们的进取心。当然，在申请人中，不是所有人的积极性都相同，所以有些人在递送申请时比别人来得早。

因为申请是按照"先到先得"的原则受理，我们也可以采用给名单中的顺序编码的方式来直接测量进取心的程度，从而再增加一层直接控制。我们假定那些到达最早的人就是最积极想获得准入机会的人。

最初将申请人分配到实验组（埃塞尔·劳伦斯家园居民）是基于居住

申请中的信息进行的，我们掌握居民和非居民的申请信息，所以能够对分配所依据的所有可测量的特征进行统计控制，其中包括在排序名单中体现出的进取心。能够访问申请表中的数据就让我们可以利用一项新的统计技术——主要用于控制选择偏差。该技术被称为倾向值配对，利用申请中的数据估计一个模型来预测进入埃塞尔·劳伦斯家园的可能性（或倾向）（Rubin，2006；Morgan and Winship，2007；Guo and Fraser，2009）。通过此模型，我们将获得每个人进入的可能性的估计值，然后利用这些"倾向值"来创建项目居民和非居民之间相匹配的对照组，以供统计对比使用。

起初，我们试图事先为居民和非居民计算倾向值，然后仅尝试访谈那些与居民高度匹配的非居民。但不幸的是，由于找到并定位非居民比较困难，且能够使用的资源有限，所以我们不得不对能找到的全部居民进行调查与访谈，然后才能估算倾向值。埃塞尔·劳伦斯家园的申请都在公平住宅开发公司办公室存档。经项目经理允许后，我们查看了这些数据，并利用这些数据创建了包含以下信息的数据库：年龄、家庭规模、家庭成员、婚姻状况、性别、收入、居民区、当前的居住情况，以及每位申请人期望的房屋类型。除了这些变量外，我们也将申请人想要搬迁的原因进行编码。而且如上文所述，我们还将他们在"先到先得"的候选名单中的位置进行编码，测量了他们搬入该项目的积极程度。附录 A4 展示了用来估算倾向模型的变量描述。

表 4-3 显示了这些变量的平均值和倾向值模型的系数估计值。由于住宅单元分配是基于申请名单上的排名顺序，所以居民集中在排序名单的前50%，而非居民主要分布在后 3/4 并不奇怪。除了这个明显的区别外，就可测量的特征来讲，居民和非居民非常相似。典型的申请人（不论调查时是否申请成功）是年龄在 36~37 岁、带着未成年子女、年收入约为 2 万美元的未婚女性。她们曾居住的社区大约有一半的人都是少数族裔（32%的黑人和 13%的西班牙裔人），2000 年人口普查数据显示贫困率大约是 14%。在那些将对住房不满意作为搬家的主要原因的人中，埃塞尔·劳伦斯家园居民比非居民多（53% vs 41%）。同样的，埃塞尔·劳伦斯家园居民拥有子女的可能性更大（73% vs 64%），申请时与其他家庭成员共同生活的可能性也稍高（28% vs 23%）。

表 4 – 3 估算倾向值模型所使用变量的平均值和估计系数

变量	平均值		倾向模型	
	非居民	居民	系数	标准误差
候选名单中的位置				
前 25%	0.17	0.30	—	—
25% ~ 50%	0.29	0.19	- 0.746 **	0.266
50% ~ 75%	0.25	0.22	- 0.646 *	0.269
最后 25%	0.29	0.17	- 0.944 **	0.273
未被分配位置	0.04	0.15	0.797 +	0.448
要求的 BR 数量	2.01	2.08	- 0.312	0.217
与家庭成员居住	0.23	0.28	- 0.048	0.232
女性	0.87	0.90	0.098	0.331
婚姻状态				
从未结婚	0.71	0.67	—	—
已婚	0.07	0.13	- 0.349	0.373
离婚/分居	0.19	0.19	- 0.168	0.416
丧偶	0.02	0.03	- 0.003	0.709
年龄	37.2	36.4	- 0.003	0.009
有子女	0.64	0.73	0.681 +	0.392
收入（千美元）	20.6	18.9	- 0.149	0.098
推算收入	0.01	0.06	- 0.208	0.721
居民区特征				
黑人（%）	32.1	32.4	0.002	0.005
西班牙裔（%）	12.8	13.7	0.005	0.010
空置住宅（%）	8.0	7.8	- 0.020	0.025
出租住房（%）	34.0	34.1	0.001	0.007
贫困人口（%）	13.6	13.8	0.005	0.018
申请原因				
房屋问题	0.41	0.53	0.503 +	0.265
安全和机会	0.23	0.20	0.133	0.527
未提供原因	0.34	0.30	0.192	0.301
交互作用				
儿童 * 安全和机会			- 0.425	0.573

续表

变量	平均值		倾向模型	
	非居民	居民	系数	标准误差
截距			0.705	0.736
卡方值			36.230**	
样本量	108	116	224	

+ $p < 0.10$；* $p < 0.05$；** $p < 0.01$。

在调查时，我们不仅收集项目居民和非居民的信息，还会收集关于1999年（在没有任何人搬入埃塞尔·劳伦斯家园之前）的结果和特征的有限数据，在某些案例中我们能够借助一种更强大的研究设计，即前/后测静态组对比。从统计学上来看，我们可以利用这些数据进行个体层次的固定效应分析，既然个人特征不会随时间而变化，那么这些无法测量的个人特征效应就能保持恒定。通过对埃塞尔·劳伦斯家园居民出现之前和之后进行测量，我们能够评估搬入埃塞尔·劳伦斯家园对测量的变量是否有影响。例如，如果我们观察到在1999年到调查当天这段时间内，埃塞尔·劳伦斯家园居民就业率上升而非居民申请人就业率未上升，那么我们就有强有力的理由得出这样的结论：埃塞尔·劳伦斯家园对改善居民的就业前景有明显的影响。

埃塞尔·劳伦斯家园居民搬入项目的时间不同，在项目建成后的2000~2009年，居民入住时间主要集中在2000~2001年和2004年这两个时期。有鉴于此，我们又获得了另一个设计优势。如第一章所讲，MTO实验将搬迁的影响和在低度贫困居民区居住的影响相混淆。但在现在这个案例中，在项目中居住的时间差异很大，因此我们能够将搬迁的干扰效应从居住于富裕郊区居民区的高质量住房而获得的益处分离开来。如果搬迁的成本能够立即感受到，而益处需要一定时间才能逐渐获得，那么我们假设在埃塞尔·劳伦斯家园居住的时间与社会和经济福利指标呈正相关关系。

对儿童的影响结果

除了调查那些填写搬入埃塞尔·劳伦斯家园申请表的成年人外，我们还对受访人家中年龄在12~18岁的年轻人进行了专门的子调查。我们在征得青少年家长同意后才会与其进行访谈。调查时，共有 49 名处于该年龄段符合要求的青少年在埃塞尔·劳伦斯家园居住，参与调查的有 37 人（应答率 = 75.5%）。而在 53 名非居民儿童中，有 34 人参与了调查（应答率 = 64.2%），所以总应答率为 69.6%。导致不能参与调查的最普遍的原因，不是家长不允许，而是青少年和儿童无法完成书面调查问卷。此外，在填写完毕的 71 份调查问卷中，有 8 份缺少一个或多个重要变量的数据，所以我们不得不将这些问卷丢弃。最终样本包括 33 名居民和 30 名非居民青少年。

青少年调查问卷在附录 A5 中。可以看出，问卷向年轻人询问了人口学特征的基本问题、学校课程和成绩；家长或监护人参与学校活动的情况、纪律作风、对课余补习活动的支持；校外在学习和非学习活动上花的时间，以及与课外活动、自尊心和对学校的看法有关的一些问题，还有同龄人对学校的看法。在分析中，我们用成年人调查问卷中的信息对这些数据进行补充，以便控制家庭组成和社会经济地位。尽管大多数成年受访者是参与访谈的青少年家长，但有时候也是他们的祖父母、姨母或者舅舅。为了对调查中获得的定量数据做补充，我们也对 15 名青少年进行访谈，询问他们在住房项目、学校和社区中的经历。

结论

进行"监督劳雷尔山研究"的目的是系统评估埃塞尔·劳伦斯家园对周边社区犯罪率、房价和税收的影响；居民和镇政府领导对项目的态度和看法；居民和非居民在社会经济福利方面的差异；抽样家庭中青少年的教育成果。为了评估项目对犯罪率、房价和税收的影响，我们利用公开的数据设计了多个对照组时间序列实验。此外，我们还对项目经理和居民进行了访谈。为了评估社区对项目的看法，我们对邻近居民区的邻居和镇上的利益相关者进行了调查，其中包括官员、学校行政人员、教师、图书管理员和牧师。最后，为了评估项目对居民的影响，我们调查了当前项目的居民和前居民、非居民项目申请者和受访人家中的青少年。另外，我们还对非居民申请者和当前项目居民进行了访谈。

虽然多个对照组时间序列设计为考察项目对犯罪、税收和房价的影响提供了相对较高的内部有效性（Campbell and Stanley, 1963），但由于划分居民和非居民对照组时没有随机分配，所以在项目对埃塞尔·劳伦斯家园租户及其子女的影响这一问题上，不可能得到明确的因果关系。可是，我们认为当前研究设计的几个特征能够大大加强内部有效性：全部受访者都是自己选择离开当前的住宅和居民区，然后搬入埃塞尔·劳伦斯家园；我们可以通过他们在排序名单上的位置，直接对他们的积极性进行测量；通过访问居民和非居民提交的全部申请数据，我们能够对分配决定中的因素进行直接控制；同样的数据还能够用来估算模型以确定搬入项目的可能性，因此应用倾向值配对的技术。尽管不是尽善尽美，但我们相信这些设计特征与之前关于居民区影响的文献相比是一大进步。

第五章

睦邻的担忧

—— 对周边社区的影响

前面几章已经揭示，郊区白人居民通常反对将保障性住房（和老年人住宅相比，他们尤其反对那些目标为贫困家庭的住房）建在他们的社区，这种反对意见至少有一部分是起源于种族和阶层偏见。但是除了偏见，鉴于 20 世纪五六十年代整个美国的公共住房项目的拙劣记录，我们认为郊区居民有合理的理由怀疑"公共住房"对他们社区有影响。在劳雷尔山居民反对在他们镇上建造埃塞尔·劳伦斯家园的说辞中，怀疑和偏见显而易见。尽管当地这些批评者未必有充足的社会科学文献依据，但确实有情有可原的理论和客观原因，使得人们预期在富裕的白人郊区环境插入百分之百保障性住房项目会引起社会问题。

之所以会有这样的预期，是因为在郊区建造保障性住房将不可避免地引起种族异质性、居民流动性和阶层多样性的问题。通常，社会解组理论预言多样性提高将伴随着社会控制下降，从而导致犯罪率上升、房价下滑（Shaw and McKay，1969；Sampson，1993；Sampson and Wilson，1995）。其实，过去的研究已经揭示居住流动性、种族异质性、空间不平等性与居民区集体效能较低有明显的关联，集体效能在这里指的是邻里之间的和谐程度和为公共空间的共同利益介入的意愿（Sampson，Raudenbush，and Earls，1997；Sampson，Morenoff，and Earls，1999；Morenoff，Sampson，and Raudenbush，2001；Putnam，2007；Sampson，2012）。

尽管已经确认，随着集体效能下降，犯罪率和社会失范将会上升，但是，缺乏集体效能并不一定源自种族 - 族裔多样性。集体效能是社会资本的一种形式，普特南（Putnam，2007）认为公众信任会被种族 - 族裔多样性削弱。但在对芝加哥居民区社会生态学进行的广泛分析中，Sampson（2012）发现虽然集体效能确实与弱势集中的程度有关，但它与特定居民区的种族－族裔组成没有关系。Porte 和 Vickstrom（2011）称社会资本的多样化与历史进程中长久以来的种族－族裔不平等性（而非种族－族裔多样性本身）关系密切。类似地，Rothwell（2012）的分析表明，公众信任在城市之间的多样化与种族隔离（而非种族多样性）相关。

在将社会解组理论应用于保障性住房这一具体案例时，研究者倾向于将论证重点放在人或地区的特点上。有关"地区"的理论将保障性住房项目的设计与社会解组衔接，认为大多数住房项目中的建筑环境未给监督和社会控制留机会，这才导致较高的犯罪率和社会失范（Griffiths and Tita，2009）。有关"人"的理论关注有限空间内的贫困人群分布问题，认为公共住房将贫困人群从"主流"社会孤立出来，使贫困在空间上集中，营造了助长犯罪和社会解组的社会环境（Wilson，1987；Massy，1995；Weatherburn et al.，1999）。

面对社区恐惧

出于各种理论原因，郊区居民有理由预期种族异质性上升、居民流动增加以及与住障性住房相关的贫困积聚可能会使社会解组增强，最终使犯罪率提高、房价下降。但是认定贫困居民区会助长社会解组的程度有很大争议（Suttles，1969；Small，2004）。尽管社会解组是明确潜伏在保障性住房开发中，但社会失范最终是否会表现出来，在很大程度上取决于项目设计、管理和内部组织。如第三章讲到的，公平住宅开发公司在规划、建造和管理埃塞尔·劳伦斯家园时就非常注意这些问题。虽然预期保障性住房开发后出现社会解组有一定历史和理论原因，但这些结果并非假定的事实。最终，补贴性住房对周边社区的影响是一个实证问题，所以我们现在就转到这个问题上来。

对犯罪的影响

在第四章中我们已经讨论过，为了评估埃塞尔·劳伦斯家园开放对周边社区的影响，我们设计了多个对照组时间序列实验，将项目开发前后劳雷尔山的趋势与其他几个城镇的趋势进行对比。图 5－1 将 1990～2009 年劳雷尔山犯罪率的趋势与三个对照城镇（即樱桃山、辛纳明森和伊夫舍姆）同期的犯罪率趋势进行了对比。作为参考，我们标出了整个新泽西州的犯罪率。因为城镇人口数量相对较小，每年犯罪率变化都比较明显。为能更清楚地展示潜在趋势，我们还计算了三年的移动平均数。

　　如图 5 - 1 所示，在那个时间段（1990 ~ 2009 年），所有地区的犯罪率都明显下降。在整个新泽西州，犯罪率[①]从 1990 年的 63.1‰[②]下降至 2009 年的 26.5‰。樱桃山的趋势与新泽西州的趋势非常相近，尽管最初起点较高，但犯罪率从 1980 年的 75.9‰下降至 2009 年的 24.9‰。1990 年，劳雷尔山、伊夫舍姆和辛纳明森的犯罪率比整个州的平均犯罪率要低得多，所以它们的下降空间相对较小，下降的幅度不是那么大。但是，在 1990 ~ 2009 年，这三个城镇的犯罪率都有所下降。劳雷尔山的趋势用粗黑线表示。与其他城镇相比，尽管其下降的过程比较平缓，但在 2000 年埃塞尔·劳伦

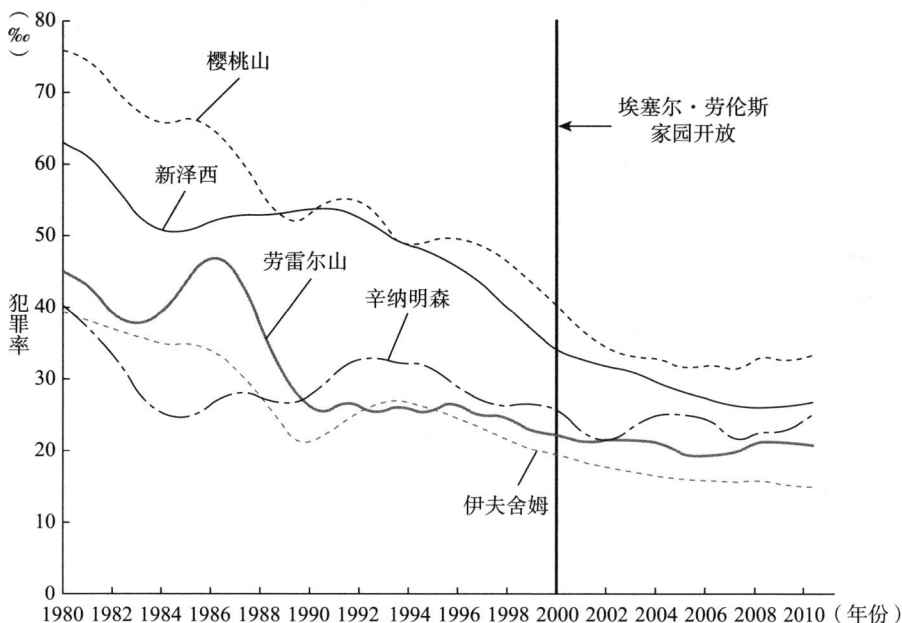

图 5 - 1　新泽西劳雷尔山镇和三个对照城镇的犯罪率趋势
资料来源：国家警察局新泽西分局（NJ Division of State Police）。

---

①　犯罪率 = 犯罪案件数/千名居民。——译者注
②　此处为 63.1‰，但图 5 - 1 中却与行文所述不一致，原书如此。后文还有此类问题，不再一一标注。——译者注

斯家园开放以及在 2004 年扩建 40% 后，没有证据证明此趋势有所中断。

表 5 - 1 中，我们对劳雷尔山犯罪率趋势的时间不连续性（相对于对照组）进行了正式的检验，方法是对每个城镇在两个不同时间段的犯罪率年份估计简单最小二乘（OLS）回归模型，这两个时间段分别为埃塞尔·劳伦斯家园开放之前的 1990 年 ~ 2000 年和埃塞尔·劳伦斯家园开放之后的 2001 ~ 2009 年。我们也分别列出了暴力和非暴力犯罪的结果。输出的斜率表示在研究的时间段中每个城镇的线性变化平均比率。如果埃塞尔·劳伦斯家园开放导致犯罪率上升，那么我们应该能够观察到 1990 ~ 2000 年的斜率和 2001 ~ 2009 年的斜率有明显差异，而且此差异和对照城镇相应的斜率相比要大得多——这与 Galster（2004）的"倍差法"相符。

表 5 - 1　劳雷尔山和对照城镇在不同时间（年份）的犯罪率 OLS 回归模型

城镇	埃塞尔·劳伦斯家园开放之前（1990 ~ 2000 年）		埃塞尔·劳伦斯家园开放之后（2001 ~ 2009 年）		前后对比
	β	$\beta \neq \beta_{劳雷尔山}$	β	$\beta \neq \beta_{劳雷尔山}$	$\beta_{1990-2000} \neq \beta_{2001-09}$
全部犯罪					
劳雷尔山	- 0.53	—	- 0.12	—	是**
樱桃山	- 1.71	是***	- 0.09	否	是***
辛纳明森	- 0.93	否	0.15	否	是***
伊夫舍姆	- 0.56	否	- 0.32	否	否
暴力犯罪					
劳雷尔山	- 0.05	—	- 0.06	—	否
樱桃山	- 0.05	否	- 0.06	否	否
辛纳明森	- 0.04	否	- 0.03	否	否
伊夫舍姆	- 0.01	是***	0.00	是**	否
非暴力犯罪					
劳雷尔山	- 0.49	—	- 0.06	—	是**
樱桃山	- 1.67	是***	- 0.03	否	是***
辛纳明森	- 0.89	是*	0.19	否	是***
伊夫舍姆	- 0.55	否	- 0.31	是*	否
观测次数	11		9		

* $p < 0.01$；** $p < 0.05$；*** $p < 0.001$。根据 Wald 假设检验，斜率相等。

资料来源：New Jersey Division of State Police, 1990 - 2009。

回归结果明确说明，没有证据证明埃塞尔·劳伦斯家园的开放使劳雷尔山镇的犯罪增加。实际上，在研究的两个时间段，犯罪率整体都有下降。除了樱桃山以外，在埃塞尔·劳伦斯家园开放后所有地方的犯罪率都减少了。虽然在2000年后，所有城镇的下降速度减缓或倒退（在三个案例中比较明显），但2001~2009年对照组的犯罪率与劳雷尔山的犯罪率变化并没有明显的区别。

在表5-1底部两组中，我们分别研究了暴力和非暴力犯罪率。可以看出，1990~2000年和2001~2009年的下降速度减缓完全归因于非暴力犯罪活动。在这两个时期，四个城镇中暴力犯罪的下降速度没有明显的统计差异，而且2000年后，劳雷尔山暴力犯罪减少也和樱桃山与辛纳明森观察到的情况没有差别。尽管与伊夫舍姆有明显的统计差异，但这个差异反映的事实是无论是在2001年之前还是之后，我们在伊夫舍姆都没有观察到暴力犯罪出现显著下降，但劳雷尔山的暴力犯罪率接着2001年之前的趋势持续下降。

相比之下，2000年之后全部城镇的非暴力犯罪下降的速度减缓或倒退，而且在四个城镇中的三个城镇里，这样的差异都比较明显。然而，埃塞尔·劳伦斯家园开放之后劳雷尔山非暴力犯罪的下降速度和除伊夫舍姆之外的其他城镇没有差异（伊夫舍姆的非暴力犯罪率比别的城镇下降得更快）。这次的局外人又是伊夫舍姆，而不是劳雷尔山。因此，尽管出于历史和理论原因人们预期犯罪会增多，但是我们没有找到证明埃塞尔·劳伦斯家园开放会影响劳雷尔山犯罪率的证据，因为劳雷尔山的犯罪率在2001年之前呈下降趋势，并在2001年之后一直下降，与附近城镇一样。

对房价的影响

在图5-2中，我们通过描绘1994~2010年劳雷尔山和三个对照城镇的房价趋势，来研究住宅项目对房价的潜在影响。与全国房价暴涨的步调一致，这四个城镇的房价在2000年后快速上升。1994年，其平均房价在12.5万~15万美元。到了2006年，其平均房价上涨到25万~30万美元并开始趋平。在2008年，以辛纳明森的小泡沫破灭为先导，全国房地产泡沫破灭后房价开始下滑。劳雷尔山的趋势仍是用粗黑线表示。四个城镇中，劳雷尔山与伊夫舍姆在1994年的平均房价都是最低的，而且劳雷尔山的平均房价在整个时期一直都低于其他三个城镇：1994年大约是12.5万美元，房地产泡沫破灭前夜大约是26万美元。同期，伊夫舍姆从大约12.5万美元上涨至 29 万美元，樱桃山从 13.8 万美元上涨至 28.5 万美元，而辛纳明森从 13.7 万美元上涨至 30 万美元。

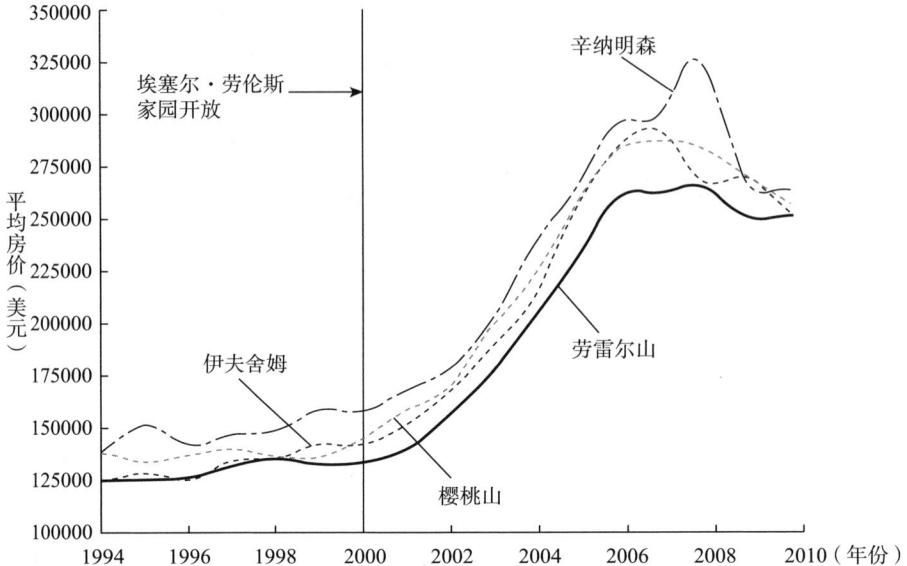

图 5 - 2 劳雷尔山和三个对照城镇的房价趋势

资料来源：NJ Department of Taxation，1994 - 2010。

劳雷尔山和另外三个对比城镇的价格差在 2000 年后增大。因此，如果埃塞尔·劳伦斯家园开放对住宅项目有任何可能的影响，那么这个影响就是使房价上升速度减缓（与其他城镇相比）。然而，这个情况并未通过统计分析证实。在表 5 - 2 的顶部，我们利用 OLS 回归模型对假设做了正式的统计检验，以估计 1994 ~ 2000 年和 2001 ~ 2010 年四个城镇房价的平均线性变化。无论是在 2000 年后房价增长率，还是在 1994 ~ 2000 年和 2001 ~ 2010 年斜率变化上，劳雷尔山与其他三个城镇依旧没有明显区别。简而言之，我们并未发现埃塞尔·劳伦斯家园开放会显著影响镇上房价的证据。

表 5 - 2 劳雷尔山和对照城镇不同时间（年份）的房价 OLS 回归模型

城镇	埃塞尔·劳伦斯家园开放之前（1994 ~ 2000 年）		埃塞尔·劳伦斯家园开放之后（2001 ~ 2010 年）		前后对比
	β	$\beta \neq \beta_{劳雷尔山}$	β	$\beta \neq \beta_{劳雷尔山}$	$\beta_{1994 - 2000} \neq \beta_{2001 - 2010}$
对照城镇					
劳雷尔山（美元）	1726	—	13827	—	是 ***

续表

城镇	埃塞尔·劳伦斯家园开放之前（1994~2000年）		埃塞尔·劳伦斯家园开放之后（2001~2010年）		前后对比
	β	$\beta \neq \beta_{劳雷尔山}$	β	$\beta \neq \beta_{劳雷尔山}$	$\beta_{1994-2000} \neq \beta_{2001-2010}$
樱桃山（美元）	867	否	13693	否	是 ***
辛纳明森（美元）	2915	否	13790	否	是 ***
伊夫舍姆（美元）	3284	是 **	13722	否	是 ***
邻近居民区					
山坡小道（美元）	1896	否	29588	否	是 ***
度假村（美元）	6476	是 ***	5875	否	否
观测次数	7		10		

* $p < 0.01$；** $p < 0.05$；*** $p < 0.001$。根据 Wald 假设检验，斜率相等。

资料来源：New Jersey Division of Taxation，1994 - 2010；Asbury Park Press，1994 - 2010。

　　虽然我们未发现住宅项目开放对劳雷尔山的整体房价带来明显的影响，但原因可能是城镇是一个太大的集合，以致无法洞察到价格影响，因此在图 5 - 3 中，我们展示了两个邻近居民区——度假村和山坡小道的房价趋势。两个居民区中度假村在布局和建筑方面与埃塞尔·劳伦斯家园最具有可比

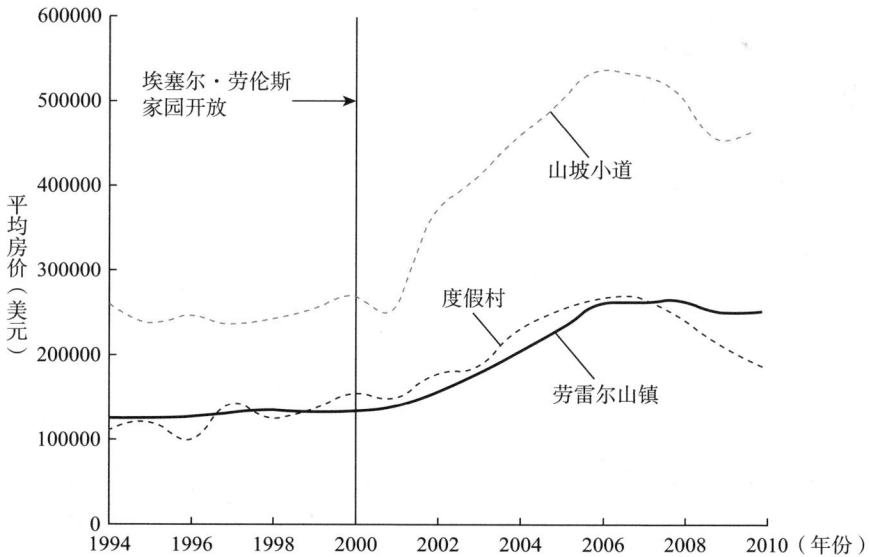

图 5 - 3　劳雷尔山和埃塞尔·劳伦斯家园附近居民区的房价趋势

资料来源：Asbury Park 出版社财产记录，1994 ~ 2010。

性，尽管并非其中一部分。度假村是一个退休养老村庄，主要居住的是老年夫妇和无子女的单身老人，但和埃塞尔·劳伦斯家园一样，它在空间上也主要采用由联建别墅包围的尽端路，而且就坐落在路对面。相比之下，虽然山坡小道与埃塞尔·劳伦斯家园相隔几个街区，但是它更像是豪华住宅开发，其目标是那些更富裕的、带小孩的家庭。

山坡小道住宅开发的奢侈属性在图 5-3 明确指出。1994 年山坡小道的平均房价在 26 万美元左右，比劳雷尔山的平均房价高出不少。而度假村的平均房价在 11.2 万美元左右，比劳雷尔山的平均房价稍低。在 20 世纪 90 年代晚期，山坡小道房价持平，甚至有点停滞不前，但在 2000 年前后开始上涨。尽管度假村的趋势紧随劳雷尔山镇的趋势，但高档的山坡小道居民区房价上涨得更迅速，在 2006 年达到最高值 53.4 万美元。2008 年后，山坡小道和度假村的房价均有下滑，但劳雷尔山镇整体没有出现这种情形。

表 5-2 底部进行的统计检验指出，2000 年后山坡小道的房价上涨显著高于整个城镇和度假村。另外，1994~2000 年和 2001~2010 年两段时间的斜率差异也很大。虽然度假村在 1994~2000 年和 2001~2010 年的斜率差是负值（-601 美元）（而整个劳雷尔山镇和山坡小道为正差），但是 Wald 假设检定（即度假村的斜率相等）证明 2001 年之前和之后的差异并不统计显著。换句话说，没有统计依据证明在埃塞尔·劳伦斯家园开放之前和之后度假村房价受到干扰。

对税收的影响

最后，图 5-4 显示了劳雷尔山和其他三个对照城镇在 1997~2010 年的有效房产税率。州税务机关会对有效税率进行调整，以便能够在所有城市都百分之百估价这一假设的基础上对多个城市进行比较。尽管 2000 年前新泽西税务局未公布有效税率的数据，但我们也能够利用 1997~1999 年公布的一般税率计算那些年调整后的税率——这让我们得到一个前后连续的数据。

从图 5-4 中我们可以看到，在 1997~2000 年，四个城镇的有效税率有些下降，到 2000~2005 年有所回升，然后在 2005~2008 年稳步下降，直到重新估税后才稍有上涨（涨幅最大的是辛纳明森）。虽然进行了重新估税，但 2010 年所有城镇的有效税率仍然低于 2000 年埃塞尔·劳伦斯家园开放时的高值，而且劳雷尔山的有效税率是四个城镇中最低的。显然易见，埃塞

尔·劳伦斯家园的开放并未使劳雷尔山居民承受更高的税率——这一结论
由表 5 – 3 的统计检验证实。如表 5 – 3 所示，2000 年后劳雷尔山发生的税
率变化与其他城市没有差异，而且劳雷尔山的变化速度在住宅项目开放之
前和之后也没有差别。

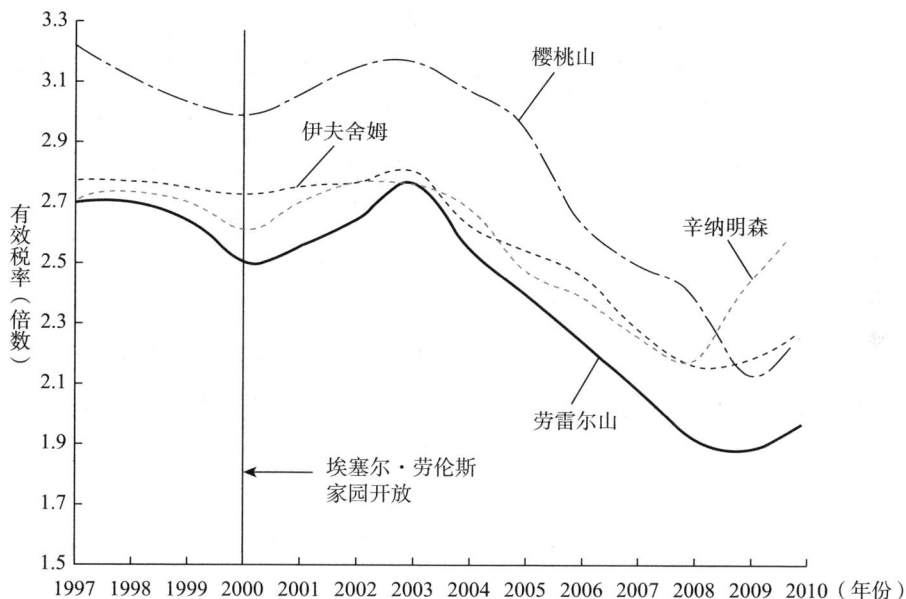

图 5 – 4　劳雷尔山和三个对照城镇的有效税率

资料来源：新泽西税务局（New Jersey Division of Taxation）。

表 5 – 3　劳雷尔山和对照城镇不同时间（年份）的房产税 OLS 回归模型

城镇	埃塞尔·劳伦斯家园开放之前（1997～2000 年）		埃塞尔·劳伦斯家园开放之后（2001～2010 年）		前后对比
	β	$\beta \neq \beta_{劳雷尔山}$	β	$\beta \neq \beta_{劳雷尔山}$	$\beta_{1997-2000} \neq \beta_{2001-2010}$
对照城镇					
劳雷尔山	– 0.07	——	– 0.10	——	否
樱桃山	– 0.07	否	– 0.09	否	是 ***
辛纳明森	– 0.04	是 *	– 0.08	否	否
伊夫舍姆	– 0.01	是 ***	– 0.08	否	是 ***
观测次数	4		10		

* $p < 0.01$；** $p < 0.05$；*** $p < 0.001$。根据 Wald 假设检验，斜率相等。

资料来源：New Jersey Division of Taxation，2011。

总的来说,我们没有证据能够证明 2000 年埃塞尔·劳伦斯家园的开放会导致劳雷尔山犯罪率上升、房价下降或房产税率上升。其实,在此之后劳雷尔山的犯罪率降低、房价上升,而且正式的检验并未监测到(相比附近其他对照城镇)劳雷尔山犯罪率下降速度或房价上升速度减缓。在埃塞尔·劳伦斯家园邻近的居民区,我们也没有发现房价受到影响。当然,一个居民区的房价比整个城镇的平均房价上升速度更快。尽管 2003 年和 2008 年之后税率出现上升,但整体而言,所有城镇的税率在 2000~2010 年都下降了。劳雷尔山税率的影响最小,整体趋势与对照城镇没有统计上的差异。

劳雷尔山纳税人没有直接的经济成本反映了公平住宅开发公司与镇政府达成的两项协议:一个是每年的税收替代付款,另一个是向镇政府提供一定比例的埃塞尔·劳伦斯家园租金收入以抵消诸如警务、火警、垃圾收集等市政服务费用。纳税人面临的真实但间接的一项潜在成本是增加的埃塞尔·劳伦斯家园居民子女教育费用。参与我们调查的只有 30 名学龄儿童,他们分散到不同的小学、初中和高中,但他们对班级规模、学校组成和地区预算的影响非常小。而且,在更广泛的方案中,劳雷尔山贫困儿童的教育成本相对较高,因为像在劳雷尔山这样的郊区,每位小学生的教育成本要比城市弱势地区低得多(大多数学生来自城市地区)。因此,如第八章所讲,对整个州而言,搬入埃塞尔·劳伦斯家园以更低的成本为儿童带来了更好的教育成果。

对社会失范的管理

考虑到社会解组理论的逻辑和美国公共住房的历史,我们可能预期埃塞尔·劳伦斯家园的开放会导致犯罪率上升、房价下降、城镇居民税收压力增大。这些结果都未出现,我们将此归因于住宅项目建筑设计、埃塞尔·劳伦斯家园工作人员的管理政策和埃塞尔·劳伦斯家园居民的社会实践,而不是保障性住房项目的固有优点。具体的规划、管理和社会组织特点缓解了百分之百纯保障性住房项目中潜在的社会失范威胁。这些特点不仅没有造成社会失范,还产生了住宅项目中的高度社会组织化、居民对社区组织的高度参与,以及租户普遍较高的满意度和凝聚力,尽管他们普遍处于物质条件艰苦的背景中。

预防犯罪

埃塞尔·劳伦斯家园管理团队采用的管理方法在居民和员工眼中非常严格。如前文所讲,申请人的筛选过程非常细致,包括身份检查、犯罪背景调查、收入核实以及家庭访问。在新泽西州寻找保障性住房的人群中,埃塞尔·劳伦斯家园的居民只是筛选出的一小部分,他们不像一般的贫困人群那样有参与犯罪或非法活动的倾向、想法和能力。

另外,在租户搬入住宅项目后,埃塞尔·劳伦斯家园的经理会密切参与他们的日常活动。项目管理办公室位于房屋建筑群的前方,里面有物业经理、租赁代理和社会服务协调员。在 140 户住宅单元的每一个现场,还驻有一名维修工人,全体员工都努力快速解决问题。员工也尽力快速解决租赁违规问题,并会毫不犹豫地驱逐制造麻烦的租户。许多居民表示他们喜欢严格管理,并相信这有助于维护社区和谐。居民定期会在交租金或将孩子送到"课业小组"时与管理人员随意聊几句,与他们交流一些信息。这些谈话为人们打开了一扇窗户,让他们表达对邻居、管理或房屋建筑群的感受。

大多数情况下,居民认为埃塞尔·劳伦斯家园的管理方式具有强制性,但这种强制性最终对综合住宅和居民有益处。一位居民在访谈中说:"他们不会过多干涉你的事情,但是他们会告诉你能做和不能做的事。只要你在这里没有太多的问题,就不会有人们进出你的房子,不会给你制造麻烦——这讲得通,因为你不想把居民区搞得支离破碎。"另外一位居民补充说:"我的安全感全要归功于管理。如果他们发现有人制造太多麻烦,我的意见是把这些人从这里赶走。所以,我觉得家长应该管教好他们的孩子。"

如第四章所讲,埃塞尔·劳伦斯家园工作人员组织了一个居民区监督小组并每月定期开会,该小组附属于镇居民区监督项目,该小组的几名成员就接受过此项目的训练。会上,居民们会讨论他们在居民区观察的情况。根据我们看到的 2006～2010 年的居民区监督会议记录,可以看出居民们表现出的价值观与周围郊区居民区的人一致。他们最常讨论的问题涉及随意丢弃垃圾和废弃物、不按规定泊车、对私人财产的威胁、生活质量(例如噪声和宠物)以及监控陌生人。他们还特别关注不合适的事件和行为。这些会议为居民提供了一个机会,让他们能够从管理中了解更广泛的警察行

动或者犯罪活动。其他在监督会议上经常讨论的话题包括社区事件、改善
建议、获取社会福利资源、工作机会和学校信息。

镇上的警察会定期在尽端路巡逻，警官会与埃塞尔·劳伦斯家园经理
保持紧密联系，以便查找和共享关于正在进行的犯罪调查信息。其实，在
项目初期警察就与开发商密切合作，为埃塞尔·劳伦斯家园的设计提供了
宝贵的信息，并努力将社会控制融入其物理结构之中。比如，警察提供信
息的一项结果是：禁止建筑高围栏，以免阻碍居民监测公共区域；放弃建
筑手球场，以免手球墙成为街头涂鸦的画布。虽然居民对于警察频繁出现
的态度比较矛盾，但大多数情况下他们还是表示支持。一位居民说："他们
在监督，我会让他们这么做。你知道，我在这里觉得很安全，并非跟我没
关系。"尽管管理人员认为他们本不应该这么频繁地被叫来干涉原本警察应
该处理的情况（例如当居民听到或观察到家庭纠纷或邻居之间吵架时），但
居民定期会向物业经理和警察报告可疑或恐吓事件。

除了居民区监督以外，埃塞尔·劳伦斯家园管理人员也在居民区内为
学生组织了放学后的"课业小组"。"课业小组"在住宅区入口的一个活动
房屋中进行，其给儿童提供时间和空间来完成作业，并给他们提供了获得
所需帮助的机会。居民区中心有个计算机实验室供人们娱乐消遣和教学使
用。另外，这里还提供小吃和其他定期的活动项目，例如足球、嘉宾讲话、
教育活动和拓展活动。住宅区中年纪较小的儿童认为，参加"课业小组"
非常"酷"，而且他们渴望参与。除了为埃塞尔·劳伦斯家园的儿童提供课
外教育外，"课业小组"也为儿童提供了有成年人监护的空间，让他们放学
后能聚集在一起——这减少了打斗和违法行为的可能性。

除了这些正式的控制机制外，居民还逐渐发展出了多种非正式的社会
控制方法，比如积极共享信息，持续观察住宅区内和周边的人们的行为。
重要的信息组成往往来自家长对子女的监督，还有邻居们的相互监督。共
享的信息主要关注其他居民的活动——他们是谁，在哪里工作，要做什么，
有谁要来，有谁要离开，家中的问题，等等。信息流中，儿童尤为重要，
因为他们既是积极的信息收集者，又是发布者。正如一位母亲所描述的：
"是啊，我在这里感觉很安全，这里确实没什么犯罪。我觉得很可能是因为
这个居民区很小，人们总是注意并检查外面的情况。而且，孩子们什么都
知道，我可以从我儿子那里了解整个事件，我只要问问他居民区里正在发

生什么事就行了。"

　　居民在住宅项目中，实现高级集体效能的另一个指标是对不在埃塞尔·劳伦斯家园居住，但可能在这里停留或拜访的外界人士保持密切关注（Freeman and Botein，2002）。居民区监督小组的成员经常对居民区中可疑的车辆和人进行评论，而且，给我们提供消息的人强调每个人都会留意不在居民区住的人。其实，住宅区的流言和抱怨大多是指控一些成年人未登记就在埃塞尔·劳伦斯家园住宅单元中居住。尽管他们对管理措施都认可，但一些居民感觉工作人员对他们在自己家中的行为过度关注了。一位居民称："他们关心有谁进出你的房子，而不是在房子里应该做些什么。你明白我的意思吗？"另一位居民这样讲：

　　　　这里本应是提防犯罪，但是我们不太相信人们知道什么是犯罪观察。你明白我的意思吗？就好像人们只是看着你。这里我感觉自己在一个类似安置机构的地方——就像我要为社会而改造。这就是在这里的感觉，因为你没有隐私。你所做的任何事情都会传到项目管理办公室，或者有人会向项目管理办公室报告这样或者那样的事情，这都是胡闹。

　　尽管有这样的评论，但我们的访谈结果显示，大多数居民认为正式和非正式的监督对于住宅区安全而言比较重要。我们的结果与 Miller（1998）的发现相呼应。Miller 在对伊利诺伊一个混合收入住宅开发的研究中发现家庭控制和公共安全之间有着相似的关系。有趣的是，尽管经常有人发牢骚说监控扰人，但埃塞尔·劳伦斯的居民定期会向管理者抱怨他们认为筛选租户申请人时检查不足的地方，而且还经常会要求采用更严格的筛选政策，这与早期听证会上住宅项目批评者的呼吁相一致——这是一个矛盾性的巧合。

　　最终，将有效的物理设计、细致的管理操作和非正式的社会控制结合起来，使得在密集住宅项目中的贫困人口因物理集中而造成失范的潜在趋势有所避免。结果，住宅项目井然有序，而且埃塞尔·劳伦斯家园内部和周边很少发生犯罪。警察局报告的犯罪主要限于家庭纠纷。埃塞尔·劳伦斯家园中会有未成年人犯罪，但管理人员和居民采用可靠且完善的正式与非正式交流渠道和社会控制机制，以降低犯罪率并维护秩序。对居民和访客的持续监督降低了有犯罪意图的人在埃塞尔·劳伦斯找到避风港的可能性。

防止社会隔离

在埃塞尔·劳伦斯家园动工前的一次规划听证会上，我们一名被访者听到一名当地居民声称住宅项目将成为"牧场中的贫民区"。除了明显的种族主义论调外，这个评论也反映了社区最初担心的问题：住宅项目会将人们从内城区移入郊区社区，这些人在这里谁都不认识，没什么事情可做，还是会被从周边社区中隔离出来。埃塞尔·劳伦斯家园居民自己也对社会隔离表示担忧，大多数人在劳雷尔山和周边郊区的交通完全依赖汽车。根据 2000 年的人口普查结果，镇上 86％的工作人员开车去工作，只有 3％的人使用公共交通工具，另外有 0.3％的人步行（美国人口普查局，2009）。最近的公交车站离埃塞尔·劳伦斯家园有 2.25 英里，考虑到空间范围和该地区以汽车为主的交通基础设施，人们步行到购物中心、学校或工作地点是不现实的。因为缺少人行道，步行也确实比较危险。

结果，在访谈中，居民经常抱怨埃塞尔·劳伦斯家园在步行范围内缺少便利设施。一位居民描述的情况是：

> 我们在一个与世隔绝的住宅区中，周边什么都没有。当我们在松树山时，那里有娱乐中心，且基本步行就可以到达。因为有公交车直接通向住宅区外面，所以如果孩子们想坐车去商场，就没问题。在劳雷尔山，我们根本没事情做，至少没有能够走着去的地方。所以，就社会生活而言，这里什么也没有。

但是，尽管大多数居民是低收入的黑人，我们的调查显示 87％的埃塞尔·劳伦斯家园家庭已经购置汽车。汽车的维护和保险费用非常昂贵，但被问及他们对住宅项目最大的批评时，居民反复提到缺少公共交通，只有 2％的被调查者说他们依靠公共交通满足日常需求。访谈中一个反复提及的主题就是在汽车出现故障时缺少交通"安全网"。许多居民对于公共交通匮乏表达了失望的态度，因为亲朋好友（特别是来自城市地区的人）来做客时非常不方便。

尽管缺少公共交通，但调查中居民反映他们与亲朋好友保持着紧密的联系。其实，我们后面在第七章会讲到，居民在搬入住房项目后，他们与亲朋好友的社交联系频率并未下降。至于服务和便利设施，一些埃塞尔·劳伦斯家园居民一直与原来居住地的医生、牙医和购物场所保持联系。但是，其他居民很快就发现了劳雷尔山新的服务提供商。无论如何，不管埃塞尔·劳伦斯家园居民是与劳雷尔山还是其他地方的人和资源保持联系，他们都反映自己获得了所需的资源和支持。

总的来说，尽管埃塞尔·劳伦斯家园居民抱怨自己被物理隔离的主要原因是住宅项目离开阔平地上的公交线路远，离商店、学校和商业区也远，但这并未转化成社会隔离。这主要是因为大多数家庭拥有汽车，而且埃塞尔·劳伦斯家园本身在社交方面整合得很好。面临最大问题的是年轻人和青少年，因为在社区和周边地区，他们缺少运动场和其他便利设施。他们经常抱怨"没事做，没地方去"。不过，每个地方的青少年都有这样的怨言。

对房价的威胁降至最低

以前的研究发现，保障性家庭住房项目的设计和密度，以及它与周边建筑的美学相容性对于当地房价的影响有着重要作用。当地居民对住宅项目关注的焦点之一就是建筑外观会不好看，很容易被认出是"公共住房"。另外，许多人害怕管理不善会很快导致住宅项目变得破烂不堪、非常难看，从而在审美和物质上将周边居民区的水准"拉低"。因此，除了实施政策和鼓励非正式的行动来防止社会失范和社会隔离外，管理者也相当重视房屋建筑群的美学。

在清楚居民对于丑陋和破旧的忧虑后，埃塞尔·劳伦斯家园开发商力图建造并维护美观且在美学上与周边居民区相近的房屋。与用砖块和水泥建造密集排成方块的传统公共住房建筑群不同，开发商采用尽端路的模式建造了木质结构的联建别墅，所用的材料和设计与附近的郊区房屋非常相似。正如我们已经说过的，埃塞尔·劳伦斯家园的规划是在对镇上其他地方的房屋做了深入调查后才仔细制定出来的，而且最终的建筑大体上与周边居民区相匹配。劳雷尔山占主导地位的空间组织方式是将居民区划分成小块住宅区。小块住宅区会被组织成飞地，尽管以独立房屋为主，但镇上有 1/4 的住宅是埃塞尔·劳伦斯家园那样的独户联建住宅。绿化工作外包给专业人士，模仿的是哈登菲尔德和莫里斯敦高档社区住宅的样式。因此，管理者对于美学的担心有效地将该住宅项目在劳雷尔山的污名减至最小，有助于它在社区中保持低调。

其实，在被问及对住房的看法时，邻居们通常都是评价它的审美并认为它看着并不像保障性住房。2006 年在写给学区的一封信中，一位劳雷尔山居民（非埃塞尔·劳伦斯居民）说："我最近开车从埃塞尔·劳伦斯穿过，那里看着非常好，完全看不出是保障性住房。"附近小块住宅小区的一位居民告诉我们："埃塞尔·劳伦斯在劳雷尔山非常和谐。它看着并不廉价，而且绿化很好。如果我刚来到这个地区，我就不会知道它是保障性住房。"住宅项目很不起眼，以至于在我们调查周边居民时（第六章会讲到），大多数人说他们知道镇上有保障性住房，但是大部分人都不确定它的具体位置。

但是，在那些知道埃塞尔·劳伦斯家园是保障性住房的人（包括埃塞尔·劳伦斯家园居民在内）看来，管理者可能有一个审美要素弄错了，那就是命名。在劳雷尔山，小块住宅区一般都有名字，大多都有田园风光的含义。一些名字反映了小镇的农村历史（拉奇蒙特农场、乡下农场、萨拉托加农场），还有其他的暗示了自然环境（湖区、劳雷尔小溪、特里西娅草场、野花、狐狸跑、Rancocas Pointe），也有另外一些具有英国高雅文化的含义（坎特伯雷、德文郡、剑桥庄园）。

居民大多同意镇上评论家在一次听证会上的预言："大多数市民将把以埃塞尔·劳伦斯家园命名的住宅区视作低收入住宅项目，就像把'贫穷'的'穷'写在租户脑门上一样。"在我们的访谈中，许多居民说"埃塞尔·R. 劳伦斯家园"这个名字向他人发出了清晰明确的信号，告诉他们住宅区确实是接受了补贴。这种从住宅区名字中能够感知的歧视在尽端路的名字的映衬下更是雪上加霜，因为这些名字与周边居民区普遍采用的田园名称大相径庭。一位居民这样描述了他的感受：

> 尽端路的名字是"信任"、"容忍"、"希望"和"平等"。这样我感觉很不自然。当我说自己住在平等庭院时，人们不由自主地就会想

到是保障性住房。他们为什么不起名为"绿树巷"，让它融入这个小镇呢？人们问我住在哪儿，我就说在劳雷尔山。如果他们还要往下问，那么我就说住在莫里斯敦－劳雷尔山路旁边。我不会告诉他们是埃塞尔·劳伦斯家园。

讽刺的是，为了避免居民受到歧视，在将注意力放在住宅区设计、建筑和美学方面后，开发商最终在名称选择上给居民带来了歧视。可以肯定的是，埃塞尔·劳伦斯是当地一位圣人，被人们看作保障性住房的罗莎·帕克斯。其实，劳雷尔山学区办公室接待室有一幅埃塞尔·劳伦斯的壁画，以表彰她是镇上最伟大的居民之一。用她的名字为住宅区命名绝对合适，但如果叫"埃塞尔·劳伦斯地产"而不是"埃塞尔·劳伦斯家园"可能就会减轻歧视，因为前者更贴近于郊区的习惯。但是，尽端路的命名本可以更谨慎，虽然最后和其他欣然承认的益处相比，名字的问题只是一个小毛病而已。

结论

本章我们系统性地评估了新泽西州劳雷尔山的低收入住房对房价、犯罪率和税收负担的影响，还对可能影响结果的特征、机制和管理措施进行了分析。我们的研究发现建立在多个对照组的时间序列设计之上，采用了多个结果变量，并使用住宅区内和周边社区进行的田野调查与访谈做补充，因而我们相信为保障性住房研究做出了新的贡献。

我们的数据明确表明埃塞尔·劳伦斯家园没有使镇上和邻近居民区的犯罪增多、房价降低和房产税升高。我们将这种无效果归因于劳雷尔山住房项目的一些特点——美学、空间设计、社会控制和管理方法。这些特点能帮助解释埃塞尔·劳伦斯家园对周边社区没有明显影响的原因，而且在住宅项目居民中产生了新生价值，这些新生价值与周边郊区居民区的人们表达的价值观相适应。

我们的发现有重要的政策含义，它表明其实可以在富裕的郊区开发保障性住房，而且不会增加社会解组或产生负外部效应。我们发现，人们普遍对保障性住房社区的消极影响存有的恐惧即便是在 10 年之后也并未成为现实。但是，我们的发现也指出，在理解这个良性结果时，必须要考虑到特定的缓解机制。保障性住房和周边住宅区的审美与空间一致性（包括诸如建筑群名称这样的琐碎项目）对于降低犯罪率和房价的影响有着重要的意义。此外，我们认为住宅区中高水平的非正式和正式的社会控制减少了犯罪和社会失范的可能。特别要说的是，现场安置物业经理、居民区监督计划的存在以及良好的居民网络都增强了居民们的安全感和自我效能，有助于防止和监督潜在的犯罪行为。

简而言之，我们的分析清楚证明了贫困人群能够融入中等阶层郊区社区，而不会加剧社会解组。贫困疏散计划因此能够成为一个实用的政策工具，用来改善现有的种族和阶层隔离模式；而且郊区社区能够比许多郊区居民所期待的更有效地融入贫困的租户。在搬到安全、安静、富裕的郊区能够让居民获得脱贫所需的福利和资源时，保障性住房可能构成了一个重要的社会流动机制，能够打破遗留在贫困的城市居民区内的劣势循环。我们会在后面的章节中分析埃塞尔·劳伦斯家园的效能，但首先我们要仔细研究在距饱受争议的起源过去 10 年后，社区对于住宅项目的看法。

第六章

全盘考虑

——十年后周边居民的看法

前面的章节已明确说明，从最初劳雷尔山引入保障性住房，到埃塞尔·劳伦斯家园最终开放，这个过程十分坎坷（如图2-1所示）。中间这几十年被很多诉讼、一轮接一轮的起诉、吵闹的媒体辩论、激烈的公共听证会、抗议恐吓，甚至故意破坏行为所充斥。许多反对意见都是建立在人们普遍的恐惧之上，因为人们害怕保障性住房项目的开放会形成"田野上的贫民窟"，从而将许多讨厌的城市问题带到宁静的郊区中，最后造成犯罪率上升、房价下降和税收负担增大的问题。但是第五章已经揭示，这些令人恐惧的后果并未变为现实。此外，镇上的生活几乎没发生什么变化。

尽管第五章呈现的定量数据能支持"住宅项目开放几乎没带来什么消极的影响"这一结论，但事实所指与人们所想之间总有一定差距，这是人之常情。本章我们不从实际数据和统计的角度研究住宅项目对社区有何影响，而是关注周边居民区的居民认为影响如何。我们在第四章介绍了对与埃塞尔·劳伦斯家园相邻的养老社区度假村和高档住宅区山坡小道进行的代表性调查。这里我们会对那些居民区的受访者对埃塞尔·劳伦斯家园的描述进行分析，探索他们对居住者的看法。但在此之前，我们先通过文献来看社区居民与埃塞尔·劳伦斯家园租户之间形成鲜明对比的社会背景。

差异研究

劳雷尔山居民对镇上的保障性住房表现出的恐惧与忧虑基本上是建立在他们与潜在的新邻居之间的差异上。2001年前镇上居民在媒体和公共听证会上发表的言论明显表明他们预期的租户和他们自己在诸多社会层面都有所不同，尤其是种族、阶层、家庭结构——这些因素长久以来在美国文化中都充满相当大的怀疑与偏见。表 6 – 1 的数据来自我们对埃塞尔·劳伦斯家园居民和周边住宅区居民做的调查，证实了租户与离他们最近的邻居在社会背景上的差异。受访者都是成年人，且一般是户主（在埃塞尔·劳伦斯家园中），但有时也是户主配偶（在邻近居民区中）。如表 6 – 1 所示，两组基本在每一项指标上都表现出很大的差异。

表 6 – 1　埃塞尔·劳伦斯家园居民及附近邻居的社会背景对比

特征	埃塞尔·劳伦斯家园居民	埃塞尔·劳伦斯家园邻居	差异的显著性
年龄平均值	43.1	68.9	**
性别	91.4	58.3	**
在劳雷尔山居住的年限	6.0	10.6	*
婚姻状况			
已婚或同居	16.4	52.6	**
离婚或分居	23.3	16.3	**
丧偶	10.3	28.4	**
未婚	50.0	2.0	**
种族 – 族裔			
白人	9.5	94.4	**
黑人	58.6	1.7	**
亚裔	0.9	3.3	
西班牙裔	29.3	0.6	**
其他	8.6	0.3	*
教育			
高中以下	12.9	1.4	*
高中毕业	25.9	20.0	**
部分大学教育	50.0	28.4	**
大学毕业	11.2	50.2	**
工作状况			
全职工作	55.2	20.1	**
兼职工作	37.1	20.5	*
没有工作	7.8	59.4	**
平均收入（千美元）	26.3	75.9	**

$^{**}\,p<0.01\,;\,^{*}\,p<0.05\,$。

例如，埃塞尔·劳伦斯家园居民比邻近居民区的居民更年轻，其平均年龄为 43 岁，而附近居民的平均年龄为 69 岁。他们也更不可能为已婚或者同居状态（16% vs 53%），更不可能丧偶（10% vs 28%），更可能从未结过婚（50% vs 2%）。同时如人们所料，埃塞尔·劳伦斯家园居民是少数族裔的可能性更大（59% 为黑人，29% 为西班牙裔），而邻近居民区的居民有 94% 是白人。与埃塞尔·劳伦斯家园居民相比，周边居民区的居民更可能为大学毕业生（50% vs 11%），更可能没有工作（59% vs 7.8%——主要是因为度假村退休的人较多），而且年家庭（户）收入也更多（大约 7.5 万美元 vs 2.6 万美元）（见表 6-1）。总的来说，如果恐惧的焦虑在社会差异中生根，那么在埃塞尔·劳伦斯家园居民和他们近邻之间广阔的社会场域将会成为恐惧生长的温床。

看法与互动

尽管住宅项目修建的准备阶段有许多对劳雷尔山保障性住房的负面情绪，住宅项目租户和镇上居民之间又存在巨大差距，但是埃塞尔·劳伦斯家园的实际开放并被贫困的少数族裔家庭占有引来更多的是人们的低声抱怨，而不是猛烈攻击。如表 6-2 所示，即便是对项目存在的简单认识都非常有限，与租户的实际互动就更少。尽管相邻社区有 80% 的居民知道保障性住房就在劳雷尔山，69% 的人知道就在邻近的地区，但这些数字意味着有 1/5 的受访者不知道镇上有保障性住房，几乎 1/3 的人不知道保障性住房就在他们的居民区。在那些知道附近有保障性住房的人中，只有 40% 能准确记得住宅项目的名字，这些人占全部受访者的 28%。大多数人说他们是在 1997 年（提议的施工阶段）的论战中才对这个住宅项目有所了解。在访谈中一位邻居这样说："我之所以知道那是埃塞尔·劳伦斯，是因为人们在为其争论时我就住在这里。我的意思是，如果当时不在这里，那我就完全不知道了。在你开车经过时，你看不出这是保障性住房，它看着和其他住宅区一样。"

表 6-2　邻近居民区居民对埃塞尔·劳伦斯家园的了解
程度以及与租户的互动程度

了解或互动的指标	百分比（%）
对埃塞尔·劳伦斯家园的了解程度	
知道镇上的保障性住房	80.1

续表

了解或互动的指标	百分比（%）
知道居民区的保障性住房	68.8
知道住宅项目的名称	27.5
与埃塞尔·劳伦斯家园居民互动的程度	
与埃塞尔·劳伦斯家园居民有过互动	12.9
认识埃塞尔·劳伦斯家园居民	7.3
子女认识埃塞尔·劳伦斯家园居民的子女	6.6

　　除了简单的认识以外，相邻居民与住宅项目居民的接触就少之又少。与埃塞尔·劳伦斯家园居民有过互动的人仅有13%，认识埃塞尔·劳伦斯家园居民的人仅有7%，而且只有7%的人说自己的子女认识住宅区中的人（见表6-2）。考虑到相当多的居民甚至不知道埃塞尔·劳伦斯家园的存在，而且大多数人并未接触过里面的居民，我们没有期待住宅项目在塑造受访者看法时影响显著——这基本就是我们的发现。表6-3调查了邻居对于个人环境变化的看法。第一组调查结果关注的是房价，这是最初反对住宅项目的一个关注重点。

表6-3　埃塞尔·劳伦斯家园附近居民区的居民对
个人和当地环境变化趋势的看法

看法指标	百分比（%）
对房价的看法	
自己的房价上升	45.2
自己的房价高于镇上其他房价	42.9
自己的房价低于镇上其他房价	7.0
自己的房价高于县内其他房价	32.5
自己的房价低于县内其他房价	2.3
对种族-族裔多样性的看法	
种族-族裔多样性上升	42.2
种族-族裔多样性下降	50.0
种族-族裔多样性上升是好事	36.6
种族-族裔多样性上升是坏事	7.0

续表

看法指标	百分比（%）
对于当地服务的看法	
公共学校的质量上升了	44.6
公共学校的质量下降了	10.6
公共交通的质量比较好或非常好	9.7
公共交通的质量比较差或非常差	36.5
支持在家附近的地方增加公共交通	64.4

　　虽然有些人夸大其词地说住宅项目开放后房价不可避免地会下降，但其实邻近地区有 45% 的居民感觉他们的房价在 2001 年之后有所上涨。同时，43% 的居民觉得他们的房价高于镇上其他房价，33% 的居民觉得他们的房价高于县内其他房价。对比而言，只有 7% 的人说他们的房价低于镇上其他房价，2% 的人说自己的房价低于县内其他房价（见表 6－3）。这些观点与那种普遍认为邻近居民区房价会下滑的看法不同。反而，居民大都准确地认识到了，如第五章我们观察到的那样，房价在整体上涨。

　　在居民对该地区的种族和族裔变化的认识中，我们会进一步强调住宅项目在居民中缺乏社会认知。尽管埃塞尔·劳伦斯家园在 2000 年开放和 2004 年扩建时，明显增加了该地区的种族－族裔多样性，但在表 6－3 的第二组调查结果中，我们可以看出周边居民区有 50% 的居民认为近些年多样性下降了，准确察觉到上升的居民占 42%。虽然人们对种族－族裔多样性变化方向相对缺乏认识，但有 37% 的居民说种族多样性上升是件好事，相比之下，只有 7% 的人认为这样不好。例如，在一次访谈中，一位居民说：

　　　　我很高兴在镇上修建埃塞尔·劳伦斯家园，因为我希望城镇能够提升多样性。我觉得具有多样性是件好事，因为这能够让学校里的儿童打开心胸。但是我也担心这些孩子对我们学校的影响。我不希望这些孩子拉低学校质量。我希望所有孩子都努力获得更高的成绩，有积极的志向。我担心有些孩子不努力，这会对我的孩子造成不好的影响。多样性很好，我只是想知道所有学生都会努力学习。所以，只要学校质量没有下滑，我认为提升多样性就是一件好事。

　　总的来说，不到一半的受访者在他们的认知地图中记录了最近的种族－族裔组成变化，只有极少数人认为提升种族多样性不论在何种情况下都不好。一般而言，我们也发现对于多样性上升的看法和将多样性视为坏事之间并无关联。表6-3最后一组数据调查的是人们对于当地服务质量变化的看法，其中最重要的是教育质量。尽管人们在住宅项目动工前就普遍对学校质量可能下降表示担忧，但是45%的邻居觉得当地公共学校的质量其实是有改进的，只有11%的人说质量有所下滑。

　　令居民们不满的一方面是公共交通，37%的人认为公共交通比较差或非常差，而只有10%的人认为比较好或者非常好（见表6-3）。如前文所述，这种认知是对当前状况的准确评价，因为最近的公交车站位于2英里多以外的地方，要是去车站的话，行人需要沿着车来车往的莫里斯敦－劳雷尔山公路走过去，而且很多路段没有人行道。缺少公共交通不仅给埃塞尔·劳伦斯家园的低收入家庭带来了困难，还给度假村里上了年纪的居民造成了不便，因为他们中很多人开不了车。结果，近乎2/3的被调查居民认为应在家附近增加公共交通。

　　表6-4关注居民对于居民区和镇上大体环境（而非个人环境）的看法，这里为受访者明确定义的"居民区"是"自己家周围大约两个街区的半径范围"。对于所有郊区居民关心的三个基本问题（即房价、犯罪率和学校考试分数），表6-4最上方的一组数据反映了人们对这三个基本问题变化方向的看法。受访者要将当下的环境与2000年前（如果搬入时间早于2000年）的环境进行对比，或者与他们搬入时的环境进行对比（如果搬入时间晚于2000年）。

表6-4　居民调查中认为2000年后居民区和城镇中下列情况
变得有些差或非常差的受访者比例

单位：%

情况	变得有些差或非常差		变得稍好或非常好	
	居民区	城镇	居民区	城镇
主要关心				
房价	46.5	46.3	33.2	35.3
犯罪率	13.7	29.9	5.1	3.3

情况	变得有些差或非常差		变得稍好或非常好	
	居民区	城镇	居民区	城镇
学校考试分数	6.5	9.5	31.4	25.6
生活质量指标				
垃圾清理	25.7	27.1	1.7	2.3
垃圾回收	2.6	4.8	4.8	2.8
街头涂鸦	5.3	7.7	1.1	2.9
游手好闲	5.4	5.6	0.3	0.0
交通	25.9	60.5	0.0	0.0
噪声	4.1	17.6	0.0	0.0
空气污染	4.6	10.8	0.0	0.0
整体生活质量	0.0	4.6	20.8	25.4

尽管居民总体对自己家的房价趋势持乐观态度，但他们对于镇上和居民区的房价都抱有悲观的态度。47%的居民认为居民区房价有些下滑或严重下滑，46%的人觉得镇上的房价下滑了。对比之下，只有1/3的人认为居民区的房价有些上升，35%的人认为镇上的房价有上升的趋势（见表6-4）。普遍的悲观情绪有可能反映了国家房地产泡沫的破灭以及在我们开始收集数据前经济萧条的开始，这些事件确实在2008年后使得房价趋于平缓并下滑。

与这样的解释一致的是，悲观程度不是因为犯罪率上升而加剧，其实犯罪率也并没有在萧条开始时升高。只有14%的人认为居民区的犯罪有些糟糕或者变得特别严重，30%的人认为镇上的情况也是这样（见表6-4）。事实上，如第五章所讲，虽然比经济萧条前的速度慢一些，但我们调查时犯罪率一直都在下降。与房价和犯罪率相比，居民对教育趋势更为乐观，居民区只有7%的人认为学生考试成绩有些下滑，而镇上也只有10%的人这样认为；居民区有31%的人认为考试成绩有所上升，镇上有26%的人也有这样的看法（见表6-4）。

因此，邻居们对于房价、犯罪率和学校表现趋势的看法并未表明大多数居民相信对于住宅项目的恐惧已经变成现实。大多数受访者认为犯罪率与之前相比没有变化或者有所改善，这与犯罪率下降的事实一致；公共学校表现为大多数人看好，大部分人认为学校考试结果与原来相比没有变化或者有所提升。房地产泡沫破裂后，房价确实下降了，而且尽管大多数受访者对自己家的房价抱有乐观的态度，但是受访者已准确察觉出这个事件会影响居民区和整个镇上的房价。许多居民将《劳雷尔山声明》视作缓和房价潜在影响的一个因素。一位受访者这样说："我觉得埃塞尔·劳伦斯家园没有影响我们的房价，因为州内每个城镇都必须有保障性住房，所以这种情况哪里都有。不是只有我们的镇上有保障性住房，所以保障性住房建好后会对当地产生更小的影响。"

我们也向居民询问了与郊区生活质量相关的其他问题，发现大多数指标基本没有变化。对于垃圾回收、街头涂鸦、游手好闲、噪声和空气污染，大多数人从 2000 年或者他们搬入居民区的时候起，就没有发现明显的变化。显著的例外是垃圾清理和交通，没有人认为交通有所改善。其实，26% 的人认为居民区内的交通变差了，61% 的人认为镇上的交通越来越坏。类似的是，只有 2% 的人觉得镇上的垃圾清理有改善，但 26% 的人认为居民区垃圾清理情况每况愈下（见表 6-4）。但是，在更为详细的分析中（未在此显示），我们发现这些都是普遍抱怨的问题，与对住宅项目或项目居民的感受和看法没有关联。

为了能够更深入地探究居民们的看法，并采用更加非结构化且侵入性较低的方法评估他们的情绪，在调查结束时，我们让那些知道居民区中有保障性住房项目的人说出"最想用哪 5 个词描述此住宅区的居民"。在 88 位知道这个住宅项目存在的人中，78 人给出了至少 1 个词描述它，48 人给出了 2 个词，28 人给出了 3 个词，16 人给出了 4 个词，8 个人给出了 5 个词。我们在表 6-5 中将这些回答编码为内容类别，使用一个编码指代第一个提到的词①，另一个编码指代后面所有提到的词。

表 6-5　居民区调查中受访居民描述埃塞尔·劳伦斯家园时想到的词语

单位：%

回答类别与示例	第一个词	后面的词
居民收入 "低收入"、"收入较低"、"负担得起"、"不幸"、"低收入和中等收入"、"中等收入"、"贫困"、"较便宜的住房"、"单一收入"、"富裕的"	19.2	10.1

---

① 指代第一个提到的词的频率。——译者注

续表

回答类别与示例	第一个词	后面的词
居民的正面特征	19.2	34.3
"友好"、"快乐"、"努力"、"正常"、"有雄心的"、"好人"、"乐于助人"、"没问题"、"机遇"、"还不错"、"安静"、"看着还行"、"非常好"、"合群的"、"稳重的"、"关爱的"、"家庭至上"、"好邻居"、"舞跳得不错"、"没什么问题"、"令人愉快的"、"改善生活"、"尊重人的"、"勤劳的"、"搞笑的"、"积极的"、"值得帮助的"、"好人但挣钱少"、"有野心的"、"好孩子"、"不制造麻烦"、"想要舒适的家"		
居民种族	16.7	13.1
"黑人"、"多样的"、"非裔美国人"、"各种族裔背景"、"大多数是非裔美国人"、"混杂"、"黑人为主"、"西班牙裔"、"各种肤色的人"、"种族群"、"白人"		
住宅项目的建筑或设计	11.5	14.1
"管理妥当"、"美丽的"、"体面的"、"干净的"、"漂亮的"、"有吸引力的"、"整洁的"、"联建别墅"、"宽敞的"、"可爱的"		
居民的负面特征	10.2	18.2
"吵闹的"、"挑衅的儿童"、"排他的"、"不与他人交往"、"不合群的"、"邋遢的"、"孩子太多"、"没有规矩"、"危险的"、"在校车上打架"、"家庭不稳固"、"没有自尊"、"无常的"、"脏乱的"、"街头涂鸦增多"、"犯罪"、"不参加派对"		
其他印象	3.8	7.7
"租户"、"年轻的"、"劳雷尔山决定的一部分"、"不是都开车"、"还未受到影响"、"社区未受到影响"、"以住房活动分子命名"、"他们不打扰我,我也不打扰他们"、"对社区无影响"、"有权利选择住处"		
不认识任何居民	19.2	2.0
回答总计	78	99

　　从表6-5中我们发现回答基本可以分为七类,将这七类连同频率和受访者采用的典型例子在表中纵向列出。19%的人称自己不认识任何居民,所以没有做进一步评论。除了这些无效的回答外,两个最常提到的词种类主要集中在住宅项目居民收入和其他列出的描述租户正面特征这两方面,大约每一类各占19%。可以预料的是,收入被提到的频率较高,因为埃塞尔·劳伦斯家园是保障性住房开发,而且这个事实在公共听证会和媒体辩论中已被广泛讨论。然而,除了用来描述住宅项目的第一个词外,与收入

相关的词出现频率降低到 10% ，而关于受访者正面特征的词在后面提到的词中占了 34% 。用来描述租户的积极词汇包括通用的"友好"、"快乐"和"努力工作"，还包括其他像"一般"、"还凑合"和"没问题"这种模糊的赞誉，以及出乎意料的"搞笑的"、"积极的"和带有成见的"舞跳得不错"（见表 6 - 5）。

继提到收入和描述正面特征的词之后，下一类最常用的内容类别提到了租户的种族与族裔。其实，17% 的受访者在想到的第一个词中都提到了租户的种族和族裔，这表明美国种族问题一直显著且持续，以及它在劳雷尔山争论中的核心地位。另外 13% 的受访者在后面的词中提到了种族和族裔。提到种族的词中，最普遍的就是说大多数居民都是黑人或非裔美国人。其他被提到的还有西班牙裔，而且有些人还提到一些白人也在住宅项目中居住（见表 6 - 5）。

频率排在下一位的是提到住宅项目设计、建筑的词汇，这说明如开发商期待的那样，埃塞尔·劳伦斯家园成功跨越了人们对美国公共住房消极的成见。许多居民在看到住宅项目由"管理妥当"、"美丽的"、"漂亮的"、"整洁的"、"宽敞的"而且"可爱的"联建别墅构成，同时住宅区本身是"体面的"、"干净的"而且"有吸引力的"后，都很吃惊。

但是，并不是所有人都抱有温和轻松的态度。我们采访的一位居民认为埃塞尔·劳伦斯家园居民是白吃白占的人，他对我们说："我之所以生气，就是因为住在那里的人是租户。我交的税供他们的孩子上学，而他们还不交房产税。这让我非常生气。"我们调查的居民中，大约有 10% 在描述居民的第一个词里提到了负面特征，另外有 18% 在后面的词中提到了负面特征。他们经常用到的词包括"吵闹的"、"爱打架"、"排他的"、"脏乱的"、"邋遢的"、"不稳定的"、"没有自尊"和"没有规矩"，而且一些受访者明确提到了"犯罪"和"在校车上打架"，并给住宅项目居民贴上了"危险的"的标签。最后一类是多种词汇的集合，总共占了 4% （第一个被提到的词）和 8% （后面被提到的词）（见表 6 - 5）。

对看法的解读

为了减少受访者的压力、最小化拒绝的可能性、减轻针对调查的潜在负面反应，我们的调查问卷没有对被调查者的社会、经济、政治和心理背景进行深入评估。但是，如表 6 - 6 所示，我们收集了受访者的基本社会和人口统计信息，在此我们将利用这些数据来探索对住宅项目和居民看法的个人决定因素。所有模型中的一个关键变量是对住宅项目和居民信息的潜在接触。首先，我们通过定义虚拟变量，研究居民接触到为修建项目而展开的激烈辩论的程度。如果受访者在 2001 年之前在劳雷尔山居住，虚拟变量等于 1；如果是其他情况，虚拟变量则为 0。然后，我们假设居民在此地区生活的时间越长，与住宅项目或其中的居民接触的可能性越大，并在这个假设的前提下通过计算在劳雷尔山居住的总年限，对接触住宅项目的可能性进行评估。

表 6 - 6　预测居民对劳雷尔山镇种族 - 族裔多样性的
态度而估计的逻辑斯蒂回归模型

独立变量	多样性上升		多样性是坏事	
	回归系数	标准误差	回归系数	标准误差
人口学背景				
女性	- 0.267	0.494	0.087	0.683
年龄	- 0.054 *	0.025	- 0.026	0.026
已婚	- 0.640	0.602	- 1.363	0.922
非白人	0.243	0.734	1.897 *	0.793
社会经济背景				
大学毕业	0.089	0.701	1.928	1.233
有工作	- 1.058	0.719	- 0.580	0.756
收入在 10 万美元以上	- 0.876	0.670	1.311	0.945
接触				
在 2000 年之前就已在这里	0.666	0.856	- 0.269	0.919
在劳雷尔山的总年限	0.143 *	0.065	0.030	0.062
截距	2.426	2.006	- 2.437	2.542
Log Likelihood	- 66.91	- 22.59		
Pseudo R^2		0.23		0.25
样本数	127		127	

　* $p < 0.05$。

　　我们首先研究受访者对于自己和镇上居民之间的种族 - 族裔差异的认

知，因为人们意识到 2001 年之后城镇中的多样性已经上升。表 6－6 是根据基本人口学和社会经济特征以及潜在接触预估的逻辑斯蒂回归模型，用来预测受访者回答与此话题相关的直接问题时，察觉到多样性上升的概率。可以看出，只有两个因素影响对种族－族裔多样性上升的认知，即年龄和在劳雷尔山的总年限。总体而言，年长的居民更不容易注意到多样性上升，察觉到多样性上升的相对概率随着年龄每增加 1 岁下降大约 5.3%（年龄的系数为 －0.054，相对概率的计算就是 1－exp［－0.054］＝0.053）。因此，年长的人（最常见的就是退休养老社区度假村的居民）表现得更为孤立，他们较少注意到当中的种族－族裔多样性，除非他们长期都在劳雷尔山居住。

表 6－6 右边的几列显示了预测受访者是否将增强的种族－族裔多样性视作坏事的估计模型。这里唯一一个重要变量就是受访者的种族。与一些人的预期相反，非白人受访者比白人受访者更容易以负面的眼光看待多样性上升，他们将此变化视为坏事的概率比白人受访者高出 6.7 倍（exp［1.897］＝65.666）。尽管非白人受访者的情况明显预示他们对多样性的看法是消极的，但是 14 名怀有此想法的受访者中只有 4 人是非白人。他们的收入全都较高，超过了每年 10 万美元；全部都是大学毕业生，而且 3 个人还获得了学士学位；两个人是黑人，另外两人分别为亚裔和西班牙裔。因此，非白人对于多样性是坏事的想法的效应来自 4 个高收入、受良好教育的人，而这些人并不是典型的少数族裔成员。

我们可以在美国居住隔离的历史环境中理解这些事实。历史上，有雄心的少数族裔家庭发现很难逃离隔离的限制，有些人尝试搬到种族融合的地区，但他们发现居民区后来又变成了隔离的少数族裔社区（Massy and Denton，1993）。隔离并未因少数族裔搬入而产生，而是源自房地产和贷款行业的歧视性做法，以及白人租户和购房者带有偏见的选择。但是，准确地说，种族融合的中产阶层居民区的少数族裔居民将更多少数族裔居民的到来视为衰落的先兆，他们认为这会对他们的长期利益造成威胁。因此，调查中非白人受访者认为种族－族裔多样性上升标志着种族隔离恢复而且居民区正在衰退。

在表 6－7 中，我们将研究与埃塞尔·劳伦斯家园住宅项目及其居民的接触或熟悉的决定性因素。为了测量联系的程度，我们创建了一个简单的累加指数，将调查中对六项内容的回答汇总。这六项内容能够表明受访者是否：①注意到镇上的保障性住房；②注意到居民区内的保障性住房；③能够准确说出住宅项目的名称；④与埃塞尔·劳伦斯家园居民有过互动；⑤认识埃塞尔·劳伦斯家园居民；⑥有孩子认识来自埃塞尔·劳伦斯家园的小孩（请参考附录 A6）。如果答案为"是"，则编码为 1；如果为"否"，则编码为 0。汇总后得到一个 0 ~ 6 的接触程度范围，可靠性较高（$\alpha = 0.778$）。

虽然总共才 6 分，但从得出的范围中间值仅为 2.03 的事实表明周边居民区的居民接触和注意到埃塞尔·劳伦斯家园的程度相对较低。当回归到人口统计学背景、社会经济地位和潜在接触指标时，我们再一次看到只有两个因素具有统计学意义：年龄和在劳雷尔山的总年限。随着年龄每增加 1 岁，与住宅项目居民的接触程度就会在 0 ~ 6 的范围内下降 0.033 分（$p < 0.05$）；但当年龄不变时，每在劳雷尔山多居住 1 年，接触程度就会上升 0.045 分（$p < 0.10$）。换句话说，受访者中与住宅项目接触最多的是那些相对年轻但已在劳雷尔山生活一段时间的人，例如在劳雷尔山长大，然后在住宅项目开放后进入成年的人。

表 6 – 7 预测附近居民与埃塞尔·劳伦斯家园居民的接触指数和附近居民的恐惧变为现实的程度指数而估计的 OLS 回归模型

独立变量	与埃塞尔·劳伦斯家园居民的接触程度		恐惧变为现实的程度	
	回归系数	标准误	回归系数	标准误
人口统计学背景				
女性	- 0.151	0.262	- 0.290	0.376
年龄	- 0.033 *	0.014	0.003	0.107
已婚	0.155	0.292	- 0.125	0.396
非白人	- 0.226	0.448	- 0.522	0.587
社会经济背景				
大学毕业	0.099	0.344	- 0.603 +	0.321
劳动人口	0.116	0.415	- 0.697 +	0.364
收入在 10 万美元以上	- 0.112	0.373	- 0.335	0.461
接触				
在 2000 年之前就已在这里	0.557	0.412	- 0.428	0.452
在劳雷尔山的总年限	0.045 +	0.024	- 0.021	0.029

独立变量	与埃塞尔·劳伦斯家园居民的接触程度		恐惧变为现实的程度	
	回归系数	标准误	回归系数	标准误
与埃塞尔·劳伦斯家园居民的接触程度	—	—	0.013	0.111
看法				
种族多样性上升	—	—	− 0.245	0.330
种族多样性是坏事	—	—	0.827	0.696
截距	3.516 **	1.257	− 2.437	2.542
R²		0.22		0.25
样本数	127		127	

$^{**} p < 0.01$；$^{*} p < 0.05$；$+ p < 0.10$。

在住宅项目开放前，镇上居民清楚明确地表达了对修建项目带来的后果存有恐惧。右边的几列显示了所选变量对受访者认为恐惧变为现实的程度（我们为测量此制定了一套指标）的影响。这次累加的回答共有 9 项，如果答案是"是"，则编码为 1；如果为"否"，则编码为 0。这 9 项分别为①受访者自己家的房价是否下降；②受访者自己家的房价是否低于城镇内其他的房价；③受访者自己家的房价是否低于县内其他的房价；④居民区的房价是否下滑；⑤城镇中的房价是否下滑；⑥居民区中的犯罪情况是否更严重；⑦城镇中的犯罪情况是否更严重；⑧公共学校的质量是否在下滑；⑨学校考试成绩是否在下降。

通过简单相加后得到的是一个范围在 0 ~ 9 之间的指数，可靠性可以接受（$\alpha = 0.641$）。此指数用来测量埃塞尔·劳伦斯家园开放后当地居民先验的恐惧变为现实的程度（请参考附录 A6）。当在社会经济地位指标、人口统计学背景和接触上重复此方法时，我们只发现两个显著的关联，且两个关联都相对较弱（$p < 0.10$）。这与大多数人没有看到普遍害怕的结果变为现实的事实相一致（9 分的中间值的确仅为 2.06）。一般而言，受过大学教育的人更不容易感觉到大众怀有的恐惧已变为现实，而那些处在劳动力群体中的人更容易感受到这种恐惧。在我们调查数据的背景下，这些结果表明受过大学教育的退休人员最不容易认为对居民区存有的恐惧已变为现实，而受教育较少的工人更容易表现出这样的恐惧。

　　上述指标是根据人们的回答而设定的，明确地说是根据结构化的问题
而设定的，因此一些回答有可能是被促成的或者受调查问卷和访谈过程本
身引导的。之前我们看到，简单地让受访者说出考虑住宅项目时首先想到
的词，这样得到的回答更自然、过滤的成分更少。在表6-8中，我们对所
使用的词语落入三个内容类别的概率进行回归分析，自变量是有关人口统
计学背景、社会经济背景、接触和对种族-族裔多样性看法的指标。三个
内容类别是那些属于收入或经济地位、种族或族裔以及设计或建筑的词语，
而且全部模型都指的是受访者给出的第一个词的分类。

表6-8　预测居民在描述埃塞尔·劳伦斯家园住宅项目及其居民时所用的第一个词与
收入、种族或建筑相关的概率而估计的逻辑斯蒂回归模型

独立变量	使用与收入相关的词语		使用与种族相关的词语		提到设计/建筑	
	回归系数	标准误	回归系数	标准误	回归系数	标准误
人口统计学背景						
女性	-2.226**	0.769	1.410	1.067	2.098+	1.273
年龄	0.049	0.040	0.011	0.042	-0.127*	0.057
已婚	0.740	0.833	1.678	1.215	-0.148	1.158
非白人	0.548	0.983	-0.252	1.382	0.632	1.389
社会经济背景						
大学毕业	-0.797	0.793	0.674	0.753	-3.397+	1.950
劳动人口	0.893	1.272	-1.462+	0.845	-1.588	1.103
收入在10万美元以上	1.620	1.122	-1.015	1.143	2.247	1.853
接触						
在2000年之前就已在这里	-0.920	1.132	-0.539	0.997	4.425*	1.850
在劳雷尔山的总年限	-0.024	0.078	0.085+	0.046	-0.113	0.099
与埃塞尔·劳伦斯家园居民的接触程度	0.828**	0.263	0.415*	0.197	0.231	0.390
看法						
种族多样性上升	0.142	0.842	-0.012	0.932	-1.599	1.497
种族多样性是坏事	0.860	0.896	2.440*	1.135	-0.406	1.495
截距	-7.367*	3.670	-6.815+	4.013	2.608	4.760
Log Likelihood	-25.91**		-27.76*		-12.77**	
Pseudo R^2	0.39		0.23		0.40	
样本数	127		127		127	

　　$+p<0.10$；$^{*}p<0.05$；$^{**}p<0.01$。

从表 6 - 8 左侧两列可以看出，相较于女性，更多男性使用的第一个词与收入或经济地位相关。而且随着与住宅项目居民接触程度的增加，使用的第一个词语与收入或经济地位相关的可能性就大幅上升。和男性相比，女性使用与收入相关词语的概率要低 89%（$1 - \exp [-2.226] = 0.892$）。关于接触的量表中，每增加 1 个单位，使用收入相关词语的概率会以 2.3 倍增加（$\exp [0.828] = 2.289$）。因此，埃塞尔·劳伦斯家园在居民收入方面的认知框架在与住宅项目及其居民有一定接触的男性中最强。

在中间那两列中，使用种族相关的词描述住宅项目的概率在将多样性视为坏事以及与埃塞尔·劳伦斯家园和其居民接触较多的人群中大幅升高。接触量表中每增加 1 个单位，使用种族相关词语的概率都会增加 51%（$\exp [0.415] = 1.514$），每在劳雷尔山多居住 1 年，使用种族相关词语的概率都会增加 9%（$\exp [0.085] = 1.089$）。换句话说，人们在镇上居住的时间越长，与埃塞尔·劳伦斯家园和其居民的接触、认识得越多，越容易从居民种族或族裔的方面看待住宅项目。

保持这些明显的影响不变，使用种族相关的词语描述住宅项目的概率在那些将多样性视为坏事的人群中上升得最高。其实，那些将多样性视为坏事的人使用种族相关词语的概率比其他人使用种族相关词语的概率高了 11.5 倍（$\exp [2.440] = 11.473$）！当然，考虑到数据的典型性，我们无法断言是那些认为种族多样性是坏事的人更倾向于从种族角度看待住宅项目，还是从种族角度看待住宅项目的人更倾向于将多样性视为坏事。一言以蔽之，对于一些（14/127）在邻近居民区居住的人来说——其中大多数又是白人（10/14），种族与住宅项目及其居民的认知框架有紧密的联系。

表 6 - 8 的右侧两列显示了在第 1 个词中提到住宅项目的建筑或设计特点的概率明显由四个变量预测：年龄和在 2001 年之前在劳雷尔山居住（两个都是 $p < 0.05$），女性且受过大学教育（两个都是 $p < 0.10$）。关于住宅项目的第一个词提到项目设计特点的概率，女性比男性高出 8.1 倍（$\exp [2.098] = 8.149$），在 2001 年之前就在镇上居住的人比其他人的概率高出 83.5 倍（$\exp [4.425] = 83.513$）。相比之下，提到建筑或设计的概率随着年龄每增长 1 岁就会下降 12%（$1 - \exp [-0.127] = 0.119$），而且此概率在受过大学教育的人中比在未受过大学教育的人中低了 97%（$1 - \exp [-3.397] = 0.967$）。在某些方面，对住宅项目的郊区美感和兼容的设

计感到最惊喜的人是相对年轻的未受过大学教育的女性，她们在住宅项目开放前就已经在劳雷尔山居住。

最后，在表 6-9 中，我们估算了两个逻辑斯蒂回归模型，用来预测描述住宅项目的第一个词提到项目居民的正面特点和负面特点的概率。从表 6-9 中可以看出，工人相对不太容易提到负面特征，而与项目及其居民接触并发觉种族多样性已经明显大幅上升预示着人们会用负面特征描述住宅项目。例如，与住宅项目的接触每增加 1 个单位，使用负面特征描述住宅项目的概率就会增加 2.9 倍（exp［1.059］=2.883），而且将种族多样性视为坏事会使这个概率增加 116.4 倍（exp［4.757］=116.396）！相比之下，属于劳动力群体让使用负面描述的概率减少了大约 98%（1 - exp［- 3.797］= 0.978）。

因此，住宅项目的负面框架主要是由非劳动力、与埃塞尔·劳伦斯家园居民有一定接触并相信种族多样性是坏事的邻居建立的。描述住宅项目时所用的第一个词是正面特点的概率也与将种族多样性视为坏事的看法有紧密关联，但是这种影响无法估计，因为它完全预测了结果。在将种族-族裔多样性视为坏事的那些人中，没有一个人使用正面的词语描述住宅项目或其中的租户！除了这个巨大且难以估计的影响之外，使用正面描述的概率随着收入和在劳雷尔山居住时间增加而下降。每在镇上多居住 1 年，这个概率就会下降 18%（1 - exp［- 0.198］= 0.180），而且该概率在那些家庭收入超过 10 万美元的家庭中比在家庭收入等于或低于 10 万美元的家庭中要低 93%（1 - exp［- 2.654］= 0.930）。

表 6-9　预测附近居民与埃塞尔·劳伦斯家园居民的接触指数和附近居民的恐惧变为现实的程度指数而估计的逻辑斯蒂回归模型

独立变量	提到负面特征		提到正面特征	
	回归系数	标准误	回归系数	标准误
人口统计学背景				
女性	- 1.020	1.619	1.600 +	0.921
年龄	- 0.035	0.056	0.025	0.030
已婚	- 1.859	1.362	0.658	0.923
非白人	1.952	1.356	- 0.049	1.298
社会经济背景				
大学毕业	- 0.977	1.265	3.150 **	1.007

续表

独立变量	提到负面特征		提到正面特征	
	回归系数	标准误	回归系数	标准误
劳动人口	− 3. 797 *	1. 865	0. 356	1. 120
收入在 10 万美元以上	1. 894	2. 350	− 2. 654 *	1. 185
接触				
在 2000 年之前就已在这里	− 1. 204	1. 921	4. 835 **	1. 655
在劳雷尔山的总年限	− 0. 175	0. 152	− 0. 198 *	0. 097
与埃塞尔·劳伦斯家园居民的接触程度	1. 059 **	0. 392	0. 921 **	0. 275
看法				
种族多样性上升	4. 757 **	1. 366	0. 386	0. 890
种族多样性是坏事	0. 313	1. 555	—	—
截距	− 2. 254	4. 858	− 10. 102 **	3. 703
Log Likelihood	− 12. 77 **		− 25. 68 **	
Pseudo R^2	0. 46		0. 41	
样本数	127		127	

$+p < 0. 10$；$^* p < 0. 05$；$^{**} p < 0. 01$。

　　然而，控制在镇上居住的总年限保持不变，在 2001 年前就在这里居住会提高使用正面词汇描述住宅项目的概率，与项目及其居民的接触程度以及受过大学教育也有如此影响。受过大学教育的人使用正面描述的概率高出 23. 3 倍（exp［3. 150］ = 23. 34）；在 2001 年之前就在这里居住的人使用正面描述的概率高出 125. 8 倍（exp［4. 853］ = 125. 84）。如前面的模型所示，Pseudo R^2 相对较高表明影响相对较强。总而言之，最不可能使用正面词语描述住宅项目的受访者类型是受教育较少的高收入男性，这些人在 2001 年后搬到镇上，他们在居民区中居住了相当长的时间，但是未与项目或其居民有过很多接触。

结论

　　尽管住宅项目经历了很多动荡才得以在 2000 年开放，但是在接下来的几年尘埃落定后，隔壁邻居的反应非常温和——这出乎人们的意料。尽管租户和邻居们的社会背景在经济、社会和种族方面形成反差，但是这些明显的差异并不足以使埃塞尔·劳伦斯家园出现在很多周边居民区居民的认知地图中。我们访问过的受访者中，有大约 1/5 的人不知道镇上有个保障性住房项目，将近 1/3 的人说他们不知道隔壁住宅项目的存在。只有 13% 的人说他们和住宅项目居民有过接触，而且仅有 7% 的人说他们认识埃塞尔·劳伦斯家园租户。

换句话说，从第一批租户抵达已经过去了 8 年，人们对于住宅项目和其居民的认识和接触都非常有限。在我们的 0 ~ 6 的接触量表中，居民区受访者的平均值达到了大约 2.0。这个发现强调了居民区变化理论的实用性限制（这些理论假定在郊区建设保障性住房后，不同社会经济阶层的居民之间的社交互动能够自然而然地带来大量正面影响）。如果不同阶层的居民之间接触有限，或者一方甚至没注意到对方的存在，那么就不会满足那些理论假设，随后很难出现例如社会资本形成、正面角色楷模、有效规范强化等正面影响。

因为对埃塞尔·劳伦斯家园的知晓度和接触有限，所以在住宅项目开放后，大多数受访者没有感觉自己的福利受到极端后果的影响。用 0 ~ 9 的程度量表衡量害怕的结果真的变为现实的程度，平均分数还是仅有 2.0。在调查的居民中，有 54% 的人认为镇上的房价保持稳定或上升，70% 的人认为犯罪率保持稳定或下降，90% 的人认为学校考试分数保持稳定或者有所提高。对于他们个人的情况，基本没什么人认为自己受到危害，93% 的人认为自己家的房价等于或高于镇上其他的房价，98% 的人认为自己家的房价等于或高于县内其他的房价。甚至在最明显的种族 - 族裔特征方面，58% 的人认为种族 - 族裔多样性保持稳定或下降（但其实是上升了），36% 的人认为种族 - 族裔多样性上升是件好事。

这种对当地环境的乐观看法随着埃塞尔·劳伦斯家园的开放和扩建开始出现，回应了关于住宅项目及其居民的具体问题。但在另一组实验里，我们让那些注意到住宅项目存在的人说出在他们想到住宅项目时，脑中最先出现的 5 个词语。在这个非结构化、调查者不介入且非脚本化的任务中，出现了明显的种族主义潜在情绪，尽管这种情绪只存在于少数受访者中。在想到住宅项目时，17% 的受访者首先会想起描述种族或族裔的词，10% 的受访者会首先想起负面的形容词。在后面想到的词中，13% 的人提到了种族，18% 的人提到了受访者的负面特征。将种族 - 族裔多样性视作坏事这个看法很大程度上预示了第一个词与种族相关，将使用这样的词的概率提高了 11.5 倍。类似的，将多样性视作坏事让第一个词是负面特征的概率增加了 116.4 倍之多，完全预示了不使用正面词汇的可能性。

一些（29%）将多样性增强视为坏事的人本身不是白人，但他们都受过良好教育而且家境富裕。他们有可能参照历史先例，将多样性上升视为居民区衰退和恢复种族隔离的潜在先兆。剩下那些认为多样性是坏事的白人怀有种族主义刻板印象和恩怨。他们在想到住宅项目时，先想出的词就是种族，在描述住宅项目居民时他们非常喜欢使用负面词汇，而且避免用到正面词汇。因此，种族是影响居民对埃塞尔·劳伦斯家园及其居民看法的一个强有力的因素。

这些发现能够推广到有关劳雷尔山和其他地方的保障性住房更广泛的争议，表明：第一，在媒体交流、公众听证会和示威中表达强烈的负面情绪是以潜在的种族敌视为前提条件的。但是第二，这些争议可能只是小题大做，由少数动机、种族敌对情绪较强的人激起。这些人鼓动起来强烈反对住宅项目，而背景是大多数人不关心或抱有正面态度，没有对保障性住房问题抱有强烈的态度。尽管一位市民在埃塞尔·劳伦斯家园规划获批后对获选官员发出愤怒恐吓"你完蛋了！"但在下一届选举中，镇长和大多数镇政府成员仍保留了席位。和以往一样，那些在公众听证会出现并向媒体发表看法的人并非整个社区的随机样本。

第七章

绿色牧场

—— 向宁静的环境迁徙

20世纪60年代末，人们开始为将保障性住房引入劳雷尔山而抗争，当时只不过是政府为了在社区中给那些被暴涨的房地产市场挤走的长住居民留有一席之地。但随着战线加固和诉讼增多，抗争不再仅仅是一个地方性区划争议，它后来成为更大规模讨论的一部分。这个讨论关注美国持续的社会经济不平等中种族、阶层和位置的作用。久而久之，"劳雷尔山"成为阶级排他如何以城市大多数人为代价，使贫困的少数族裔家庭陷入贫困集聚上升和机遇下滑的破败居民区，从而维护郊区少数人特权的缩写。后来，更强烈的道德和政治斗争出现，斗争中"被包围的郊区"与外面的激进分子和"无畏的法官"相互对峙（Haar，1996），法官们通过推倒郊区居住的隔阂继而改变郊区生活的性质，试图绕开当地居民的愿望。劳雷尔山案件从最初的地方性区划争议，后来发展成州和国家层面为"郊区居民精神"打响的战役（Kirp，Dwyer，and Rosenthal，1995）。

在2000年埃塞尔·劳伦斯家园最终开放时，它不再是长住居民有权不被强迫搬离故乡的判例。取而代之的是，它成为保障性住房开发是否能为城市中的贫困人口打开脱贫之路，以及此类项目可能给郊区居民带来何种代价的判例。当埃塞尔·劳伦斯家园开始接纳居民时，其他住宅项目（高特罗示范项目和MTO实验）已经展开对"房屋流动项目不仅是缓和美国普遍的种族和阶层隔离的可行方法，还是改善根深蒂固的城市贫困问题的务实政策"这一假设的检验，并获得了不同程度的成功。

在这一点上，我们以埃塞尔·劳伦斯家园的研究引用的数据表明，住宅项目开放后无论是劳雷尔山还是附近居民区的居民，基本上没有什么损失。项目开发商明确考虑到人们普遍对于住宅项目美学和潜在影响的顾虑，通过仔细的建筑设计和合理的区划力图避免这些顾虑真正变为现实。结果与事前人们所表达的顾虑相反，住宅项目开放后犯罪率并没有上升、房价并没有下降，而且税收负担也没有增加。最终，许多周边居民甚至没注意到自己住在保障性住房项目附近，而且大多数人与租户基本没什么接触。如果埃塞尔·劳伦斯家园对该城镇及镇上的居民没什么负面影响，那么核心问题就变成：对搬入住宅项目的人有什么影响？埃塞尔·劳伦斯家园居民实际上是否改善了生活，并有了摆脱贫困的方式？为了解决这些问题，我们想对之前与高特罗和 MTO 示范项目一起做的评估进行改进，以进一步阐述将房屋流动项目作为社会政策的可行性。

劳雷尔山的环境

为了了解埃塞尔·劳伦斯家园的生活特点和质量，我们需要先在地理位置上找到这个住宅项目。埃塞尔·劳伦斯家园位于莫里斯敦 – 劳雷尔山公路上，这条双向车道承载的主要是当地前往城镇的车辆。这条路直接通向州内主要高速公路——西面通向 38 号公路，东面通向 70 号公路。城镇的行政中心位于埃塞尔·劳伦斯家园西面 2 英里的地方，那里有图书馆、邮局、警察局和镇政府。因为镇上缺少官方的"主干道"，这个行政集群实际就成了镇中心。沿着埃塞尔·劳伦斯家园东面的路一直走，就会看到镇上的中学、教堂和贵格会聚会处。

38 号公路向西通向卡姆登并进入费城，向东通向迪克斯堡和麦圭尔空军基地。路上有个立体交叉道可以通向该地区南北向主干线——295 号州际公路。就是因为这个立体交叉道，38 号公路成为南泽西一个重要的就业和服务中心，这里挤满了购物中心、办公园区和一所社区大学分校。劳雷尔山还有另外两条连接 295 号州际公路的立体交叉道，以及一条通向新泽西收费高速公路的立体交叉道。每条交叉道上都设有一组常用便利设施，包括加油站、便利店和快餐店。所以，劳雷尔山的基本布局是密集发展的公路在当地穿过，将当地小型道路网围住，然后用小型住宅区填满。

因为临近 38 号公路，埃塞尔·劳伦斯家园居民能够获得多种服务和便利设施。埃塞尔·劳伦斯家园离最近的杂货店有 1.3 英里，在其周围 5 英里的区域内有 5 家杂货店。住宅项目距离小学 2 英里，距离高中 3 英里。295

号州际公路离这里 3 英里，诸如基督教青年会和大型公园等娱乐便利设施也在 3 英里的范围之内。沿 38 号公路而建的办公综合区和轻工业园为劳雷尔山一些最大型的雇主提供了场所，这些雇主包括国防承包商、抵押和金融公司，以及计算机技术服务公司。另外，附近还有两家大型室内购物中心：莫里斯敦购物中心离住宅项目大约有 4 英里，樱桃山购物中心离住宅项目大约有 6 英里。

如第三章提到的，劳雷尔山镇的存量住宅相对较新，大多在 1970 年后建成。单一家庭独立式住宅是镇上最普遍的住宅类型，几乎占镇上全部存量住宅的一半。单一家庭联建别墅是镇上第二普遍的住宅类型，大约占全部存量住宅的 24%。多家庭复合式住宅（例如公寓、共管式公寓）占了另外 23%。劳雷尔山大多数住宅都是房主自用。根据 2010 年人口普查结果，在共计 16570 个住宅单元中，大约 84% 都是房主自用，16% 由租户使用。

劳雷尔山占主导的住宅空间组织是小块的居民区，也就是大多由一家房地产开发商建造的独立居民区孤地。每个小块居民区都有一系列根据标准住房设计建造的处于不同价位的住宅。小块居民区通常有 1~2 个入口，并配有一块牌子写着有田园风格的名字。镇上还有 3 个仅供 55 岁以上的人居住的大型社区，而且像美国大多数地区一样，20 世纪 90 年代这里还经历了大型奢华单一家庭住宅的急速发展。除了小块居民区外，劳雷尔山的二级公路沿线也有一些独立的住宅。人行道在小块居民区内比较常见，但是在二级公路上就不太常见了。

除居民区外，受保护的空地和森林绿地也很普遍。另外，除了坐落在主要公路沿线的大型零售商业区外，镇上还有许多小型的商业综合体，包括干洗店、披萨或中国餐厅以及便利店。城镇中有一个较大的公园，叫劳雷尔土地公园，里面有包括足球场、棒球场、钓鱼塘、滑雪坡、观景小径、健身路径和儿童游乐场在内的便利设施。劳雷尔土地公园每年都会举办秋季狂欢节和 5 公里欢乐跑活动。此外，镇上也有其他包含篮球场和休闲场地的小型娱乐公园，在许多小块居民区中还有游乐场。因为邻近的城镇（如芒特霍利和莫里斯敦）都设有镇中心和主干道，所以劳雷尔山居民曾表达过对缺少这两样设施的担忧。在 2003 年的战略规划中，劳雷尔山图书馆宣布了愿景："劳雷尔山图书馆将成为社区的中心。"

转变后的居民区

除了想获得更好、更实惠的住宅以外，埃塞尔·劳伦斯家园租户搬到劳雷尔山的共同目标是获得更好的居民区和学校。申请搬入埃塞尔·劳伦斯家园的人中，有21%的人称递交申请的首要原因是这里更安全或经济机会更多。在全国范围内针对响应《劳雷尔山声明》而搬家的低收入家庭的调查中，23%的人表示他们希望找到一个更安全的居民区，22%的人说他们想要为孩子找到更好的学校（Bush-Baskette, Robinson, and Simmons, 2011）。在访谈中，一位埃塞尔·劳伦斯家园居民告诉我们："搬到劳雷尔山是因为我觉得学校要好一些。"另一位母亲称："我最担心的是学校的安全问题。在（我孩子以前的学校），有人带着枪还是什么的东西就走进去了。虽然你走到哪儿都得担心这种问题，但我觉得这里要比我们原来住的地方更舒服一些。"

纽约市的一位女性埃塞尔·劳伦斯家园居民在到朋友家做客时得知了埃塞尔·劳伦斯家园，因为这位朋友就是埃塞尔·劳伦斯家园租户。在得知埃塞尔·劳伦斯家园后，她马上决定自己也要申请。她告诉我们："这对我来说就像是场梦。从纽约来到这里居住就像做梦一样。因为当时在纽约，我在一栋大楼里居住，里面吸毒和打架的都见过。我不想让孩子在那里成长。"另一位女士也从附近卡姆登的相似环境中逃离出来：

> 我原来住的地方有人在我的门前被杀害，我不允许孩子去外面玩。他们不得不去我母亲的房子那里才能在外面玩儿。原来在那里他们不能出去，但在这里他们能出门玩，而且我不用在外面守着。我可以待在房子里，做什么都行。有一点，我最小的孩子对于出门害怕得要死。我希望自己的孩子能够有个比我好的童年。我在卡姆登出生长大，我发现我能有把孩子送出卡姆登的机会，就是那样。

一位居民描述了自己在来到劳雷尔山之前，为脱离居民区失范和暴力的一连串搬家经历：

> 有很多地方和事情你其实要担心，比如林登沃尔德和布莱克伍德

等。人们会在街角卖毒品这样的东西。我们第一次见面、第一次生孩子时，都是在一个非常差的住宅区。然后我们就从那里搬到了在搬入这里之前住的地方。就像这样，我后来又怀上了女儿，也就是我第二个孩子，所以我们要继续下去。

类似地，另一位女士也告诉我们她等待了很长时间才有机会搬到住宅项目中：

> 我在报纸上看到了很大的广告。我想，天哪，我想住回这里——我一直都想在劳雷尔山把她抚养大。就是因为这个地区好多了。她能在这里做很多事，能在外面做很多事。然后我说，我想搬回劳雷尔山。所以当看到广告时我就提出申请了。但是，人们说需要等好长时间。我的意思是，我足足花了5年的时间。

在人们搬到富裕郊区中的保障性住房后，通过针对埃塞尔·劳伦斯家园居民和非居民申请人的调查结果，我们能够更精准地对居民区环境改善程度进行评估。为了划定一条基准线，我们对两组受访者说："回想你们1999年居住的地区。"然后，我们问他们："1999年在这个地区居住时，你们还记得在那一整年中有多长时间会看到下面这些情况吗？"问题后面是"街上无家可归的人"、"街上的卖淫者"、"街上走着帮派分子"、"街上出现吸毒工具"、"人们公然贩卖毒品"、"人们公然使用毒品"、"人们在公共场所喝酒或喝醉"、"公共场合出现身体暴力"和"枪击声"项目。受访者使用"从不"、"很少"、"有时"、"经常"、"频繁"、"每天"这六个类别来回答。在完成这组实验后，我们将时间焦点转移到现在，并让受访者"回想一下在过去12个月内，在当前居住的地方，有多长时间会看到"上述情况。

这些问题的回答让我们能够对埃塞尔·劳伦斯家园居民和非居民进行对比，还能将搬入住宅项目的实验组与申请但未成功搬入的对照组就他们当前的居民区环境进行直接对比。表7-1总结了那些反映自己在1999年和2009年看到过上述失范和暴力迹象的受访者比例。如果搬到埃塞尔·劳伦斯家园可为居民区条件带来改善，那么我们将会看到在两段时间内埃塞尔·劳伦斯家园居民目睹负面事件的频率有所下降，而非居民的频率不会下降。而且，我们将能看到在 2009 年埃塞尔·劳伦斯家园居民和非居民在当时接触到的失范与暴力方面有一个明显的差距。

表 7 - 1　埃塞尔·劳伦斯家园居民和非居民报告在 1999 年和 2009 年是否看到
自己居民区有失范和暴力迹象

单位：%

失范和暴力迹象	埃塞尔·劳伦斯家园非居民		埃塞尔·劳伦斯家园居民	
	1999 年	2009 年	1999 年	2009 年
无家可归的人	58.0	50.4	50.5	13.3
卖淫者	38.7	31.5	32.4	4.4
帮派分子	44.7	42.8	39.4	12.4
吸毒工具	61.7	52.2	47.8	15.2
贩卖毒品	57.6	48.8	48.7	13.3
使用毒品	51.3	42.0	42.0	19.8
公开饮酒	72.9	57.1	62.5	16.9
身体暴力	56.4	55.4	54.5	23.0
枪击声	40.5	37.3	34.6	5.4
平均值	53.5	46.4	45.8	13.7

表 7-1 总结的数据大多与这些预期一致。在所有已经考虑的居民区环境中，看到过负面事件的非居民申请人在 1999 年平均占 53.5%，2009 年平均占 46.4%——这 10 年中变化很小而且并不明显。相比之下，目睹负面事件的埃塞尔·劳伦斯家园居民平均比例从 1999 年（还未搬入住宅项目）的 45.8% 直线下降至 2009 年的 13.7%。因此，埃塞尔·劳伦斯家园居民的前后反差基本与埃塞尔·劳伦斯家园居民和非居民的对比反映的结果相同：埃塞尔·劳伦斯家园居民区暴力事件和社会失范下降了 32 个百分点。

此外，最大的差异一般体现在最暴力的事件中。例如，在项目居民中，看到帮派活动的比例在 1999~2009 从 39.4% 下降到 12.4%，看到身体暴力的比例从 54.5% 下降到 23.0%，听到枪击声的比例从 34.6% 下降到 5.4%。作为对比，非居民申请人的下降幅度很小而且不明显，看到帮派活动的比例从 44.7% 下降至 42.8%，看到身体暴力的比例从 56.4% 下降至 55.4%，听到枪击声的比例从 40.5% 下降至 37.3%。因为我们没有随机抽样，而是采用一个居民样本以及与之相匹配的使用目的抽样方法选取的一个非居民样本，严格来讲统计显著性检验在这里不太合适，但是实验组和控制组的对比在1%的水平是显著的。

如上文所讲，我们使用六分连续量表对受访者与负面居民区环境的接触进行了评估。因此，我们可以求和并建立一套接触暴力和失范的指数。但是，简单求和使每个时间权重相等，而受访者目击的负面事件在严重程度上有很大差异。看到身体暴力和听到枪击声明显比在街上看到无家可归的人或卖淫者严重、重要得多。因此，按照 Massey 等（2003）的说法，我们建立了一套加权失范量表，按照 Wolfgang-Sellin 犯罪严重程度指数（Wolfgang et al.，1985）中的分数，为每个负面事件进行加权，乘以 0 ~ 5 范围内的频率然后加和，这会得出一个反映不同犯罪发生频率和犯罪严重性的指数。得到的最终结果处于 0 ~ 209 这个范围内，而且可靠性很高（$\alpha =$ 0.962）。有关计算失范指数的具体细节，请参考附录 A6。

图 7 - 1 显示了 1999 年和 2009 年埃塞尔·劳伦斯家园居民和非居民接触暴力和失范的平均指数值。从图中可以看出，在两个时期，非居民使用严重性加权的暴力失范指数都比居民高，且两组都出现下降趋势。这很可能反映了在这 10 年中，社区暴力犯罪率普遍下降（请参考第五章）。当然，所有申请人都表达了改善自己居民区环境的渴望，即使那些没有进入埃塞尔·劳伦斯家园的人在这期间都可能成功搬到了好一些的地方。但是，那些在两个时间点之间搬入埃塞尔·劳伦斯家园的人与失范和暴力接触下降的幅度大得多：居民的平均加权指数值从 52.5 下降至 9.2，而非居民从 63.5 下降至 48.1。2009 年居民和非居民在分值上的区别非常明显（$p <$ 0.01），随着时间推移，两组的差异从 11 分扩大到 39 分。这一转变也具有统计显著性（$p < 0.01$）。

上述结果强烈表明，事实上埃塞尔·劳伦斯家园居民在搬入住宅项目后成功地大幅改善了自己的居民区环境。无论是将居民搬入住宅项目之前和之后的环境进行对比，还是比较 2009 年居民和非居民所处的环境，我们都能明确看出搬入埃塞尔·劳伦斯家园使得住宅项目居民接触社会失范和暴力的机会显著减少。这些定量结果通常与项目居民在访谈中的评论相一致。大多数受访者对埃塞尔·劳伦斯家园的描述都是"安静祥和"。

虽然从卡姆登到埃塞尔·劳伦斯家园只是一小段车程，但这条路将人从有高速公路穿过，由密集的联排住宅、废弃的大楼和垃圾满地的停车场

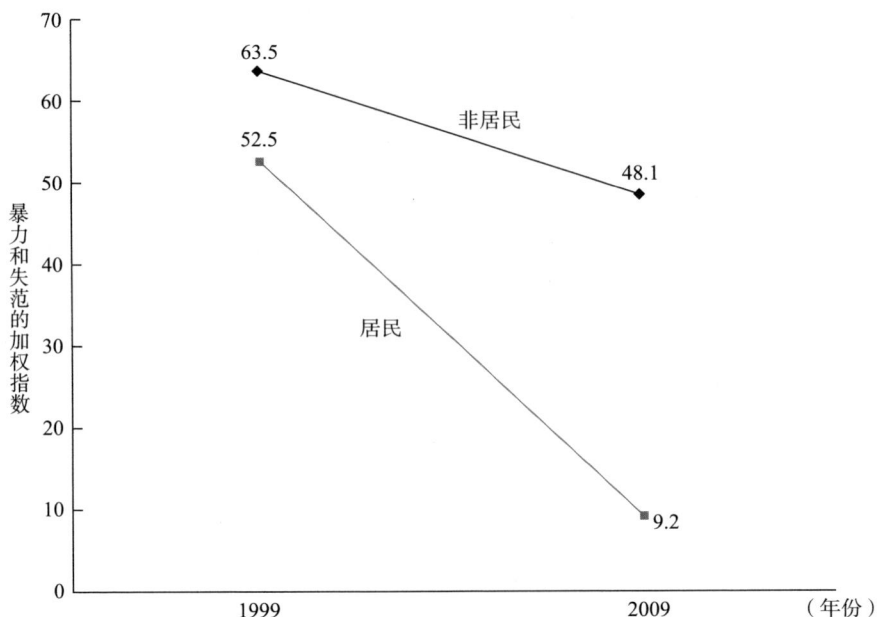

**图 7 - 1　1999 年和 2009 年埃塞尔·劳伦斯家园居民和非居民在
居民区中接触的暴力和失范**

组成的荒凉城市，沿着布满零售商业区、购物中心和酒店的公路带到了连绵不断的绿色山丘，森林和田野中还穿插着美观的住宅项目。许多居民经常把住宅项目和周边的地方叫作"这外面"，把他们原先居住的密集城市环境叫作"那里"，形成了鲜明对比。

我们问人们最喜欢埃塞尔·劳伦斯家园哪一点，他们普遍首先回答的就是可以接触到自然。一位女士说，在她搬到新公寓的一周中，她对外面多样的自然环境感到惊讶。她说自己以前从未看见过青蛙，在一只青蛙跳到她门前时，她还向母亲询问。居民们描述说看到过鹿、浣熊、兔子和松鼠，还说这些自然景象让人感到平静。埃塞尔·劳伦斯家园物业经理告诉我们，项目首次开放时，她接到的大多数电话都是那些看到住宅项目周边的动物感到担心、恐惧或者好奇的人打来的。

"这外面"的概念也暗示居民在埃塞尔·劳伦斯家园可以远离地方性的公共暴力恐惧。在本章开篇时我们提到，许多居民对过去居住环境的描述是经常出现犯罪和暴力。因此，居民使用"这外面"这种说法也表示他们处于安全的地方。正如一位住宅项目居民说：

我们喜欢这里，这里离卡姆登有一段距离。你知道，在这里你什么都不用担心。这里一切都很好。我喜欢这样生活，喜欢在安静祥和的环境里居住。一些人非常友善，一切都很安静祥和。因为我每隔一周都会去探望我的姨母，她在卡姆登居住，现在 88 岁了，姨夫 86 岁。我们会一起玩宾戈和其他游戏。我们在那里待上一天，消防车的声音、警笛声不断，我说我受不了这些了。

另一位女士告诉我们她如何不再担心房中无人，自己第一次能够放心地离开更长的时间去休养。一位居民这样描述：

我特别喜欢海边，每周末都要去海边。在住在卡姆登时，我没法在周末前往，因为人们会知道我不在家，我不想让他们破门而入。现在，我完全可以去海边放松，不用担心家里面发生什么事情。我原来这么做过。我从海边回来后，房子被别人闯入，物品被肆意破坏。这感觉很糟糕，因为你觉得自己离开是不是很傻。有谁想一直把自己关在房子里？我是罪犯吗？你会盯着窗外观察，确保一切正常。这没法生活了，太压抑了。所以像我刚说的，我喜欢现在这样，在"这外面"我可以呼吸。

为了能够更正式地评估住宅项目对居民的影响，我们估计了一系列多元回归模型以对 2009 年埃塞尔·劳伦斯家园居民和非居民的居民区环境进行对比。我们的分析方法主要是采用最小二乘法连续估计三个统计模型。首先，我们将加权接触指数回归到一个简单的表示住宅项目居民的虚拟变量（1 为居民，0 为非居民）。然后，我们重复分析过程并控制个人和家庭的特点（户主年龄、性别、女性家庭成员占比、种族、婚姻状况和教育情况）。正如第四章所讲，大多数横向比较的一个重要缺点是进入实验组（这里指住宅项目居民）具有选择性，使得他们未观察到的搬入动机无法控制，而且变为混淆变量。但是，在现在的案例中，实验组和对照组（非居民申请人）成员都将自己选为想要搬入富裕的白人郊区的一组成员，因此未测定的搬入动机带来的干扰保持恒定。

为了给先前存在的差异再加一层控制，在第二个模型中我们使用申请表中的数据以估计倾向值，此分数反映的是实际搬入住宅项目的可能性。如第四章所述，在申请表中编码的变量包括等待名单中的位置、期望的卧室数量、当前的居住状况、性别、年龄、感情状态、有无子女、收入、居民区种族结构、居民区产权比例、居民区闲置率、居民区租户占比以及所述申请埃塞尔·劳伦斯家园的原因。利用这些变量，我们估计了一个方程式来预测在埃塞尔·劳伦斯家园的居住，并用之产生每个人搬入埃塞尔·劳伦斯家园的预测概率（即倾向值）。我们在第二个方程式中会将此概率用作协变量，以便为这些变量和相关因素先前存在的差异再加一层控制。

最后，在第三个模型中，我们使用上述的倾向值来创建匹配的居民和非居民样本。我们专门根据倾向值，采用最近居民配对的方法（卡尺参数0.05），将样本中的 116 位居民同对应的一组具有相似倾向值的非居民进行匹配。我们选择了重置的匹配方法（根据 Dehejia and Wahba，2002），因为两组的倾向值分布存在差异，非居民在分数分布上端的案例较少。换句话说，每次匹配后，我们会将非居民放回案例库中，使其有可能参与下一轮匹配。这个方法产生了一个包含 51 位非居民的最终样本，加权的方法是116 位居民样本中每个人都有一个非唯一的匹配。居民样本的平均倾向值与非居民加权样本的分数均为 0.59。然后，我们重新估计了整个匹配样本的多变量模型，去掉了倾向值控制。

三个回归模型的系数和标准误在附录 A7 中列出，三个模型中与埃塞尔·劳伦斯家园居民相关的系数在图 7-2 中显示。所有系数都是负值，这表示住宅项目居民接触的社会失范和暴力有显著下降。左边的柱状图显示的是住宅项目居民的原始影响。与非居民相比，埃塞尔·劳伦斯家园居民接触的失范和暴力平均减少了 40 分，就 0~209 的指数范围来讲是个显著的影响。当加上对背景特点和倾向值的控制后，系数值稍微下降至 -37.5 分（如中间的柱形图所示）。但是，项目居住的影响仍然较强而且非常明显，数值的下降本身并不具有统计学意义。最后，居民区影响假设的最严格检验是使用倾向值配对后相等的案例，对居民和非居民进行多变量的对比，最终结果在右边的柱形图中显示。在这个模型设定中，项目居住的影响实际上稍微上升到了 -42.2 分。尽管上升不明显，但项目居住对于减少失范和暴力接触的影响依然很大而且在每个模型中都显著（$p < 0.01$）。简而言之，搬入埃塞尔·劳伦斯家园看起来减少了居民区失范和暴力的接触。

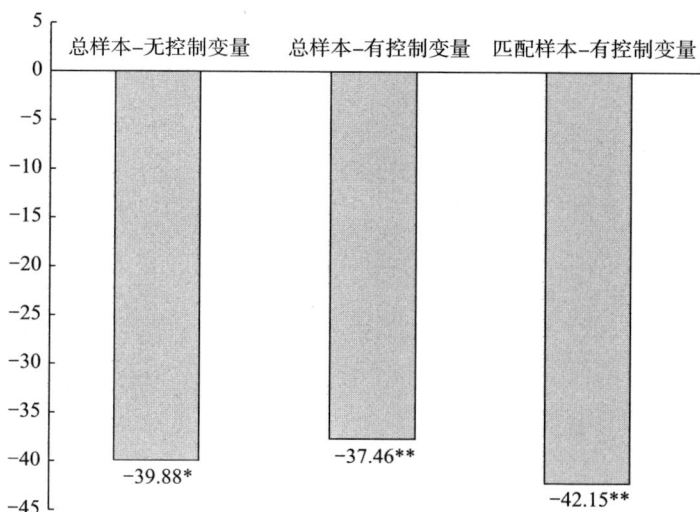

图 7-2　居住在埃塞尔·劳伦斯家园对居民区内失范和暴力接触的影响

$^*p < 0.05$；$^{**}p < 0.01$。

负面生活事件带来的压力

随着周边居民区接触失范和暴力的程度降低，我们自然而然地会认为埃塞尔·劳伦斯家园居民经历的负面生活事件会比对应的非居民少。坦率地说，如果住宅项目居民凭借在劳雷尔山居住所以接触的毒品交易、身体暴力和枪击有所减少，那么我们会认为他们也不会经常经历负面事件（例如抢劫、入室盗窃、受伤或死亡）。在对埃塞尔·劳伦斯家园居民和非居民申请人进行访谈时，我们问他们："在过去 12 个月中，你或和你一同居住的人遇到过以下哪些事件？"我们询问的事件在表 7-2 中列出，其包含了从疾病到死亡的各种情形。我们然后询问在相同的时间"发生在你的亲友身上"多少次。

表 7-2　埃塞尔·劳伦斯家园居民和非居民受访者家庭及其朋友和亲属
在过去一年经历的负面生活事件数量

负面生活事件	样本家庭的成员		样本的朋友和亲属	
	埃塞尔·劳伦斯家园非居民	埃塞尔·劳伦斯家园居民	埃塞尔·劳伦斯家园非居民	埃塞尔·劳伦斯家园居民
严重疾病	0.95	0.89	1.08	1.11
重伤	0.36	0.34	0.48	0.54

负面生活事件	样本家庭的成员		样本的朋友和亲属	
	埃塞尔·劳伦斯家园非居民	埃塞尔·劳伦斯家园居民	埃塞尔·劳伦斯家园非居民	埃塞尔·劳伦斯家园居民
死亡	0.37	0.26	1.40	1.20
意外怀孕	0.18	0.19	0.29	0.58
逮捕	0.20	0.10*	0.41	0.51
监禁	0.13	0.09*	0.34	0.35
被学校开除	0.21	0.10*	0.29	0.25
失业	0.61	0.35*	1.24	1.26
失去家庭	0.21	0.19	0.39	0.49
抢劫	0.14	0.10*	0.27	0.34
入室盗窃	0.38	0.19	0.37	0.39
负面事件总数	3.74	2.80 +	6.56	7.02

$p < 0.05$；$+ p < 0.10$。

　　如果搬到埃塞尔·劳伦斯家园能够保护人们免受居民区暴力和失范的威胁，那么和非居民相比，我们就会认为他们碰到负面生活事件的频率较小。但是，我们不会认为居民和非居民的亲友遇到负面生活经历的频率有差异。先验地，我们没有理由假设居民的社会网络比非居民的亲属朋友更有可能居住在较好的环境。换句话说，亲友社会网络在这里构成了居民和非居民对比的一种对照组。

　　表7-2系统地对比了住宅项目居民、非居民和他们各自亲友经历的负面生活事件频率。正如我们所预料的，埃塞尔·劳伦斯家园居民的负面生活事件频率普遍低于非居民：2009年住宅项目居民平均经历了2.8起负面生活事件，而非居民平均经历了3.7起。由于我们的样本是埃塞尔·劳伦斯家园居民和与之匹配的非居民，而不是两个随机样本，这次的统计检验严格意义上仍不太合适。但尽管如此，埃塞尔·劳伦斯家园居民和非居民的差异显著（在10%的水平）。其他显著的差异包括逮捕的频率（非居民有0.20起事件 vs 居民有0.10起事件）、监禁的频率（0.13 vs 0.09）、被学校开除的频率（0.21 vs 0.10）、失业的频率（0.61 vs 0.35）、抢劫的频率（0.14 vs 0.10）和入室盗窃的频率（0.38 vs 0.19）。尽管本身不明显，但死亡危险的差异相对较大（0.37 vs 0.26）。

在居民和非居民的亲友方面，我们没有发现两组存在明显差异。因为亲友总数通常被认为比家庭成员总数要多，亲友社会网络经历的负面事件的绝对数量要比家庭高很多（非居民是 6.6，居民是 7.0）。但是，这两个数字之间的差异并不显著。其实，如果有什么不同的话，就是埃塞尔·劳伦斯家园居民的亲友报告自己上一年经历的负面事件比非居民的亲友稍多一些。

因此，和非居民相比，搬到埃塞尔·劳伦斯家园看上去能够减少住宅项目居民经历的负面生活事件。但是，表 7 - 2 底部列出的负面生活事件总数还是对所有事件赋予同等权重，而一些事件（死亡、重伤、抢劫）很明显要比其他事件（严重疾病、失业、入室盗窃）严重且压力大得多。根据 Massey 和 Fischer（2006）及 Charles 等（2009）的研究，我们采用了 Holmes-Rahe 压力量表（Holmes and Rahe，1967；Holmes and Masuda，1974）来创建压力加权生活事件量表。如附录 A6 中专门讨论，我们将每个事件的频率以 0 ~ 4 编码，然后乘以事件关联的压力严重程度（来自 Holmes-Rahe 量表），最后将结果相加得到在 0 ~ 4790 范围内的生活压力加权指数且可靠性相当高（$\alpha = 0.874$）。

图 7 - 3 显示了居民与非居民家庭以及两组的亲友的压力加权负面生活事件指数。埃塞尔·劳伦斯家园居民和非居民经历的压力程度还是没有明显差异，而且如果有差异的话，住宅项目居民的亲友的压力指数（344.8）比非居民的亲友的压力指数（331.8）稍高。相反，住宅项目居民经历的生活事件压力指数（131.5）比非居民的指数（171.9）低了 24%，这在统计学上具有明显差异（$p < 0.10$）。

为了系统地检验住宅项目居民对接触负面生活事件的影响，我们重复了上个部分描述的三个方程分析方法，估算了以下三个模型：第一个模型使用一个表示是否居住于住宅项目的虚拟变量，不加入任何控制变量预测压力加权生活事件指数；第二个模型包含该虚拟变量和个人背景特征与倾向值；第三个模型包含该虚拟变量和使用倾向值匹配的居民与非居民样本的控制变量。因为压力加权生活事件指数的分布高度偏态，所以我们取了指数的自然对数，然后再估算回归模型。附录 A7 包含了全部方程，图 7 - 4 总结了表示住宅项目居住对接触负面生活事件影响的系数。

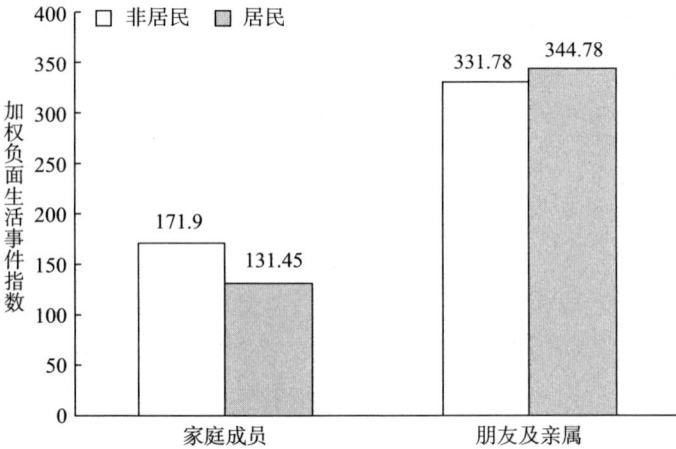

图7-3 埃塞尔·劳伦斯家园居民和非居民及其家庭成员在过去一年中接触的负面生活事件

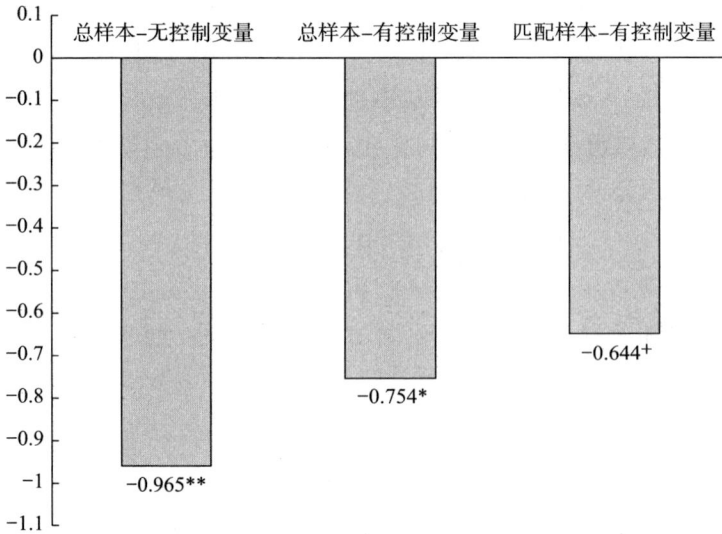

图7-4 在埃塞尔·劳伦斯家园居住对于接触负面生活事件的影响

$^{*}p < 0.05$; $^{**}p < 0.01$; $+p < 0.10$。

项目居住的影响在全部模型中都是负值而且统计显著。这表示，搬入住宅项目确实会让其中居民接触的负面生活事件有明显减少。在图7-4，我们将影响表示为正值，用来表示搬入埃塞尔·劳伦斯家园后接触压力生活事件的减少程度。考虑到因变量的对数转换，系数可理解为表示项目居住实现的负面生活事件的比例减少。在没有任何控制的情况下，估算的结果是-0.965，这表示搬入住宅项目与接触的负面生活事件97%的减少有关联。第二个模型中增加了控制，这将影响降低至75%的减少，通过倾向匹配数据估算的系数显示了64%的减少，全部都是显著的改善。

到目前为止，我们的假设一直都是项目居民接触负面生活事件的频率会下降，因为他们与危险和混乱的居民区环境接触减少。为了对此假设进行正式的检验，我们引入了失范和暴力严重性加权指数，以在匹配和非匹配分析中作为附加控制。如果改善的居民区环境确实可以解释项目居住的影响，那么我们会认为引入控制后，相关的系数将明显减小。

这个检验的全部等式在附录A7列出，为居民区失范和暴力增加控制的影响在图7-5汇总。从图中可以看出，我们的假设已被证实。在不匹配的、控制了背景特点和倾向值的模型中，加入失范-暴力指数会使系数减小至不显著；而在匹配的样本中，加入指数基本上就使系数减小至0。住宅项目居民经历的负面生活事件频率的减少不仅仅是因为他们搬入埃塞尔·劳伦斯家园，也是因为他们在埃塞尔·劳伦斯家园接触的居民区暴力和社会失范比没有埃塞尔·劳伦斯家园的居民区要少。

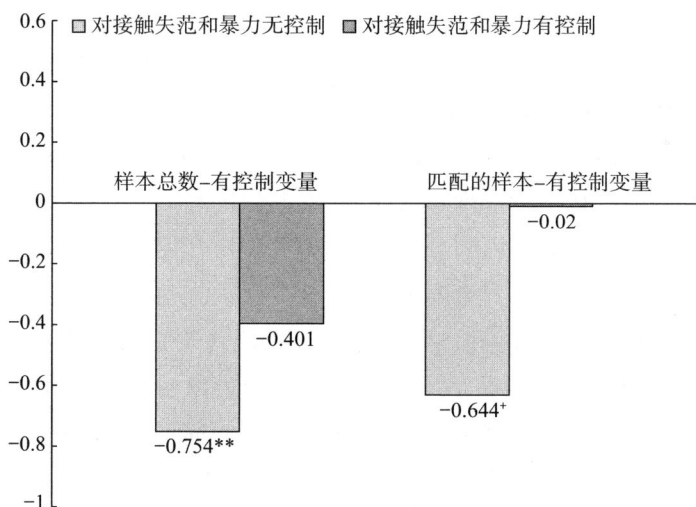

图7-5 在对失范和暴力的接触进行控制之前和之后，在埃塞尔·劳伦斯家园居住对负面生活事件发生频率的影响

$^{**}\,p < 0.01$；$+\,p < 0.10$。

社会支持

与MTO、高特罗和Hope Ⅵ相关的示范项目数据也记录了居民区环境明显改善要归因于各自的房屋流动干预，但是这些研究也揭示了项目参与者在满足日常需求、获取基本服务和社会支持方面付出的代价（Ludwig et al.，2008；Clampet-Lundquist，2004a，2004b，2007，2010）。尽管公共住房其实是被隔离的贫困集聚孤地，但大多数居住者都是在这里长大，而且许多是世世代代都在这里长大。结果，这些人嵌入广泛的亲属、朋友和熟人网络。这个网络为他们提供了重要的社会缓冲器，帮他们抵挡社会经济阶层底部的生活起伏（请参阅 Stack，1974；Lomnitz，1977；Edin and Lein，1997），形成社会科学家所说的社会资本（Putnam，2000；Small，2004）。住宅项目也往往集中建在公共交通站点和社区服务中心附近。尽管这些地方比较危险而且缺少许多资源，但是至少它们构成了具有已知风险的熟悉的领域（Suttles，1968）。

搬到新的居民区必然会干扰社交网络，将人们与熟悉的服务提供地点分开，使其置于未知且不熟悉的社会地理中。所以，尽管居民区条件有所改善，但是迁移对个人福祉最直接的影响很可能是负面的，因为人们的支持性社会纽带会被切断，会被熟悉的居民区环境疏远（Clampet – Lundquist，2004a，2007；Murphy and Wallace，2010）。他们重新建立新的社交网络、构建心理地图、与服务机构和提供商建立新的联系自然需要一段时间，而新住处的益处逐渐才能充分表现出来（Clampet – Lundquist，2004b，2010）。

以一次性分发住房券来推动流动（例如高特罗、MTO 和 Hope Ⅵ）为基础的调研设计受到阻碍，因为处理方法（即搬到有优势的居民区）带来的潜在有益效果还连带着各种各样的负面影响（如支持网络破碎、心理地图被扰乱、地方性知识缺失等）。结果，在后续评估人们的福祉时，负面影响占主导，预期的益处可能无法实现。而且，如果项目参与者大多都在同一时间迁移，那么每个人在优势居民区都会花费相同的时间，这使得与居民区的接触没有什么差异，难以厘清对比的效果。

但在当前的研究中，租户错开时间以"先到先得"的顺序搬入埃塞尔·劳伦斯家园，他们主要分为两波，第一波是 2000 年住宅项目开放之后，另一波是 2004 年住宅项目扩建之后。另外，随着时间的推移，家庭搬入后还会搬离，这产生了项目的新居民，以及居民区经历被缩短的一些项目前居民。住宅项目设计的这些特点产生了居住于优势郊区居民区的有益影响，也产生了搬家导致的干扰效应至今的多个不同时间点。在本部分，我们利用这些差异来分析在搬入埃塞尔·劳伦斯家园后，住宅项目居民因社会支持系统被打破而面临的潜在代价。

为了评估居住流动对家庭和非家庭成员提供的社会支持带来的潜在负面影响，我们请埃塞尔·劳伦斯家园居民和非居民报出自己在搬家前和搬家后与选定类别的亲属和非亲属互动的频率。我们特意让受访者回想 1999 年自己住在哪里，以及当时他们与祖父母、父母、兄弟姐妹、其他家庭成员、邻居和朋友们互动的频率。他们可以选择的答案是"从不"、"很少"、"有时"、"经常"、"频繁"和"每天"。我们后来又重复了问题，但询问的是在"过去 12 个月内"与上述这些人互动的频率。

表 7-3 总结了调查结果，列出埃塞尔·劳伦斯家园居民和非居民自称在 1999 年和 2009 年经常、频繁或每天与各种社会角色互动的比例。表7-3 的最后一行呈现的是一个指数，通过分配从 0（从不）到 5（每天）的频率等级数值再算出各项的平均数，这得出了一个相对可靠的社会互动指数（$\alpha = 0.709$）。指数构建的细节也在附录 A6 列出。表格提供了测量搬入埃塞尔·劳伦斯家园后对社会支持的潜在干扰效应的两种机会。首先，我们可以比较住宅项目居民报告的 1999 年和 2009 年在搬家之前和之后的社会互动频率；然后，我们可以比较 2009 年居民和非居民之间的社会互动频率。

表 7-3　自称经常与所选社会角色互动的受访者比例

单位：%

互动对象	埃塞尔·劳伦斯家园非居民		埃塞尔·劳伦斯家园居民	
	1999 年	2009 年	1999 年	2009 年
家庭成员				
祖父母	56.0	58.9	53.3	51.3
母亲	92.1	81.7	76.7	81.9
父亲	61.3	56.9	67.2	61.5
兄弟姐妹	83.2	72.6	77.3	75.3
其他家庭成员	53.7	61.0	61.5	64.5
非家庭成员				
邻居	52.8	35.1	43.2	47.9
朋友	78.2	64.3	81.9	72.6
总互动等级（0~5）	3.22	3.00	3.12	3.06

没有对比表明因埃塞尔·劳伦斯家园居民搬入住宅项目引起的社会混乱使得埃塞尔·劳伦斯家园居民付出很大代价。考虑到社会互动指数，我们可以看出，随着时间的推移，居民和非居民社会互动指数经历了轻微但不明显的下滑：非居民的指数从 2.27 下降至 1.97；居民的指数从 2.20 下降到 2.03。尽管 1999 年和 2009 年居民和非居民的社会互动水平都没有区别，但当分开验证家庭和非家庭互动时，我们就发现了一些差异。家庭方面，无论考虑的是祖父母、母亲、父亲或其他家庭成员，我们看到不同时间和不同人群之间的互动频率没有什么差异。但是，在与邻居的互动上，我们看到非居民的互动频率急剧下降（1999 年有 53% 的人说他们经常、频繁或者每天都有互动，而 2009 年仅有 35%），而居民与邻居互动的频率其实稍有上升（从 1999 年的 43% 上升至 2009 年的 48%）。类似的，与朋友的互动在两组中都出现下滑，但是居民（从 1999 年的 82% 下降到 2009 年的 73%）的互动频率下降幅度要比非居民（从 78% 下降到 64%）小得多（见表 7-3）。

总的来说，随着时间的推移，两组的家庭互动保持稳定，然而非家庭互动出现了明显的区别。为了验证这个可能性，我们将社会互动指数分成两部分：与亲属互动和与非亲属互动（请参见附录 A6）。图 7-6 比较了1999 年和 2009 年埃塞尔·劳伦斯家园居民和非居民的家庭与非家庭的社会互动指数。从图 7-6 可以清楚地看出，1999 年两组的家庭互动频率非常接近，到了 2009 年趋于一致——这主要是因为非居民的家庭互动频率出现了轻微下降。相比之下，1999 年两组的非家庭互动频率相同，到了 2009 年出现了差距，因为埃塞尔·劳伦斯家园居民比非居民表现出更高的与非家庭成员互动的频率。

为针对在住宅项目居住对非家庭社会互动的影响进行统计检验，我们再一次估算了三个统计模型（参见附录 A7），结果请见图 7-7。左边的柱形图显示，在住宅项目居住对非家庭互动的原始、未受控制的影响为正值但不显著，其系数为 0.155。为背景信息变量和倾向值增加控制变量会使系数稍微上升至 0.222，而影响依旧不显著。但是，在利用倾向匹配数据将埃塞尔·劳伦斯家园居民和非居民进行对比时，我们发现一个很强而且显著的影响，其系数为 0.532（$p < 0.01$）。这表示埃塞尔·劳伦斯家园确实能够为居民提供一个比以前更有助于朋友和邻居进行社会互动的环境。

一些分析未在此处写出。我们分析时在最后一个模型中增加了社会失

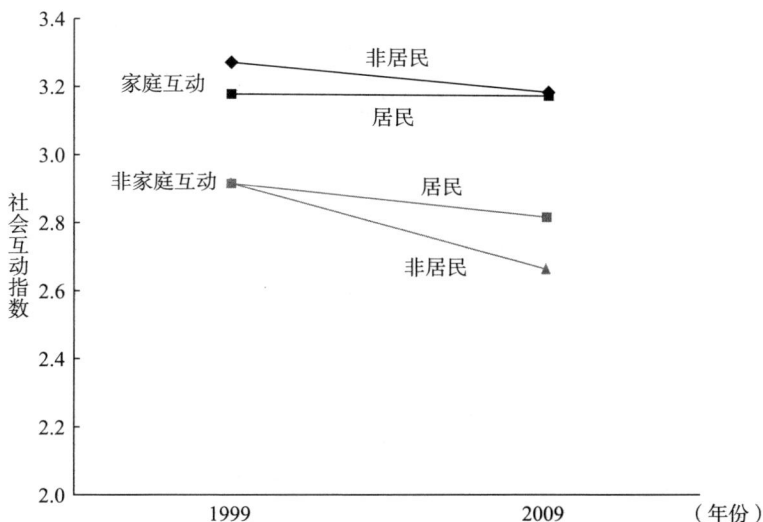

图 7 - 6 埃塞尔·劳伦斯家园居民和非居民报告的 1999 年和 2009 年家庭互动与非家庭互动

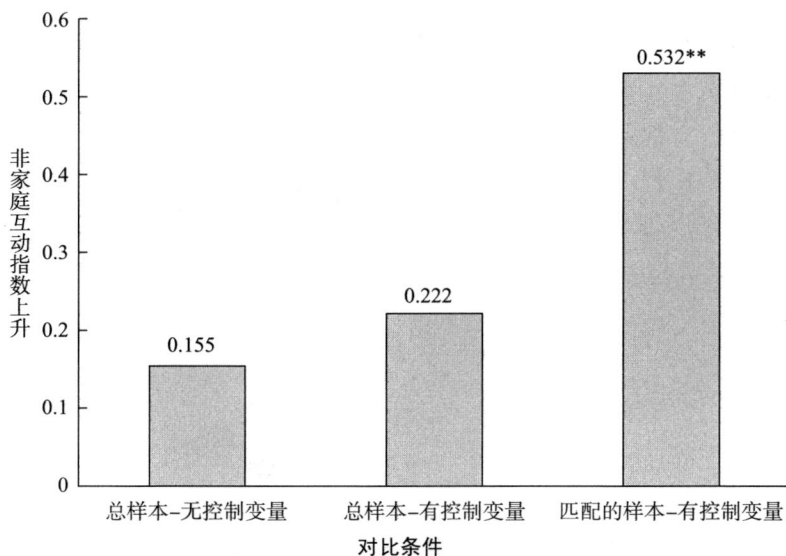

图 7 - 7 在埃塞尔·劳伦斯家园居住对非家庭互动频率的影响

$^{**}\,p < 0.01$。

范和暴力的指标,但此指标对与项目居住相关的系数的减小没有影响。因此,埃塞尔·劳伦斯家园普遍较低的暴力和社会失范和与非家庭成员互动更多的明显影响之间没有关联,而是通过住宅项目的其他条件才实现的——最有可能的就是住宅项目管理者为了通过建筑设计（联建住房围绕环形街和绿地而建）和社会组织（定期开展正式会议、发起居民区监督并提供诸如现场儿童保育等服务）构建内部凝聚力而付出的努力。

满足日常需求

上述结果基本未能证明住宅项目居民为改善居民区环境而在社会支持上付出了代价，而且有一些证据表明其实非亲属（如朋友和邻居）之间的人际关系与社会资本形成有所提升。但是，搬家的另一个潜在代价就是打乱日常生活。在任何住宅区居住的人不论居住多久都会知道如何最有效地满足日常生活需要，并逐渐找到最快的工作方式、最佳购物地点、最近的服务网点（如医疗护理、按处方配药、儿童保育和教育）。

我们力图通过两种方式对埃塞尔·劳伦斯家园居民和非居民满足日常需求的效能进行评估。首先，我们先询问埃塞尔·劳伦斯家园居民和非居民在 1999 年和 2009 年前往杂货店、药店、工作地点、学校、日托中心和医生诊所的难易程度。然后，我们再让他们估计到达每个地点所用的时间。后者以分钟衡量，前者根据难度设置五分制的答案：非常容易、较容易、一般、较难、非常难。

我们将最终答案在表 7-4 汇总。此表上半部分列出了认为获得各种服务较难或非常难的受访者所占的比例，下半部分列出的是获取相同服务所需要的时间。上半部分信息汇总的方法是将 0（非常容易）到 4（非常难）范围内的数值指定给回答变量的类别，取所列六项服务的平均值，最后得到一个非常可靠的指标（$\alpha = 0.893$）。此计算的详细过程在附录 A6 有描述。表下半部分列出了 1999 年和 2009 年获得相同服务的路上所花的时间，底部是平均花费的时间。

表 7-4　住宅项目居民和非居民报告的获取日常资源的难度

资源	埃塞尔·劳伦斯家园非居民		埃塞尔·劳伦斯家园居民	
	1999 年	2009 年	1999 年	2009 年
认为获取困难的比例（%）：				
杂货店	9.0	16.1	9.7	5.3
药店	7.3	9.0	6.3	8.0

续表

资源	埃塞尔·劳伦斯家园非居民		埃塞尔·劳伦斯家园居民	
	1999 年	2009 年	1999 年	2009 年
工作地点	11.6	10.2	14.5	8.8
孩子的学校	3.5	14.1	8.0	4.7
儿童保育	13.2	7.1	11.4	0.0
医生	7.2	16.4	10.8	11.7
生活难度等级（0~4）	0.69	0.69	0.54	0.54
前往以下各处花费的平均时间（分钟）：				
杂货店	11.8	11.1	11.5	7.2
药店	10.7	8.6	10.4	10.2
工作地点	24.6	23.0	23.7	21.6
孩子的学校	11.8	12.6	10.5	9.0
儿童保育	17.5	17.2	13.2	12.9
医生	16.0	16.6	17.4	20.2
平均时间（分钟）	15.1	13.9	14.9	13.5

　　表 7-4 的数据再一次表明，埃塞尔·劳伦斯家园居民搬入住宅项目后没付出什么代价。对于住宅项目居民而言，1999 年搬入住宅项目之前获取服务的平均难度为 0.54；2009 年搬入住宅项目之后的平均难度仍为 0.54。对于非居民而言，对应的数字在两个时间也同样相等，均为 0.69。无论是在 1999 年还是 2009 年，埃塞尔·劳伦斯家园居民和非居民之间的差异都不显著。对于居民而言，认为获取困难的比例表明获取问卷中服务的难度基本没有变化，只有儿童保育是例外——儿童保育的比例从 11% 降至 0，这反映出埃塞尔·劳伦斯家园中开设了儿童保育中心。前往各处的行程时间反映的情况基本相同：在 1999 年和 2009 年居民和非居民之间基本未发生变化，而且无论是在哪年，居民和非居民之间都不存在差异。类似的，当我们进行三个方程式分析时，我们也未在任何一个模型中发现居民和非居民有明显差异。

　　我们只在交通方面发现居民和非居民有明显差异。表 7-5 总结了我们收集的有关埃塞尔·劳伦斯家园居民和非居民交通的数据。在 0~4 范围内的公共交通便利程度中（数字越高表示越便利），非居民的平均值为 2.8，而居民仅为 1.3。类似地，68% 的埃塞尔·劳伦斯家园居民认为公共交通很差或非常差，而只有 22% 的非居民这样认为。为了解决公共交通薄弱的问题，住宅项目居民与郊区其他人一样改为使用汽车。87% 的住宅居民说自己拥有机动车，而在非居民中这个数字为 69%。

表 7－5　2009 年埃塞尔·劳伦斯家园居民和非居民的交通情况

交通指标	埃塞尔·劳伦斯家园非居民	埃塞尔·劳伦斯家园居民
现在拥有机动车（%）	68.8	86.7
使用公共交通（%）	29.7	1.8
认为公共交通服务较差（%）	21.6	68.1
使用公共交通的便利度（0~4）	2.8	1.3

尽管有车为出行提供了更大的便利，但也带来了更多的开销与责任。住宅项目居民和非居民都赞同的一点，是当地公共交通有待改善。在一次访谈中，一位埃塞尔·劳伦斯家园居民告诉我们："青少年有能力找份工作，我们就假设你在工作，但没法按时上班。如果有公交车站的话，我就能用车票或花钱，不管现在使用什么方法，坐车去 38 号（公路）或其他要去的地方。他们能换趟车去工作，但是他们找到第一份工作或者在'这外面'找份工作很难，因为没有交通工具。"

不断改善

不论怎么分析本章中整理的数据，我们都会得到相同的结论：搬入埃塞尔·劳伦斯家园会明显提升住宅项目居民的居民区环境，大幅降低他们在居民区中与社会失范和暴力的接触，而且最终让他们经历的负面生活事件数量大幅减少。不论是将居民搬入住宅项目前后的经历进行对比，还是将住宅项目居民和非居民在调查那一年的经历进行对比，这些结论都会成立。后面的结果在我们控制背景特点和搬入倾向时，以及在倾向值匹配后从统计学角度对居民和非居民进行比较时仍然成立。

研究也表明，居民区和个人环境的改善并不是以放弃社会支持、日常生活便捷性或获取所需服务为代价的。在住宅项目居民中，搬家后与家庭成员进行社会互动的频率和搬家之前基本相同，而且不论在什么时间，我们都未发现居民和非居民在与家庭成员互动频率上有任何差异。另外，在与非亲属（例如朋友和邻居）互动方面，我们发现一些证据能够证明互动频率其实有所上升，最终使得居民和非居民在调查时表现出了明显的差异。

类似的，在日常生活的难易程度和获取所需服务的时间上，随着时间的推移，我们既未发现任何变化，也未发现居民和非居民有任何不同。我们的调研结果与 Bush-Baskette、Robinson 和 Simmons（2011）的调研结果相一致。他们对搬入保障性住房委员会认证的住房单元的家庭进行研究，绝大多数人反映使用服务和便利设施便捷程度和搬家之前相差无几或有所提升。就埃塞尔·劳伦斯家园居民而言，明显的例外是公共交通。但在当前的例子中，因公共交通不方便所导致的社会隔离和远离服务的潜在问题之所以能够被克服，是因为住宅项目居民普遍都拥有机动车。相比而言，非居民更加依赖于公共交通系统。

尽管住宅项目居民对埃塞尔·劳伦斯家园的反应都非常正面，但访谈确实揭示了一些紧张情绪的根源。住宅项目位于乡村地区的一个缺点是它相对孤立。虽然成年人可以开车跨过距离的障碍获得所需的服务和便利设施，但社会孤立的压力更多是落在了青少年身上，因为他们还不能开车，也没有开车的条件。正如第五章中一位居民说的："我们在一个封闭的住宅项目中，这周边什么也没有……在劳雷尔山完全没有事情做。至少没有（孩子）能走着去做的。"

另外一个紧张情绪的根源是在白人占主导的郊区环境中，大多数租户都是少数族裔。少数受访者反映经历过公开的偏见或歧视。更多的时候，这是一种细微的不适，项目居民感觉不自在并且被镇上的非项目白人居民用怀疑的眼光盯着看，因为他们不习惯与黑人和西班牙裔进行日常接触。一个女士告诉我们当她刚从附近的黑人区威林伯勒搬到劳雷尔山时的感受：

> 刚从威林伯勒搬到劳雷尔山时，我第一次去杂货店，里面只有几个黑人。我觉得很不自在，我不能说是别人对我做了什么，我觉得我知道他们在想什么。在这里黑人不容易，相信我，真的不容易。不论你去哪里，你都不会有这样的感受，你不知道是什么感觉。不管你走到哪儿，都觉得人们讨厌你，而你什么都没有做。你走入一间屋子，就因为你是黑人，所以感到害怕。如果你敏感的话就是这样。如果我和你一起走进一家餐厅，樱桃山随便一家餐厅，我都觉得人们讨厌我。

你怎么会喜欢过这样的日子？

另一位年轻的非裔女士对自己不适感觉的描述是，她经常要装样子给别人看，承担着撑起种族尊严的压力：

> 在劳雷尔山，我不能这样走进商店（她指着休闲装说）。但如果在威林伯勒，我可以穿上鞋随便套个夹克就去购物了，一点都不用担心。在"这外面"，人们更关注你。如果我这样就出去，那他们就更会盯着我看了。但是，如果我打扮好后再去杂货店购物，他们就不会盯着我看。

尽管人们感觉商场和公共场所常有带有偏见的评判和评价，但一些居民能够将公众接触与促成正面结果、加强种族间的感情联系在一起，就像一位居民告诉我们的：

> 我知道自己还有一个朋友在这个街区居住，有几次我们去杂货店时看到一位年迈的白人正在够货架上的东西，因为他够不着，所以我们就问他是否需要帮助。他头也没有转，就说："我不知道黑人会这样。"你明白我的意思吗？人们确实会有一些刻板印象。我觉得我们在这里能够打破一些人的刻板印象，因为他们不是坏人，所以我认为从某些方面来说我们有所帮助。

尽管种族和阶层划分引发了不可避免的问题，使得埃塞尔·劳伦斯家园居民从劳雷尔山居民区被隔离出来，而且尽管人们对住宅项目的选址和管理操作有一些批评，但是对于所有居民来说优点还是大于缺点，他们更愿意以忍受让人不快的潜在种族和阶层情绪为代价，在安全居民区的高质量住宅中居住。虽然这些居民区处于田园中，但是人们能够获得满足日常需求的资源，而且也能与亲朋好友进行社会互动。我们在第八章将要研究居民能否将埃塞尔·劳伦斯家园的安全环境当作一个平台，并利用此平台获得更大的成功，即在安全、没有威胁的环境中居住能否为居民提供跳板，让他们在社会经济阶梯上向上攀爬。

第八章

租户转型

——从地域流动到社会流动

和以前的研究相似，至此我们已经论述了低收入家庭参加房屋流动项目后居民区环境得到显著改善。尤其是搬入新泽西州劳雷尔山的埃塞尔·劳伦斯家园后，整个地区的中低收入家庭都能够将位于极端贫困、少数族裔为主的城市居民区的劣质住房换成位于富裕的白人郊区、设施完善的联建住房。这样，他们显著减少了自己与社会失范和暴力的接触，而且降低了经历负面生活事件的频率。这些好处并没有以与家庭成员的社会互动或获取基本服务为代价。另一项好处是，有证据表明搬家甚至可以增加居民与邻居的互动。

至此，一个明显的问题是这些改善的居民区环境是否能够影响项目居民更广阔的生活轨迹，为他们提供脱贫之路以及帮他们实现经济独立的方法。在经济独立的问题上，之前的研究成果显然比较混杂。正如之前提到的，对高特罗示范项目的研究普遍发现搬到贫困度低的郊区居民区能够提升心理健康、经济独立程度，巩固儿童教育成果。对比而言，尽管对 MTO 示范项目的评估确实发现搬到贫困度低的居民区能够改善心理健康状况，但是 MTO 调查人员并未发现对成年人经济独立或儿童教育成果的强烈、显著或积极的作用。

学者很难在这些矛盾的研究结果之间做出评判，因为两项研究都存在方法问题，增加了对结果解读的复杂性（比较 Clampet-Lundquist and Massey，2008；Ludwig et al.，2008；Sampson，2008）。例如，高特罗示范项目没有随机将研究对象分配到郊区和城市居民区，因此会被认为有选择性偏差。尽管 MTO 示范项目开始时确实是随机分配，但是其遇到了设计和实施问题，这些问题很可能将其他选择性的来源引入了研究——例如很大一部分搬家的人去了另一个隔离的少数族裔地区，而不是白人郊区；许多搬入好一些的居民区的人很快又回到了高度贫困的居民区（Clampet - Lundquist and Massey，2008）。

尽管监督劳雷尔山研究没有排除因选择性偏差导致的对内部有效性的威胁，但它确实控制了人们进入富裕白人郊区更好住房的自我选择。另外，至少在申请表中包含的一些因素和与之相关的无法测量的特点上，倾向值匹配为选择性再添一层控制。虽然我们排除潜在混淆变量的能力并非完美，但劳雷尔山研究设计的优势和劣势与之前的研究互补，因此为研究居住流动对人们生活的影响提供了新的视角。

在先前的研究中，我们开始时都会先考虑住宅项目居民和非居民的健康状况，因为如果健康没有保证，我们就很难在生活的其他方面有所成就。虽然我们未发现埃塞尔·劳伦斯家园居民和非居民的身体健康状况存在差异，但是我们发现搬入住宅项目后居民的心理健康状况略有改善，这在很大程度上要归因于在居民区中接触的失范和暴力有所减少，经历负面生活事件的频率有所下降。我们还发现埃塞尔·劳伦斯家园居民的经济独立性要高于非居民，他们就业率和收入都相对较高，对社会福利的依赖相对较低，通过工作获得的收入占比较大。对埃塞尔·劳伦斯家园居民的孩子，我们的研究发现他们在搬入住宅项目后，更易获得安静的学习空间，学习上获得家长更多的支持，在学习上花的时间更多了。在埃塞尔·劳伦斯家园居住也让儿童更有机会进入优质学校，较少接触学校失范和暴力。尽管在埃塞尔·劳伦斯家园居住对儿童成绩有积极的影响，但这种影响比较小而且不具有统计显著性。总的来说，埃塞尔·劳伦斯家园居民中成年人及其子女在社会和经济上的状况都比他们留在以前的居民区要好一些。

心理健康问题

在社会调查中进行医疗检查比较困难、让人困扰，也很昂贵。但是，对于大多数人而言，简单地向受访者询问他们的健康状况是极佳、很好、好、一般或不太好，就能够对人们的整体健康状况做出有效且可靠的评估（Lundberg and Manderbacka，1996；Idler and Benyamini，1997；Haddock et al.，2006）。图8-1总结了美国一般人群中白人、黑人和西班牙裔对此问题的回答（Wolf et al.，2008），还有监督劳雷尔山研究、参与访谈的埃塞尔·劳伦斯家园居民和非居民的回答。在一般人群中，大约59%的白人、44%的黑人和34%的西班牙裔认为自己的健康状况很好或极佳，而13%的白人、21%的黑人和31%的西班牙裔认为自己的健康状况一般或不太好。但是，在我们对埃塞尔·劳伦斯家园居民的调查中，只有36%的人认为自己的健康状况很好或极佳，与之对比的是有39%的非居民这样认为。认为自己健康状况一般或不太好的居民和非居民分别为41%和32%。因此，埃塞尔·劳伦斯家园居民和非居民的身体健康状况通常比一般人群中的白人要差很多，比黑人和西班牙裔稍差一些。但是，我们未发现埃塞尔·劳伦斯家园居民和非居民的身体健康状况有明显差异。换言之，在调查时两组的成员都属于处于劣势、少数族裔占主导、健康受损的人群。

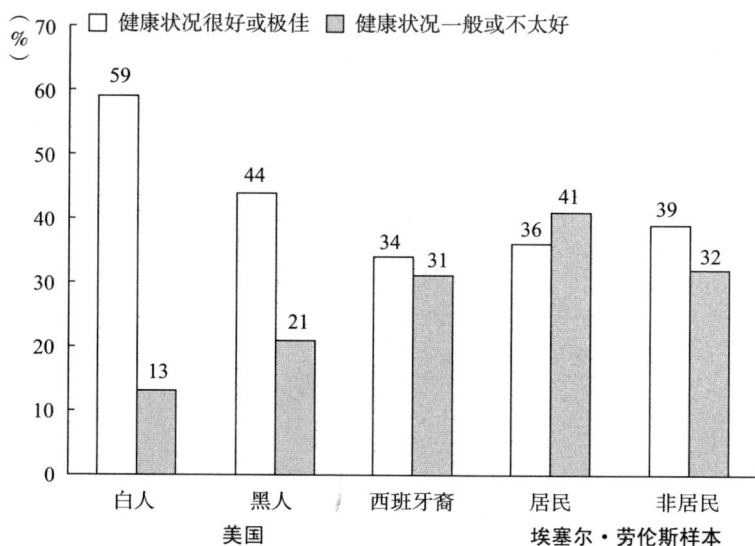

图 8-1　美国和埃塞尔·劳伦斯家园居民与非居民自己报告的健康状况

这一发现基本是重复了 MTO 示范项目前几轮的研究结果（Ludwig et al.，2008），尽管最近的分析表明搬到贫困度低的居民区会适度降低项目参与者肥胖和患糖尿病的比率（Ludwig et al.，2011），但是，MTO 和高特罗示范项目发现参与住宅项目对心理健康的影响比对身体健康的影响更清楚、更一致。为了对心理健康进行评估，我们在调查中让受访者估测自己出现各种焦虑和精神痛苦症状（如无法入睡、无法放松、经常哭泣、恐惧、无故疲惫和醒来后疲惫）的频率，并让每个人用"从不"、"几次"、"每周一次"、"几乎每天"和"每天"这几个答案类别中的一个对过去 12 个月内经历这些具体症状的频率进行评估。

　　在表 8 - 1 中，我们列出了至少每周都经历一次上述症状的埃塞尔·劳伦斯家园居民和非居民的百分比，并在表底部通过计算精神痛苦指数将数据汇总。精神痛苦指数是将 0（从不）到 4（每天）的数值分配到答案类别上（$\alpha = 0.764$，请参阅附录 A6），然后取六种症状频率等级的平均值。如早期对于居住流动的研究发现，精神痛苦指数表明，与未参与者相比，项目参与者的心理健康状况通常都有所改善。未参与者的平均精神痛苦指数为 1.15，表明症状出现的平均频率介于"几次"和"每周一次"之间（更趋向于前者）；与之相比，埃塞尔·劳伦斯家园居民的平均精神痛苦指数为 0.88，表明回答介于"从不"和"几次"之间——尽管这个差异较小，但是仍具有统计显著性（$p < 0.05$）。当分别考虑六种症状时，不论在什么情况下，居民的压力频率都比非居民小，而且在"无法入睡"、"恐惧"和"醒来时疲惫"三个症状上，差异统计显著。

表 8 - 1　埃塞尔·劳伦斯家园居民和非居民每周至少出现一次
焦虑与心理健康状况不佳症状

症状	报告每周至少出现一次症状的百分比（%）	
	非居民	居民
无法入睡	40.2	27.0 *
难以放松	33.0	24.3
经常哭泣	11.3	8.8
恐惧	28.7	5.2 **
无故疲惫	25.9	19.0
醒来时疲惫	38.8	28.1 +
精神痛苦指数	1.15	0.88 *

　　** $p < 0.01$；* $p < 0.05$；+ $p < 0.10$。

　　为了能够更系统地测评搬到埃塞尔·劳伦斯家园是否可以改善住宅项目居民的心理健康状况，我们采用了第七章的方法，并估算了三个回归模型。第一个模型是将居民和非居民样本集中到一起，建立自变量为是否居住于埃塞尔·劳伦斯家园的二分变量、因变量为精神痛苦指数的回归模型；第二个模型使用相同的数据集，但还包含了对个人特点和个人倾向值的控制；最后一个模型使用倾向值配对的居民与非居民样本并控制个人层次的变量估算的方程。附录 A7 包含了估算的方程，从模型中得出的在埃塞尔·劳伦斯家园居住的影响在图 8－2 汇总。

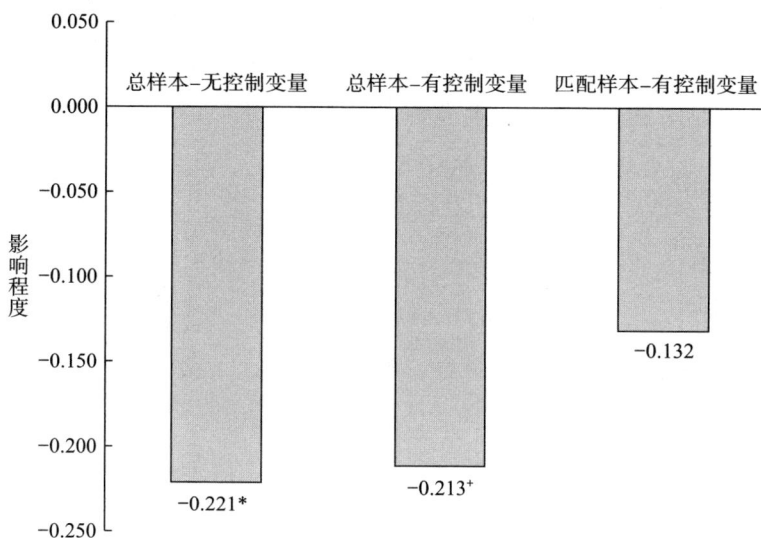

图 8－2　在埃塞尔·劳伦斯家园居住对精神痛苦的影响程度

$^*p < 0.05$；$+ p < 0.10$。

在没有控制变量的情况下，估算所得的在埃塞尔·劳伦斯家园居住对心理健康的影响将精神痛苦降低大约 － 0.22 点，这个显著的下降系数大约等于压力指数标准差的 1/4。控制了个人特点和倾向值并不能明显改变估计影响的程度，但在对使用匹配的居民和非居民进行估计时，系数降至 － 0.13，而且不再统计显著（见图 8－2）。尽管有所下降，但系数大小的改变本身并不统计显著，而且净效果仍停留在预期的方向。

总而言之，事实表明搬入埃塞尔·劳伦斯家园会稍微改善住宅项目居民的心理健康状况，尽管在任何情况下这种改善都比较小。检验此结论的另一种方法是在"非居民经历的更严重的精神痛苦反映他们与负面居民区环境的接触增多"这一理论下，对接触失范、暴力和负面生活事件加以控制。如果这是正确的，那么这一个或两个控制变量在回归方程中都应当是显著的，带有正号，而在埃塞尔·劳伦斯家园居住的影响应减少或完全消失。

如图8-3所示，这恰恰就是增加额外控制之后出现的情况。在与居民区失范和负面生活事件接触的影响保持不变后，在埃塞尔·劳伦斯家园居住的估计效应在非匹配和匹配比较中不仅都下降至统计不显著，而且系数还从负值变为正值。在完整方程中（请参阅附录A7），失范-暴力量表和负面生活事件指数都被证明为正值，而且它们在预测心理健康状况时都高度显著。结果表明，搬入埃塞尔·劳伦斯家园可以减少居民与失范和暴力的接触，从而降低负面生活事件发生率。在这两个改观的共同作用下，埃塞尔·劳伦斯家园居民经历的精神痛苦要比非居民少。

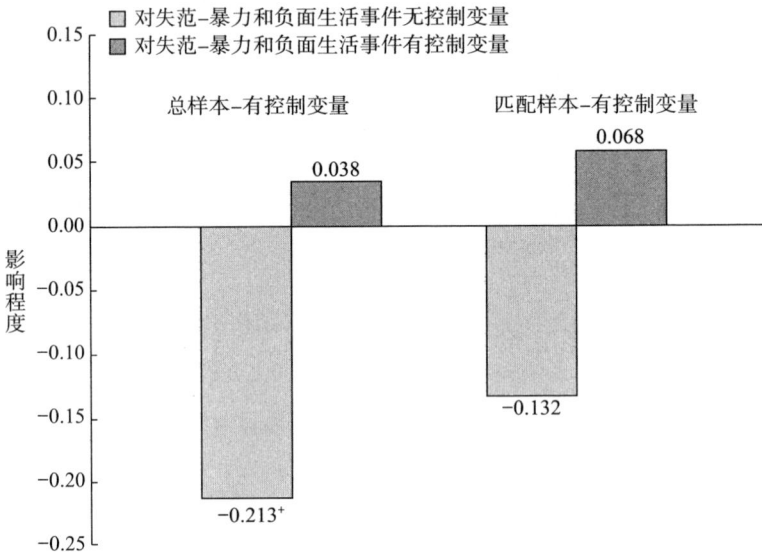

图8-3　控制了失范和暴力接触以及负面生活事件的经历，在埃塞尔·劳伦斯家园居住对精神痛苦的影响

$+p < 0.10$。

考虑到埃塞尔·劳伦斯家园居民在我们对其的个人访谈中所说的内容，这个统计结论是正确的。比如，一位女士告诉我们：

> 我发现对我个人而言，住在城市内部有许多弊端，而在这里，你可以读书。你能听见小鸟在唱歌，而且，你还可以到户外的院子里工作一会儿。在城市里的忧虑和弊端耗费你很多精力，所以，在这里居住绝对让我的压力减小了。这不是说你生活中没有其他的压力。这些事情很正常，但至少我不用再为它们担心，可以少为一件事焦虑。

另一位居民是两个孩子的母亲，她说自己在新环境中感觉更安心。她告诉我们：

> 你不用担心。如果孩子要去的街边商店不在这里，在他们离开并说自己要去商店时，你就会无时无刻不在想："都5分钟了，你们还没回来。是不是遇到什么事情了？或者我要不要去找找？"而在这里居住绝对给我一种踏实感。

第二个例子是一位年过七旬的女士告诉我们，她可以有机会照料当地的儿童，还能去花园让她的精神面貌焕然一新：

> 如果他们需要我，我就准备好为他们服务。我喜欢这样。我觉得小孩子对我的帮助很大，因为我没空盯着自己的问题，而且也不会觉得无聊。这让我坚持下来。即使我不再照看他们了，夏天，当我把花草拿到外面时，他们还会过来而且表现出很大的兴趣，也想加入我。女孩子都是这样。我会帮助他们。

虽然我们的定量分析可能没有很好地捕捉到，但定性数据表明较少接触社会失范和暴力给居民带来的好处不仅仅是心理健康方面的。一位50岁出头的居民也向我们解释了搬到劳雷尔山如何改善自己的身体健康。在申请搬入住宅项目时，他住在新泽西乡下一个按周交房租的寄宿房屋中。房屋一楼被分为四个单人间公寓，每一间都有做饭用的电炉。居民们共用的老旧的电冰箱放在门厅里。公寓人员流动非常快，他的食物和药经常会被人偷走。而且，房屋的墙壁已经发霉，屋内的油漆和墙板都已经破损——这些都使他原本虚弱的身体状况进一步恶化。他在访谈中回忆说：

> 我一辈子都有糖尿病，右眼失明了，所以这些年来我一直都有很多医疗问题。我很高兴能来到这里，来到这个环境中，因为我的免疫系统已经完全坏掉，医生说因为移植，大约还有10%起作用。所以你身体中

就会有异物，而且在租房时，你永远都不知道会与谁接触，人员流动太快了。我住的地方离母亲有1英里，这样我就离她近一些，因为她已经上了年纪。另外你知道，我在这里生活很快乐，非常非常快乐。

我们最后对"在住宅项目居住会改善心理健康"这一结论进行有效性检验是分析在埃塞尔·劳伦斯家园居住的时间对精神痛苦的影响。如果从社会失范和暴力较多、经历负面生活事件的风险较高的居民区搬出，然后搬入更加安全有保障的居民区确实提升了心理健康，那么逻辑上我们会认为在安稳的环境中生活的时间越长，人们在时间和空间上就离失范和暴力越远，同时精神痛苦的症状减少得就越多。为了检测这一假设，我们用在埃塞尔·劳伦斯家园度过的年限代替三个回归模型中在埃塞尔·劳伦斯家园居住的二分指标，然后将非居民在住宅项目中度过的年限设为0。图8-4总结了此操作得到的结果，此图采用了通过匹配和未匹配的居民和非居民样本估算的方程，以预测在住宅项目居住的不同阶段所体现的精神痛苦指数，假设全部自变量（除了在埃塞尔·劳伦斯家园居住的年限）使用平均值。

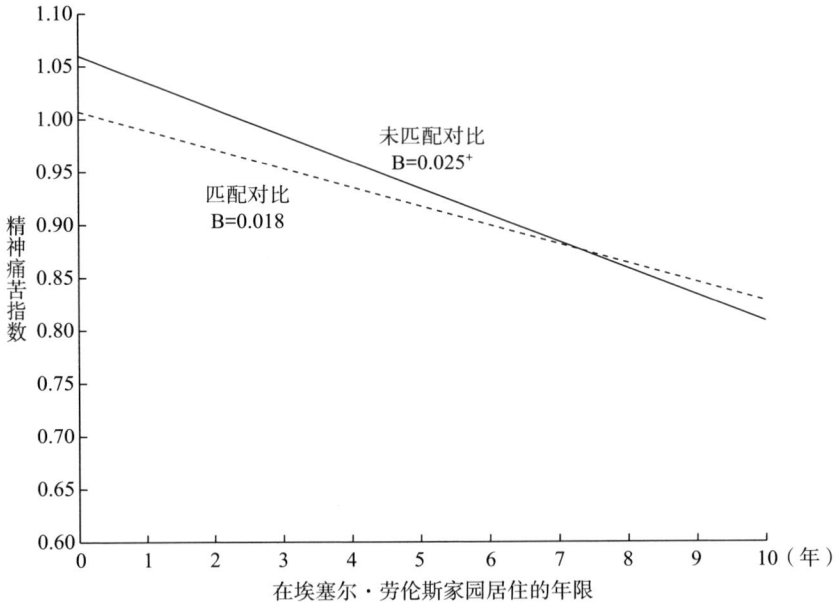

图8-4 在埃塞尔·劳伦斯家园居住的年限对精神痛苦的影响

+ $p < 0.10$。

从图 8-4 可以清晰地看出，精神痛苦随着在埃塞尔·劳伦斯家园居住年限的增加稳步下降。在未匹配的方程中，没有住宅项目经验的居民最初的指数为 1.05，但 10 年后预计会降至 0.86，大约每在住宅项目多居住 1 年，精神痛苦指数就会下降 0.025 点（$p < 0.10$）。尽管对匹配的居民和非居民对比做出的估计稍低（每年下降 0.018 点），但与不匹配的居民和非居民相比区别并不显著，而且实际上，居住的年限带来的影响大体相同。因此，我们得到的结论是搬到埃塞尔·劳伦斯家园能够减少住宅项目居民与居民区失范和暴力的接触，降低遇到负面生活事件的频率，从而改善住宅项目居民的心理健康。在住宅项目中居住的时间越长，遭遇的精神痛苦程度越低。

在经济阶梯上攀爬

如上所述，以前对于居住流动项目的评估也已证明参与者心理健康有所改善。到目前为止的研究中，最主要的分歧是 MTO 的研究未能成功发现对经济独立指标的明显影响，而高特罗研究发现了就业和工资有所改善，搬到郊区的人使用的福利比搬到城市的人少。为了评估在埃塞尔·劳伦斯家园居住的影响，我们询问受访者是否为了赚钱而工作，核实他们当前的工作收入，以及他们的家庭收入。从这些问题的答案中，我们又计算了工作收入份额，居民和非居民的结果统计数据在表 8-2 汇总。

表 8-2　埃塞尔·劳伦斯家园居民和非居民报告的就业与工资指标

经济指标	非居民	居民
为赚钱而工作的百分比（%）	55.2	67.2 +
工作收入（美元）	12912	19687 **
总收入（美元）	21022	26271 *
工作收入所占百分比（%）	42.2	60.3 **
经济独立指数	-0.110	0.162 **

** $p < 0.01$；* $p < 0.05$；+ $p < 0.10$。

正如高特罗研究一样，我们发现居民和非居民在所有经济成果上都有明显差异，这与 MTO 的分析不同。具体而言，调查时埃塞尔·劳伦斯家园居民比非居民更倾向于为了赚钱而工作（67.2% vs 55.2%，$p < 0.10$），而且工作赚得的年收入明显更高（19687 美元 vs 12912 美元，$p < 0.01$）。虽然我们没在表格中体现，但承认自己接受福利的埃塞尔·劳伦斯家园居民（4.2%）比非居民（12.9%）明显要少（$p < 0.05$）。这表示尽管埃塞尔·劳伦斯家园居民赚得的工作收入更多，但他们从福利中获得的钱较少。这些得与失的平衡通过总收入体现：埃塞尔·劳伦斯家园居民家庭的总收入（26271 美元）比非居民家庭的总收入（21022 美元）高得多（$p < 0.05$）。因此，通过工作获得的收入要高于从福利向工作状态转移损失的收入，因而搬家对工作产生了明显的经济激励。并不令人惊讶的是，埃塞尔·劳伦斯家园居民总收入中工作收入占比（60.3%）明显要高于非居民（42.2%，$p < 0.01$）。

为了总结居民和非居民经济独立性的差异，我们对表 8 - 2 中的变量进行了因子分析，并将得出的荷载用作权重，应用到每个变量的 z 评分中，以创建经济独立的因子指标（$\alpha = 0.924$，请参阅附录 A6）。表 8 - 2 的底部列出了平均因子得分，其清楚表明埃塞尔·劳伦斯家园居民和非居民在经济独立性上存在明显差异。非居民的平均值为 - 0.110，而居民的平均值为 0.162（$p < 0.01$）。因此，搬入住宅项目明显会提高租户的经济独立性。

图 8 - 5 对这一假设进行了正式的检验，由我们的标准三方程分析得出的埃塞尔·劳伦斯家园居住系数来展示（请参阅附录 A7 中的方程式）。左侧的柱形图表明，在没有任何控制和匹配的情况下，埃塞尔·劳伦斯家园居民的经济独立性因素量表比非居民高 0.297，大约是标准差的 30%。但是，在控制个人特征不变并利用倾向值控制选择性后，在住宅项目居住对经济独立性的估计影响上升至 0.334，大约为标准差的 1/3。当使用倾向值匹配对选择性进行控制时，经济独立性只有 0.255，但仍然统计显著。表 8 - 3 总结了经济独立性量表中每个单独变量的三方程分析结果。具体来说，我们列出了在埃塞尔·劳伦斯家园居住对就业、工作收入、总收入和工作收入占比的预期影响。从所有对比中都可以看出，在埃塞尔·劳伦斯家园居住对经济状况有显著的积极影响，这提高了埃塞尔·劳伦斯家园居民的收入和就业水平。

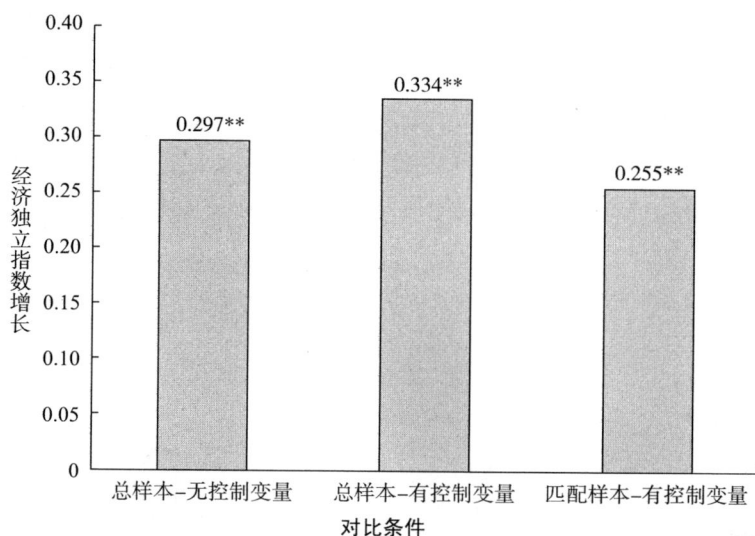

图 8 - 5 在埃塞尔·劳伦斯家园居住对经济独立性的影响

** p < 0.01。

表 8 - 3 在埃塞尔·劳伦斯家园居住和在埃塞尔·劳伦斯家园居住的
年限对经济独立性所选指标的影响

自变量	总样本		匹配样本
	无控制变量	有控制变量	有控制变量
在埃塞尔·劳伦斯家园居住的影响			
就业	0.571 *	0.844 *	0.637 +
工作收入（美元）	5629 **	7423 **	7255 **
总收入（美元）	3317 **	5025 **	5291 **
工作收入所占百分比（%）	19.6 **	22.8 **	21.0 **
在埃塞尔·劳伦斯家园居住年限的影响			
就业	0.069 +	0.101 *	0.090 +
工作收入（美元）	909 **	1101 **	1129 **
总收入（美元）	696 **	821 **	875 **
工作收入所占百分比（%）	2.6 **	2.9 **	2.8 **

** p < 0.01；* p < 0.05； + p < 0.10。

因此，至今举出的实证证据表明搬到埃塞尔·劳伦斯家园能够让住宅项目居民改善经济状况，如果他们不搬家将无法实现这一点。为了查明出现此影响的原因，我们增加了对于失范 - 暴力、负面生活事件和精神痛苦指数的控制，然后重新估算了预测经济独立的方程（附录 A7 中列出了完整的方程）。图 8 - 6 概括了加入这些控制的影响，显示了在匹配和未匹配样本的对比中加入这些新指标之前和之后对埃塞尔·劳伦斯家园居住的影响的系数估计。如果在住宅项目居住带来的改善是因为居民区环境得到了改善，那么增加指标会减少或消除在埃塞尔·劳伦斯家园居住的影响。

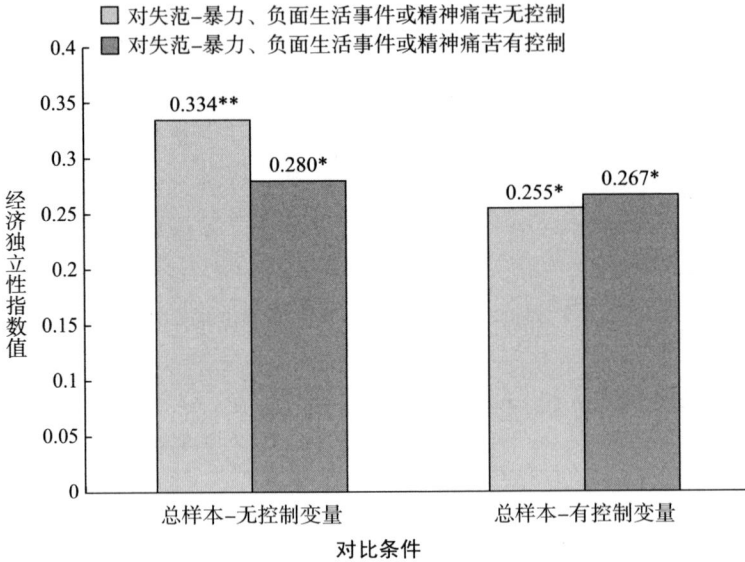

图 8 - 6　在对失范 - 暴力接触、负面生活事件和精神痛苦进行控制之前与之后在埃塞尔·劳伦斯家园居住对经济独立性的影响

$^* p < 0.05$；$^{**} p < 0.01$。

在匹配和未匹配的方程中，负面生活量表对经济独立具有显著的负面影响（$p < 0.01$），而对失范和暴力接触以及精神痛苦的频率并没有明显的影响（请参阅附录 A7 中的方程）。所以，经济独立至少可通过减少居民遇到的负面生活事件频率来提升，这表示负面生活事件积累起来会破坏工作和就业能力。虽然在未匹配的对比中，加入负面生活事件指数（从 0.321 至 0.265）会略微减少在埃塞尔·劳伦斯家园居住的影响，但在匹配的对比中这种影响会稍有上升，而且在这两种情况下在埃塞尔·劳伦斯家园居住的影响不但都没有消除，还一直都保持显著。换句话说，尽管搬到埃塞尔·劳伦斯家园可能是以减少遇到负面生活事件频率的方式提高了居民的经济前景，但搬家似乎也带来了其他积极的益处，而这些益处没有在我们使用的测量中

被捕捉到，比如可能让居民与工作离得更近，让他们更容易获取与就业机会相关的信息，减少地方污名化与歧视（如雇主拒绝雇用卡姆登居民）。

有关埃塞尔·劳伦斯家园居民增强经济独立性的机制的一些发现来自我们的访谈。例如，一位带着两个孩子的单身母亲在她自己和孩子的安全感与改善自己生活的渴望之间建立了直接联系，她告诉我们：

> 你在这里可以更清楚地思考。像我说的，这要回到安全和担心的事情上面。孩子是我主要担心的问题。所以，只要他们感觉舒服，我就能有时间集中精力做其他的事情。我想在这里待下去，直到找到自己的家。我想说，搬到这里让我感觉束缚少了，让我知道自己可以做得更好。对我而言，这个地方现在很好，而且让我想要做得更好。

另一位单身母亲告诉我们，她在搬到劳雷尔山之前一直在纽约市的一个公共住宅综合区居住。在那里，一位带有 4 个孩子的母亲就在楼前被枪杀了。她向我们描述说自己非常渴望为孩子创造更好的生活，正是这种渴望让她寻找工作，以便能够达到埃塞尔·劳伦斯家园对于入住者最低收入的要求。她告诉我们：

> 我的生活完全改变了。在纽约我并不快乐，我没有负担得起的地方可以去。我付不起。我没法到别的好一些的居民区租房，因为我没有钱。因为我一个人带孩子，所以非常辛苦，而且我也很担心。你也知道，居民区不太好，所以我决定搬到这里。我的一些朋友说："你疯了吗？你怎么搬到那里？那里不是城市，很无聊、很安静，而且你还没有工作。"因为我不一定要有工作。但是你知道吗，我感觉到了机会，我说不，我知道自己要找份工作。那会儿我还没有工作，只是回收一些废品，所以尽管收入不多但还是有一些。所以我说，我是因为孩子才这样做。我确信自己会找份工作，而且他们会长大。所以，我搬到了这里。我搬来一周就找到了两份工作，一份是保洁，另一份是协管校车。所以我知道自己做出的牺牲会有成效，现在效果已经显现。为此我花了时间也做出了牺牲。我经受得住痛苦，因为一切都不一样了，我总会为孩子考虑。我的孩子现在很快乐。这就是为什么我不在

乎朋友对我说什么。

　　无论是哪种机制的构成，搬到埃塞尔·劳伦斯家园明显提高了居民的收入和就业，增强了住宅项目居民的经济独立性。在图 8－7 中，我们分析了在埃塞尔·劳伦斯家园度过的时间，以评定在埃塞尔·劳伦斯家园居住是带来静态一次性效益，还是带来随时间而增加的累积优势。画这个图时，我们用在埃塞尔·劳伦斯家园度过的年限代替在埃塞尔·劳伦斯家园居住的二分指标，将其加入回归方程，利用这个结果得到预测值（在这个和其他居住时间的回归模型中，我们检验了时间效应是否非线性，但并未有发现）。回归方程揭示了在埃塞尔·劳伦斯家园度过的时间对经济独立性（参见附录 A7 中的方程）有着强大而显著（$p < 0.05$）的影响。在未匹配的回归中，每居住增长 1 年，经济独立等级估计增长 0.040 个单位，而在匹配的回归中，每年会增长 0.039 个单位——这两者之间的差异微不足道。因此在居住 10 年的过程中，独立性等级的预测值从不到 0 上升至 3.0 左右，提升了大约 3 个标准差，非常显著。总之，在住宅项目居住不仅可以提升经济独立性，而且在住宅项目中度过的时间越长，对独立性的激励就越强。

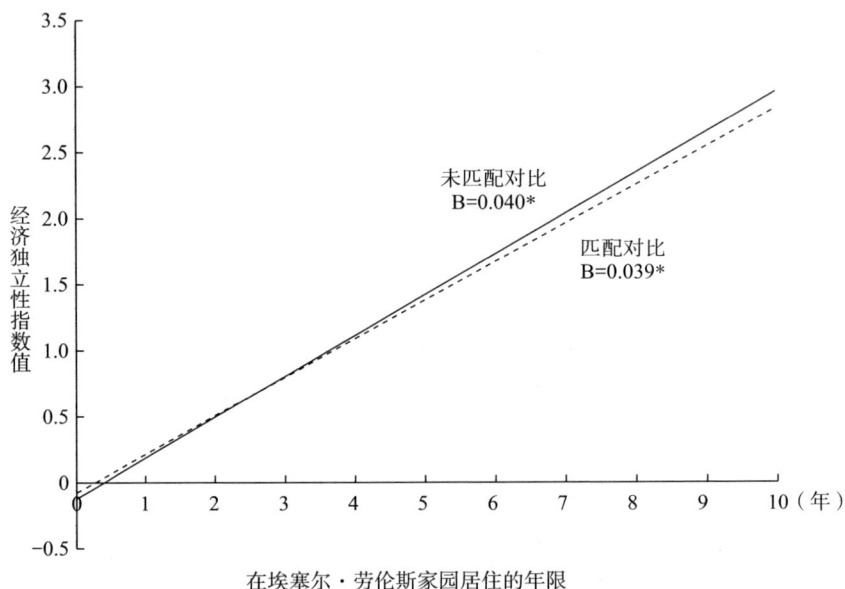

图 8－7　在埃塞尔·劳伦斯家园居住的年限对经济独立性的影响

* $p < 0.05$。

家中的教育资源

考虑到埃塞尔·劳伦斯家园居民家庭收入更高，我们可能会认为他们的子女会比非居民的子女受的教育更好，因为他们能够获取更多的物质资源。埃塞尔·劳伦斯家园成年居民也较少接触到居民区暴力，他们碰到的负面生活事件也比非居民少，同时他们的心理更加健康，不需要额外的时间去满足其日常需求。因此，我们也会认为家长有更多精力和体力去支持子女学习，从而获得更好的教育成果。在表 8 - 4，我们评估了居民家庭和非居民家庭中儿童可能会采用的多种附加教育资源，首先关注的就是个人空间。

表 8 - 4　埃塞尔·劳伦斯家园居民家庭儿童和
非居民家庭儿童可以获得的教育资源

教育资源	非居民家庭儿童	居民家庭儿童
居民的资源（%）		
拥有自己的卧室	65.7	85.7 +
拥有不受打扰的学习空间	68.6	91.4 *
家长资源（%）		
经常或频繁检查作业	44.2	61.8 +
经常或频繁在作业上提供帮助	29.4	40.0
经常或频繁参与 PTA	25.7	25.7
经常或频繁与其他家长交流	28.6	37.1
经常或频繁送子女去图书馆	5.8	45.8 **
家长支持指数	1.58	2.14 **
学生数量（人）	30	28

** $p < 0.01$；* $p < 0.05$；+ $p < 0.10$。

表 8 - 4 顶部显示了居民家庭和非居民家庭儿童中，有自己的卧室和安静、无干扰的学习空间的人所占的百分比。首先，住房限制是人们搬到埃塞尔·劳伦斯家园的主要动机。41% 的非居民和 53% 的居民将住房问题列为申请的主要原因，整个新泽西州搬入保障性住宅单位的人中有 38% 也是这种情况（Bush-Baskette, Robinson, and Simmons, 2011）。所以，在埃塞尔·劳伦斯家园居住的儿童在获得安静的学习空间方面情况相对好一些——这并不

奇怪。86%的埃塞尔·劳伦斯家园居民家庭儿童拥有自己的卧室,而对于非居民家庭儿童,这个数字仅为66%。91%的埃塞尔·劳伦斯家园居民家庭儿童说自己能够拥有安静的学习空间,但仅有69%的非居民家庭儿童这样认为。显然,拥有卧室对提供安静的学习空间有很大影响。

图8-8通过列出在埃塞尔·劳伦斯家园居住对拥有安静的学习空间可能性的估计影响,对"在埃塞尔·劳伦斯家园更容易获得学习空间"这一假设进行了正式检验,再一次使用常用的三种方法估计逻辑方程,包括无控制、控制个人特点和倾向值,以及控制通过倾向值匹配的居民和非居民儿童的个人特征。由于自由度非常有限(仅有30名居民儿童和28名非居民儿童),我们采用两阶段方法将方程式简化。首先,我们利用全部变量估算了方程,然后在确定哪些控制变量显著之后,我们在估计最终的方程时仅保留这些显著的变量,得到了一个包含以下控制变量的模型:儿童年龄、儿童性别、家长年龄、家长大学毕业、家长已婚或同居、家长有工作和家庭收入(请见附录A7)。

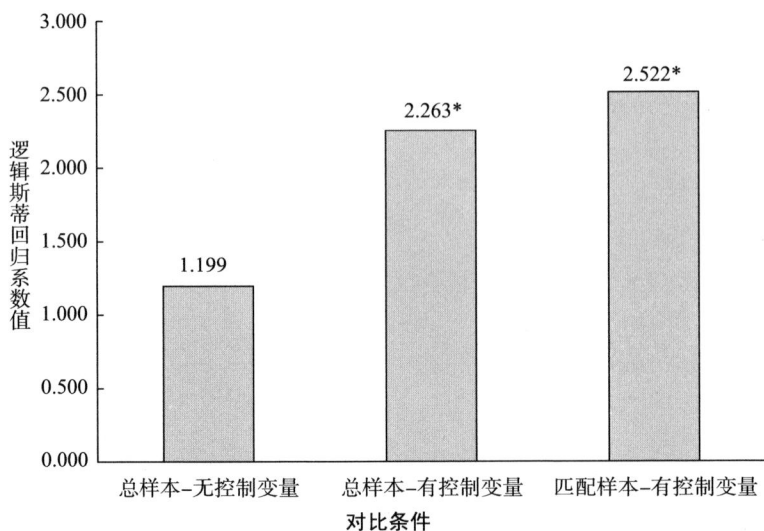

**图 8-8　在埃塞尔·劳伦斯家园居住对儿童拥有安静的
学习空间可能性的影响**

$* p < 0.05$。

如图8-8所示,在没有控制变量时,在埃塞尔·劳伦斯家园居住的影响为正值,但不显著。一旦加入控制变量,估计的影响就会大幅上升,并且在未匹配和匹配的居民和非居民儿童中都显著,在未匹配样本中使得拥有安静学习空间的概率增加了将近 10 倍（exp［2.263］=9.612），在匹配样本中增加了 12 倍多（exp［2.522］=12.453）。再者，当我们用在埃塞尔·劳伦斯家园度过的时间替代在埃塞尔·劳伦斯家园居住的二分指标时，我们发现一个显著的正面影响，即家庭在住宅项目居住的时间越长，儿童报告称自己拥有安静的学习空间的可能性越大。

　　图 8 - 9 描绘了拥有安静的学习空间的概率与在埃塞尔·劳伦斯家园度过的年数之间的关系，采用了未匹配和匹配的方程，同时将控制变量保持在均值。从图中可以看出，虽然在住宅项目中度过的时间在统计上显著，但在埃塞尔·劳伦斯家园居住带来的正面影响在搬入后很快就显现出来。搬入 3 年后，匹配比较中儿童拥有安静学习空间的概率从大约 52% 上升至 90%，未匹配比较中这个概率从 63% 上升至 90%；在第三年到第十年，预测概率只是渐进增长到 100%。因此，与家长不搬家的情况相比，搬到埃塞尔·劳伦斯家园能够为住宅项目居民儿童的家庭学习环境带来快速的改善（即使不是完全立即体现）。

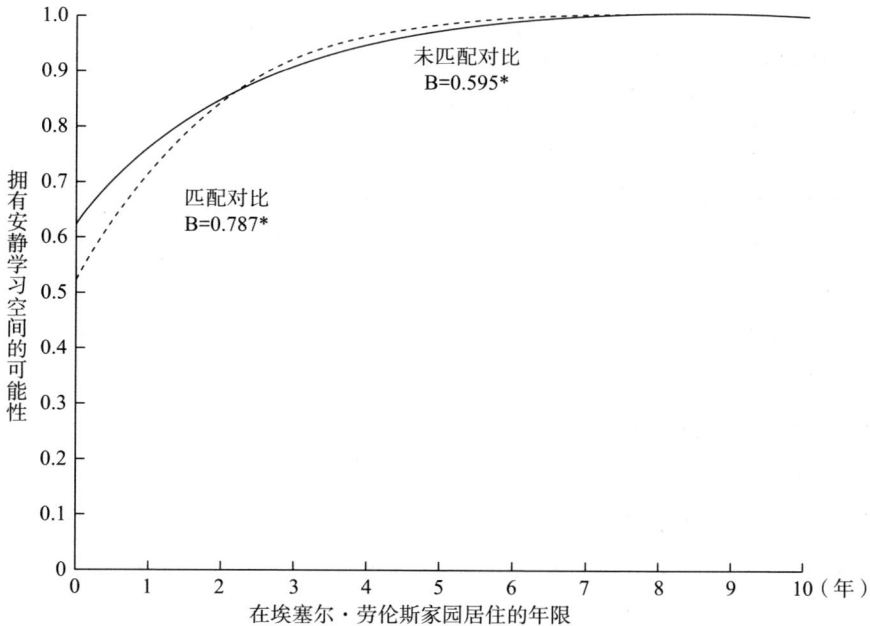

图 8 - 9　在埃塞尔·劳伦斯家园居住的年限对儿童拥有安静的学习空间的可能性的影响

* $p < 0.05$。

对任何儿童来说，最重要的学习资源就是家长指导中的人力资本，以及他们投入指导中的时间和精力（Lareau，1989，2003）。埃塞尔·劳伦斯家园居民和非居民的背景都属于弱势，因而他们都没有帮助自己的子女在学校获得成功的人力资本天赋。每组家长中只有12%从大学毕业，13%是高中辍学，26%最多仅完成了高中或同等学力。基于埃塞尔·劳伦斯家园居民和非居民在教育程度上差异不显著的情况，家长人力资本在区分居民和非居民儿童学习成绩时不可能起显著作用——这其实正是我们的研究发现。

所以，表8-4的第二部分通过询问家长检查作业、在作业上提供帮助、参与PTA、与其他家长交流以及送孩子去图书馆的频率，重点关注家长在教育过程中的其他投入。回答的种类包括"从不"、"很少"、"有时"、"经常"、"频繁"、"总是"。我们的假设是，在更加宁静的居民区，埃塞尔·劳伦斯家园家长较少被负面生活事件包围，他们会有更多时间和精力做出支持教育的行动——请看一下称自己的家长最不经常做出支持教育行为的学生比例，这大体上就是我们的研究发现。

本研究共考虑了五项家长行为，在四项行为上，埃塞尔·劳伦斯家园居民家庭儿童的报告结果显示，其家长要比非居民家长积极，而且在两项行为上，差异统计显著。埃塞尔·劳伦斯家园居民家长检查子女作业的可能性更大，62%的人经常、频繁或总是这样做，而在非居民家长中，对应的数字仅有44%（$p < 0.10$）。类似地，埃塞尔·劳伦斯家园居民家长也比非居民家长更可能送子女去图书馆（46% vs 6%，$p < 0.01$）。在另外两种情况中，这两组之间可以看出差距，但是并不显著。40%的埃塞尔·劳伦斯家园居民家庭儿童称自己的家长会经常、频繁或总是在作业上提供帮助，而在非居民家庭儿童中这个数字仅为29%。类似地，37%的埃塞尔·劳伦斯家园居民家庭儿童称自己的家长会与其他家长交流，但只有29%的非居民家庭儿童这样讲。仅在参与PTA一个方面，两组儿童报告的家长行为频率相同——经常、频繁或总是参与PTA的家长的比例都是26%（见表8-4）。

我们按照频率上升的顺序将回答种类编码为0~5，然后取五项的平均值，继而得到一个可靠的家长支持指数。埃塞尔·劳伦斯家园居民和非居民的平均值在表8-4底部列出（$\alpha = 0.763$，请参阅附录A6）。支持频率的差异使得埃塞尔·劳伦斯家园居民家庭儿童的家长支持指数为2.14，非居民家庭儿童的为1.58，二者之间的差值比例为35%，非常显著（$p < 0.01$）。

因此，搬到埃塞尔·劳伦斯家园会提高家长的教育支持行为频率，我们也用三个方程检验了这一影响。图8-10显示了在埃塞尔·劳伦斯家园居住对家长学术支持的影响，我们在估算时采用了未加控制变量、对全部被访者加入个人特征和倾向值的控制变量，以及对匹配和未匹配的居民儿童加入个体控制变量的OLS回归（方程请见附录A7）。

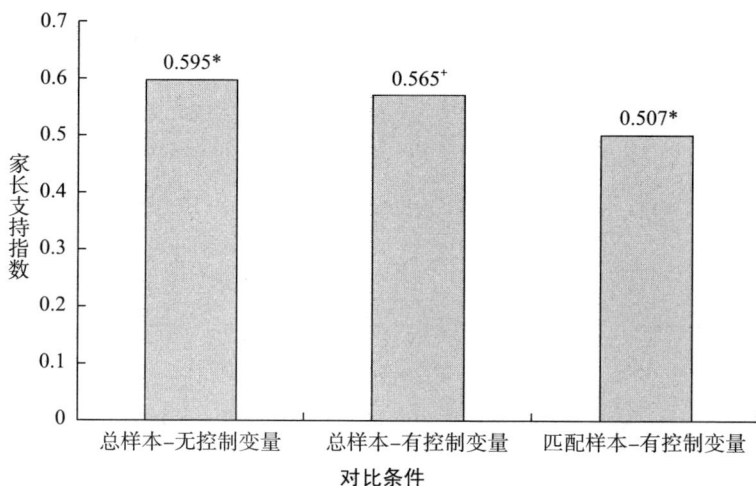

图8-10　在埃塞尔·劳伦斯家园居住对家长支持指数的影响

$^*p<0.05$；$+p<0.10$。

在三种情况中，估算的影响在0.5~0.6之间，并且统计显著。这表示在埃塞尔·劳伦斯家园居住让支持教育的抚养方式频率提高了55%~66%的标准差。当我们用在埃塞尔·劳伦斯家园度过的时间代替是否居住于埃塞尔·劳伦斯家园的虚拟变量，然后重新估算方程时，我们在匹配和未匹配的模型中都发现一个显著的正系数0.08。如图8-11所示，此值表示对于一般小孩而言，从家长那里获得学术支持的频率最初的指数值大约为1.6，在居住10年后，指数值上升至2.5（稍小于1个标准差）。

在对家长进行的访谈中，许多家长都说优质的学校系统是他们协助子女做作业的促进因素。使用小区在线软件的家长认为这是一个特别宝贵的资源。一位母亲说："如果我想找到她在哪儿或在上哪节课，我可以直接用电脑查出她当天所在的具体位置，还可看到老师留下的评语。很多时候，老师无法与某位家长的子女谈话，于是他们就在电脑上留言，如果你想在放学后给老师打电话，就能找到他们。这非常方便，非常棒。"

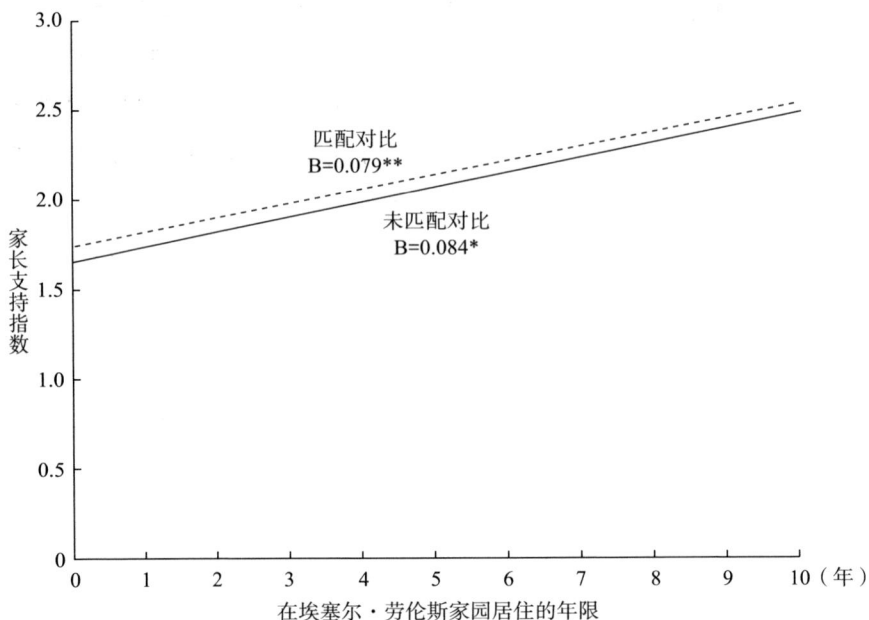

图 8 – 11   在埃塞尔·劳伦斯家园居住的年限对家长支持学习的影响

$^*p < 0.05$；$^{**}p < 0.01$。

另一位母亲描述了她和儿子的经历。她儿子最初不太适应新的学校系统，她认为这个困难有部分原因是新学校的教育标准比他之前的学校高。但在与学校管理人员一起努力下，借助学校的资源，她觉得儿子的表现突飞猛进：

> 我觉得纽约市的教育非常差。他来到这儿后就开始努力学习，因为学校让学生加倍努力。但是他比较慢。老师告诉我，他和别人不在同一等级，他因为这个还哭了。他很热爱这里的学校，但在纽约他一点都不喜欢。在我们来这里后，他很喜欢去上学。但在学校里他经常犯错误，所以他比较困惑。这里和纽约不同，我认为这里的教育要好得多。老师给我打了电话，他也努力学习。老师会把额外的作业发给我，我每天都会与他一起完成。这里有个"课业小组"，他们也会帮助我，我们每个人都共同努力。最终，他的表现就好了。

除了住宅资源和家长资源投入以外，教育成果在很大程度上还取决于儿童在家进行与学校相关的活动时投入的精力（比如阅读和学习），尤其是与其他像劳动和娱乐等活动上投入的精力相比。在给儿童的调查问卷中，我们让学生估算在学年中典型的一周里，他们在不同活动上花的时间。这些活动包括看电视、玩电子游戏、听音乐、社交、上网、做家务、照看弟弟妹妹、劳动、学习和阅读。居民儿童和非居民儿童在各项活动上花的平均时间在表 8-5 列出。

表 8-5 埃塞尔·劳伦斯家园居民儿童和非居民儿童
在所选家庭活动上投入的估计时间

活动	非居民儿童	居民儿童
娱乐（小时）		
看电视	11.6	13.6
玩电子游戏	6.7	5.2
听音乐	15.6	16.7
社交	13.3	12.7
上网	13.6	12.7
总计	60.5	60.6
劳动（小时）		
做家务	9.1	8.4
照看年幼的弟弟妹妹	6.7	2.0 +
劳动	4.6	4.6
总计	20.5	14.9
学业（小时）		
学习	5.3	10.7 **
阅读	3.1	5.2
总计	8.4	15.9 **
学生数量（人）	30	28

** $p < 0.01$；* $p < 0.05$；+ $p < 0.10$。

我们发现两组儿童在娱乐活动上花费的时间没有显著差异，埃塞尔·劳伦斯家园居民儿童和非居民儿童在所有的五项娱乐活动上花的总时间大约都为 61 小时。我们也发现劳动所花时间的差异也很小，尽管非居民儿童报告自己平均花 6.7 小时照看年幼的弟弟妹妹，而居民儿童仅在这上面花费 2 小时（$p < 0.10$），这可能反映了其家长能够使用埃塞尔·劳伦斯家园当地的

日托服务。如前几章所讲，住宅项目也为居民儿童提供了放学后的"课业小组"。埃塞尔·劳伦斯家园居民儿童在学习上花费的时间是非居民儿童的两倍，二者的平均时间分别为 10.7 小时和 5.3 小时（$p < 0.01$），这反映了"课业小组"这个结构化的场所的存在。埃塞尔·劳伦斯家园居民儿童似乎也更可能报告阅读时间（5.2 小时 vs 3.1 小时），而且两组在学业追求上投入的总时间产生了明显的差异（15.9 小时 vs 8.4 小时，$p < 0.01$）。

因此，就校外课业努力而言，埃塞尔·劳伦斯家园为居民儿童提供了两大优势——投入更多的时间学习、花费较少时间照顾弟弟妹妹。但当我们从照看弟弟妹妹的角度对埃塞尔·劳伦斯家园居民儿童和非居民儿童之间的差异进行系统检验时，我们未发现两组存在明显差异，于是就在进一步的分析中删除了这一变量。相比之下，当研究埃塞尔·劳伦斯家园居民儿童和非居民儿童在学习时间上的差异时，我们不仅发现了明显的区别，而且发现在引入控制变量后，埃塞尔·劳伦斯家园居民儿童具有的优势实际上还有所增加。如图 8-12 所示，在简单的不带任何控制的 OLS 回归中，埃塞尔·劳伦斯家园居民儿童预计每周比非居民儿童多花 4.5 小时在学习上。但当控制后，未匹配和匹配的回归模型中，在埃塞尔·劳伦斯家园居住的居民儿童每周学习的小时数都增加大约 6.4 小时。最终，当使用在埃塞尔·劳伦斯家园度过的时间估算学习时间而不是在住宅项目居住的二分指

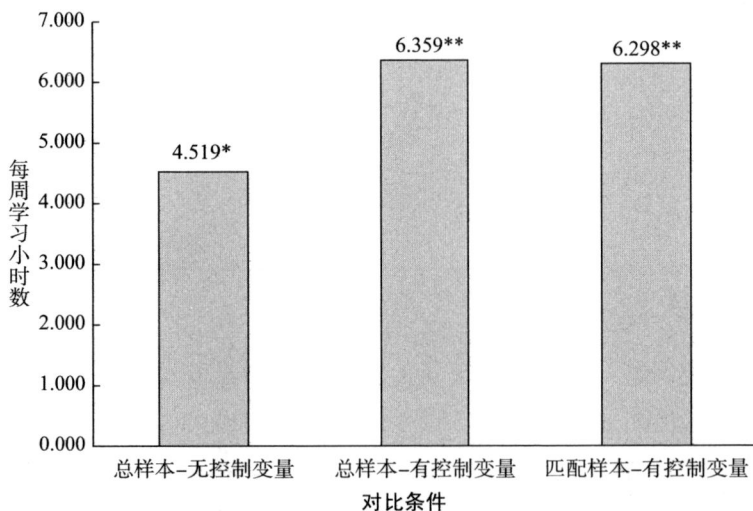

图 8-12　在埃塞尔·劳伦斯家园居住对每周学习小时数的影响

$^*\,p < 0.05$；$^{**}\,p < 0.01$。

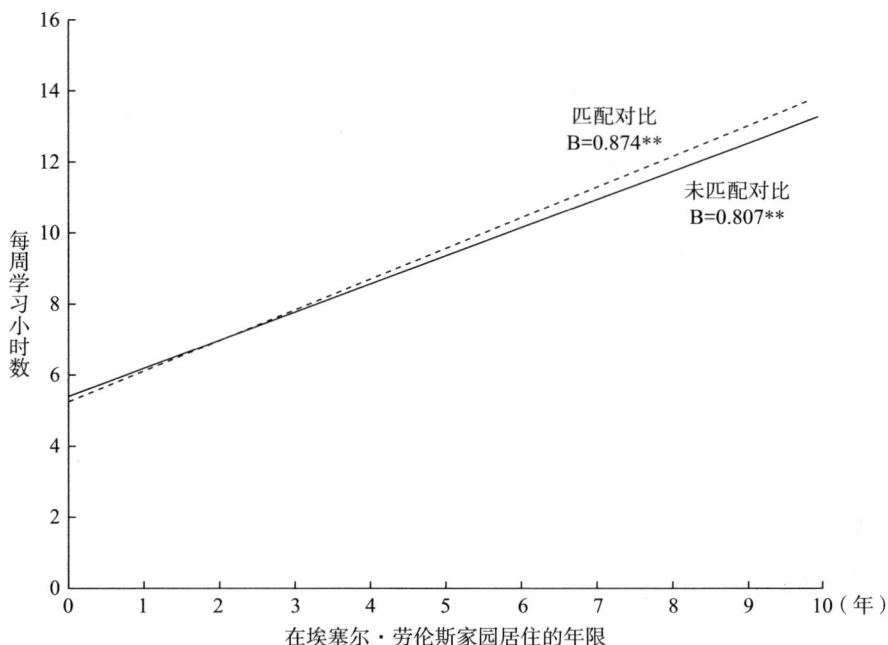

图 8 – 13　在埃塞尔·劳伦斯家园居住的年限对每周学习小时数的影响

$^{**}p < 0.01$。

标时，我们发现随着居住时间每增加 1 年，在学习上花的时间就会增加 0.8 ~ 0.9 小时——最初每周的学习时间大约为 5 小时，而居住 10 年后则增加至每周 14 小时左右（如图 8 – 13 所示）。此影响在增加年龄控制之后出现，所以它不单单是儿童长大后变成熟，然后学习时间就会增加的问题。

在访谈中，家长经常将居民区中的"课业小组"描述成一个特别实用的资源，其不仅有助于完成作业，而且还能提供放学后的日间照顾、辅导帮助和信息，促进家长与学校管理人员和教师的沟通。一位对此表示感激的家长说：

你可以带着作业来，他们会为你做一番研究，然后协助你完成作业；就像我说的，他们会亲自动手，亲自帮助你并给你提供更多信息，前提是家长出现并与他们一起工作。许多家长都跟不上进度，他们需要新的数学和历史知识。这些是可提供的，就是这些。但在那里有了信息，你可以进来讲话、聊天。这让人感觉更舒适，而且还有助于了解学校动态，因为就像我刚说的，做出这样的转变后，许多人都觉得自己不知道孩子带回家的数学题或作业会很丢人。但是这样会让你觉得舒服，他们会说："快来，我们教你。这个是这么做。我们来看看这个。"所以在这样的发展下，这更像是家长和孩子作为一个团队进行互动。

简而言之，搬到埃塞尔·劳伦斯家园为他们提供了充裕的新资源来支持他们学习。和不搬家将会遇到的经历相比，埃塞尔·劳伦斯家园居民儿童更容易获得安静的学习空间，接受家长在学习上更好的支持，他们每周在学习上投入的时间更多。另外，这些益处会随着时间而积累。每在埃塞尔·劳伦斯家园多居住 1 年，儿童拥有安静学习空间的可能性就会上升（至少前 3 年都是如此），家长支持的频率会提升，儿童每周学习的时间也会增加。

学校的教育资源

作为调查的一部分，我们也询问了学生在哪所学校上学。利用这个信息，我们能够查看新泽西 2009 年学校成绩单文件（新泽西教育部，2011），然后用数据库计算埃塞尔·劳伦斯家园居民和非居民家庭儿童所上学校的平均特征。这些特征在表 8 – 6 汇总。在大多数学校质量指标上，埃塞尔·劳伦斯家园居民儿童的教育环境远比非居民儿童的好。虽然住宅项目居民儿童的平均班级规模有 23.3 人，比非居民儿童的平均规模 17.4 人略大，但埃塞尔·劳伦斯家园居民儿童在所有其他方面的指标上都占优势。

表 8 – 6　埃塞尔·劳伦斯家园居民儿童和非居民儿童的学校质量指标与教育成果

教育指标	非居民儿童	居民儿童
初中或高中		
平均班级规模	17.4	23.3[**]
学生流动率（%）	14.4	5.4[**]
通过州语言测试的学生百分比（%）	69.7	89.0[**]
通过州数学测试的学生百分比（%）	56.9	81.2[**]
仅限高中		
高中平均 SAT 成绩	1292	1515[**]
AP 考试中至少一门达到 3 分以上的百分比（%）	29.8	88.8[**]

续表

教育指标	非居民儿童	居民儿童
出勤率（%）	89.4	94.4 **
辍学率（%）	4.3	0.6 **
毕业率（%）	79.3	96.2 *
学校质量指数		
初中质量	− 0.159	0.207 **
高中质量	− 0.369	0.308 **
初中学生数量（人）	6	12
高中学生数量（人）	22	22

** $p < 0.01$；* $p < 0.05$；+ $p < 0.10$。

资料来源：NJ Department of Education，2011。

例如，非居民儿童的流动率为 14.4%，而居民儿童的流动率仅为 5.4%——这表示居民儿童拥有更加稳定的学习环境，较少有学生进进出出。类似地，虽然非居民儿童上的学校里仅有 70% 的学生顺利通过了州语言艺术测试，57% 的学生通过了州数学测试，但在住宅项目居民中这两个数据分别为 89% 和 82%。居民儿童所上学校的 SAT 平均成绩为 1515 分，比非居民儿童所上学校的平均成绩 1292 分高出了 17%；居民儿童所上的学校中有 89% 的学生在 AP 考试中至少有一门选修课程获得 3 分或更高的分数，但非居民儿童所上的学校里只有 30% 的学生达到这个水平。和非居民儿童上的学校相比，居民儿童的学校出勤率较高（94% vs 89%），辍学率较低（0.6% vs 4.3%），毕业率较高（96% vs 79%）。

简而言之，通过搬到埃塞尔·劳伦斯家园，居民儿童明显能够获得在更好的学校上学的机会。为了更简洁地证明这个结果，我们对表 8 − 6 中的各项指标进行了因子分析，然后利用因素载荷为每项指标的 z 得分进行加权，从而为学校质量创建一个相加量表（请参考附录 A6）。初中生的平均值（$\alpha = 0.902$）和高中生的平均值（$\alpha = 0.976$）在表底部分别列出。两项测量都揭示出居民儿童和非居民儿童在学校质量上存在巨大差异。在初中学校质量的因素量表中，埃塞尔·劳伦斯家园居民儿童的值为 0.207，而非居民儿童的值为 − 0.159。类似地，在高中生中，非居民儿童的平均学校质量为 − 0.369，而居民儿童的则为 0.308。尽管自由度相对减少，但是这两个对比都高度显著（$p < 0.01$）。

　　这个发现在正式检验中依然成立。如图 8 – 14 所示，在匹配和未匹配比较中，虽然增加控制后在住宅项目居住对学校质量的影响有所下降，但在住宅项目居住的影响依然很大、正向而且显著。在未加控制的模型中，在住宅项目居住使得学校质量上升 1 个单位，而在有控制的未匹配比较中下降至 0.77，在有控制的匹配比较中近一步降至 0.54。然而，后者在 1% 的水平显著，且相当于学校质量提高了标准差的 60%——这是相当大的影响。

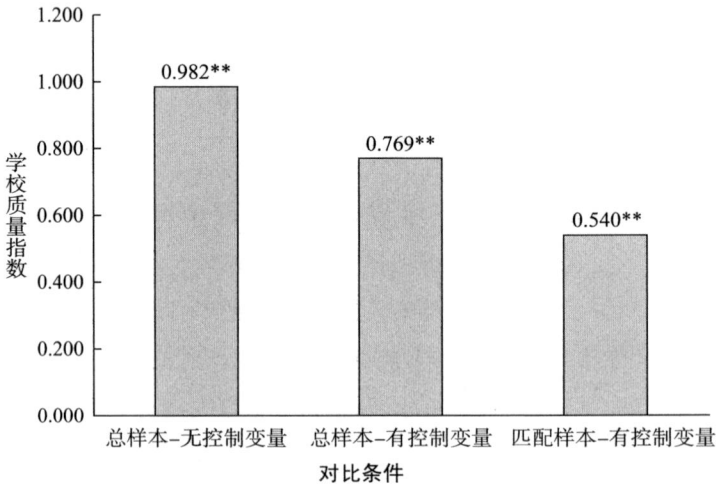

图 8 – 14　埃塞尔·劳伦斯家园居民子女和非居民子女所上学校的质量

$**$ $p < 0.01$。

　　当使用在埃塞尔·劳伦斯家园度过的时间（而非仅在埃塞尔·劳伦斯家园居住）估算回归方程时，带有控制变量的匹配模型显示每增加 1 年，学校质量会上升 0.05 个单位——指数值最初为 0，10 年后上升至 0.5（如图 8 – 15 所示）。但从数据来看，学校质量随时间的增加而提升的原理尚不明确。这可能是因为家长在劳雷尔山学区居住的时间越长，则对学校和学校质量的了解越多，而且能够与学校系统更好地配合，为子女创造更好的教育环境；或者可能家长在劳雷尔山居住的时间越短，越愿意将其子女送至劳雷尔山公立学校，而不是之前所在社区的公立或教区学校。

　　对于劳雷尔山学校带来的益处，一些看法还是得从访谈中获得。埃塞尔·劳伦斯家园家长在访谈中说他们的孩子在那里接受的教育质量比之前居住的地方要好，无一例外。一位母亲这样描述：

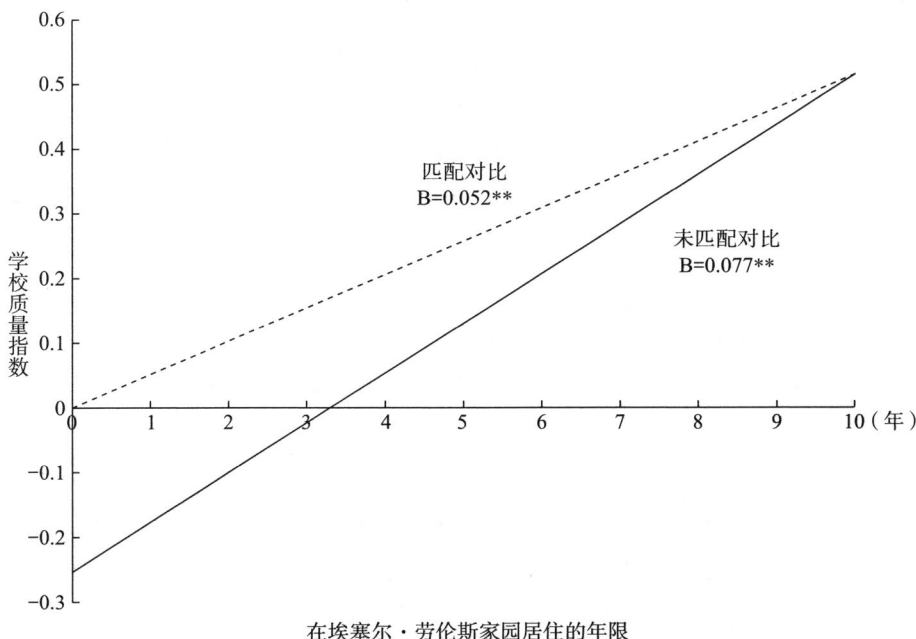

图 8 – 15　在埃塞尔·劳伦斯家园居住的年限对学校质量的影响

** p < 0.01。

　　我对孩子的教育很满意。他们一直都得 A 或 B。他们喜欢阅读，我那些在卡姆登的家庭成员和他们根本没法比。我女儿知道得很多，她现在上 7 年级，但已经知道 12 年级在学的内容了。糟糕的是，我有个侄女 19 岁了，但只有 2 年级的水平，让人很吃惊。所以，搬到这里来对我和孩子来说是一种福气，因为他们能得到正确的教育。这是我一直以来的期望。

　　访谈中，家长们最经常提到的优势之一是劳雷尔山老师的交流模式。一位母亲说："老师经常打电话给你（告诉你）他的表现。如果他表现不好，老师会给你打电话。我认为这是一种交流。之前的老师呢？她不会这样做，我们没有交流。但是这里，是的，他们会操心。在这里，他们会非常仔细地照顾孩子。"

　　家长也描述说，老师们乐于接受他们主动支持儿童教育而做出的努力。另一位母亲向我们表达了她对与多个学校社区成员定期进行双向交流的感谢之情：

> 秘书、校长，甚至是日常护理人员（她们其中一位还是我在女童
> 子军的领头），都知道我希望他们来找我，不论好事、坏事还是无关紧
> 要的事情。他们就是这样做的。过去，一直是当有人做了或说了什么
> 事时，他们才觉得我们需要联系一下。但他们没有犹豫过。

另一位受访者是一位父亲，他从历史上一直都是黑人郊区的威林伯勒
搬来。他这样描述自己和学校、老师以及管理人员逐渐发展的联系：

> 当我们刚来时，我在周边转了转，感觉有些困惑，因为我不知道
> 学校系统如何运行，事情如何运作。但劳雷尔山这里的人非常友善，
> 他们会伸出援助之手，山坡学校、哈特福德、哈林顿，现在还有德拉
> 瓦——在我去参会的时候他们都帮了忙。我参加了家长会，努力融入
> 一切可能的事情中。我在这里有房子算是有福气了，但是教育就得亲
> 手与孩子一起进行。他们不论遇到任何有分歧的小事，比如阅读、数
> 学、学习的问题，都会来这里。他们会说，好吧，让我们在这里做一
> 些调整，以便你觉得更舒适。一对一的辅导非常棒，老师会打电话给
> 我家，说："我们能谈一下吗？"

除了从公开数据中收集与学校相关的客观特征和对家长进行访谈以外，
我们也让儿童提供他们自己对于所上学校条件的主观评价。具体来讲，我
们使用了 Massey 等（2003）在全国新生纵贯调查中的指标，我们特意让学
生估计他们过去 3 个月在"上学期间在学校里"看到不同社会失范和暴力
迹象的频率。各种失范和暴力的事例在表 8 - 7 的左侧列出，表中还列出了
那些报告说经常或频繁看到这类事件的埃塞尔·劳伦斯家园居民和非居民
儿童的百分比。和其他的表格一样，表 8 - 7 的底部一行包含了总和指数，
其计算方法是通过对 15 项回答类别分别进行频率评级（0 = 从不，1 = 有
时，3 = 经常，4 = 频繁），然后取各项平均数以得出综合指数值（α =
0.893）。

表 8 - 7　埃塞尔·劳伦斯家园居民儿童和非居民儿童在学校经常或
频繁目睹的失范和暴力事例

失范和暴力事例	非居民儿童	居民儿童
学生打架（%）	13.9	6.1
学生接吻或爱抚（%）	41.6	51.6
学生上课迟到（%）	58.3	53.2
学生吸烟（%）	36.1	9.1*
学生逃课（%）	50.0	15.2*
学生逃学（%）	20.0	3.0*
学生对教师或校长叫嚷或恐吓（%）	16.7	3.0
学生推挤或殴打教师或校长（%）	2.8	0.0
故意破坏学校或个人财物（%）	17.1	3.1
盗窃学校或个人财物（%）	2.8	3.0
学生买酒（%）	16.7	3.0
学生使用非法药品（%）	8.6	3.0
学生持刀（%）	2.9	0.0
学生持枪（%）	0.0	0.0
学生被其他学生抢劫（%）	11.1	0.0
学校失范和暴力接触的指数	2.17	1.69**
严重性加权的失范 - 暴力指数	45.5	34.1*
学生数量（人）	30	28

$^{**}p < 0.01$；$^{*}p < 0.05$；$+p < 0.10$。

表 8 - 7 列出了 15 组对比，在其中的 13 组中，埃塞尔·劳伦斯家园居民儿童接触的失范和暴力少于非居民儿童。几种例外的情况是：有 52% 的埃塞尔·劳伦斯家园居民儿童经常或频繁看到"学生接吻或爱抚"，非居民儿童的这一比例为 42%；3% 的埃塞尔·劳伦斯家园居民儿童经常或频繁看到"盗窃学校或个人财物"，非居民儿童的这一比例为 2.8%；两组中没有儿童看到过"学生持枪"（尽管 6% 的非居民儿童承认很少看到学生拿着枪，但埃塞尔·劳伦斯家园居民儿童没有看到过）。在经常或频繁看到的情况中，最重要的差异在于学生吸烟（非居民儿童有 36% vs 居民儿童有 9%）、学生逃课（50% vs 15%）和学生逃学（20% vs 3%），所有这些在 5% 的水平上显著。尽管对比并不显著，但是以下几种情况的差异也比较大：学生

打架（非居民儿童 14% vs 居民儿童 6%）、学生对教师或校长叫嚷或恐吓（17% vs 3%）、故意破坏行为（17% vs 3%）、学生买酒（17% vs 3%）和抢劫（11% vs 0）。

从表 8-7 底部失范和暴力等级平均分数我们可以看出，埃塞尔·劳伦斯家园居民儿童接触的社会失范和暴力明显要少于非居民儿童。平均来看，埃塞尔·劳伦斯家园居民儿童在暴力和失范等级中得分为 1.69，而非居民学生的得分为 2.17（$p < 0.01$）。但是，对于居民区失范和暴力来说，这个简单加和得到的指数对所有违规行为的加权都相等，但与之前讲的一样，一些违规行为（学生推挤或殴打教师或校长、学生买酒或使用非法药品、学生持刀或持枪）要比其他的行为（学生接吻或爱抚、学生上课迟到、学生逃课）严重得多。如附录 A6 所描述，我们使用了 Sellin-Wolfgang 犯罪严重指数来选择最贴近调查所列的违规行为的等级值，然后用等级乘以相关频率，相加后得到严重性加权的犯罪和失范等级（$\alpha = 0.864$）。

这样做也得到了一个失范和暴力接触的等级，其中非居民儿童（45.5）和居民儿童（34.1）之间存在明显差异（$p < 0.05$）（见表 8-7）。图 8-16 总结了我们在未控制、加上控制的未匹配和匹配回归中加入在埃塞尔·劳伦斯家园居住的二分指标后得到的结果。全部影响都在预期之内，埃塞

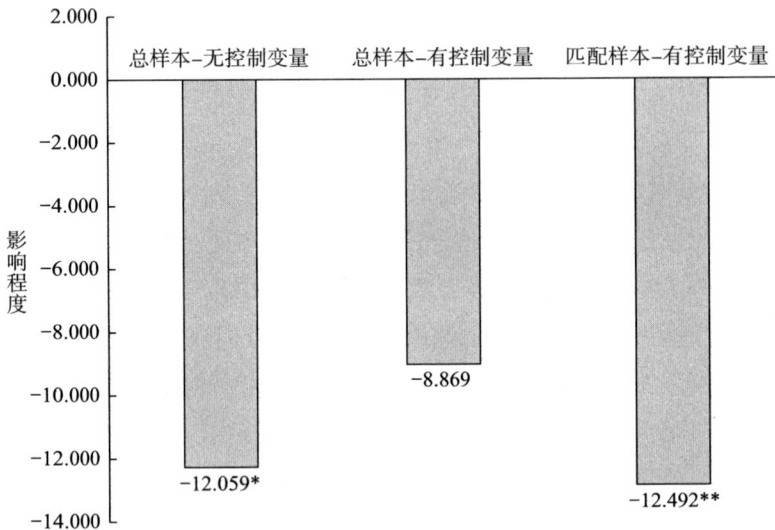

图 8-16 居住在埃塞尔·劳伦斯家园对接触学校失范和暴力的影响
*$p < 0.05$；**$p < 0.01$。

尔·劳伦斯家园能减少儿童对学校失范和暴力的接触，在埃塞尔·劳伦斯家园居住的影响在三组对比中的两组都显著。最突出的对比可能是加入控制变量的匹配样本的回归对比，该对比得出的影响是 - 12.5，在5%的水平显著，相当于影响下降了一个标准差的大约60%。

如果将项目居住时间代替是否居住于埃塞尔·劳伦斯家园，在埃塞尔·劳伦斯家园居住的影响也为负值（如图8-17所示），但是影响相对较小且统计不显著，这表示暴力减少是儿童到劳雷尔山学区上学获得的直接利益，并非在此之后随时间积累而得。在访谈中，一些家长说安全的环境让他们的子女对上学更渴望、更积极、更兴奋。在对一位父亲的访谈中，他告诉我们："我不用把他们拖下床去上学了，你明白我的意思吗？他们很喜欢这样，对他们来说这很快乐。这学校很好，这对我来讲意义重大。孩子们非常热切地想回到学校学习新知识，他们也很积极地参与别的事情。"

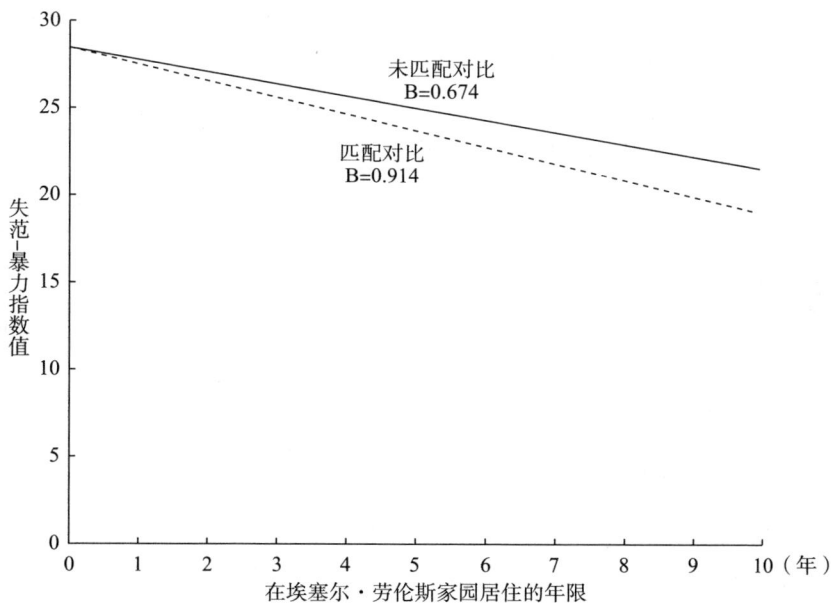

图8-17 在埃塞尔·劳伦斯家园的居住年限对接触学校失范和暴力的影响

教育成果

受到实际操作和资金的限制，我们对于教育成果的评估能力有限。所以，我们无法对认知水平进行直接评估，而且出于保密性考虑，我们无法获得学生的教育记录。我们只能让学生报出自己的成绩——可以承认，这并不是最理想的策略。但是，我们还是让每个受访者回忆"自己收到的最后一张成绩单"，并问他们"每个成绩各获得了几次？"然后，我们向学生们提问得了多少个 A？多少个 B？多少个 C？多少个 D？多少个 F？换句话说，对于一张特定的成绩单及实际成绩分布，这个问题问得相当具体，并不是只让学生报出自己的 GPA（平均成绩点数）。我们通过学生告诉我们的具体成绩分布，计算出了他们的 GPA。

当然，单凭成绩不能衡量学生实际的学习状况或评估他们的认知水平。成绩单只能粗略地表明在具体的校园环境中通过结合努力、能力、难度和评分惯例而产生的课堂效果。但是，GPA 可以有效预测学校成果，在预测学校成绩和毕业率方面通常会超过认知测试（比如 SAT），尤其在少数族裔学生中更是如此（请参阅 Massey and Probasco, 2009）。考虑到埃塞尔·劳伦斯家园居民子女进入了更优质的学校，在这些学校中学业更难而且竞争更强，他们还要与那些来自受过更高教育且具有社会经济优势的家庭的学生竞争，人们可能会假设埃塞尔·劳伦斯家园居民儿童将在成绩上付出代价，其获得的成绩要低于如果留在以前的学校可能获得的成绩。

然而，我们并没有发现这一结果。我们通过成绩分布计算 GPA 时发现，埃塞尔·劳伦斯家园居民儿童的 GPA 是 2.86，而非居民儿童的 GPA 是 2.63。所以，来自埃塞尔·劳伦斯家园的儿童获得的平均成绩只是稍高于那些作为对照没搬进住宅项目的学生，尽管差异本身并不统计显著。但当我们估算通过个人、家庭和学校特点预测 GPA 的 OLS 回归方程时，在匹配和未匹配的分析中，在埃塞尔·劳伦斯家园居住的影响都从正值变为负值。这表示在其他条件不变的情况下，居民儿童的成绩可能略微有所下降。考虑到这些结果，我们开始考虑这样一种可能：进入竞争更强的学校对成绩有负面影响，但这些负面影响会被儿童的新家和新的学校环境带来的其他正面特征所弥补。换句话说，在埃塞尔·劳伦斯家园居住对成绩的直接影响可能是负面的，但其他因素带来的间接影响是正面的。

实际上，在通过个人、家庭和学校特点预测 GPA 的方程中，我们发现三个因素始终能够预测各模型设定中的成绩（请参阅附录 A7）。在所有模型设置中，在考察搬到住宅项目的影响时无论匹配样本与否，无论使用的是在埃塞尔·劳伦斯家园居住还是在埃塞尔·劳伦斯家园度过的时间，拥有安静的学习空间都明显让成绩提升，而接触学校失范和暴力都使成绩下降。另外，在未匹配的回归中，不管使用在住宅项目居住的二分指标还是在住宅项目中累计度过的时间，学校质量都预测了更好的成绩。

家长和儿童都描述了学校质量和资源对学习的正面影响。下面是一位母亲对自己的孩子完成学前教育项目的描述：

> 经他的幼儿园老师建议，我们进行了测评，她给我提供了许多相关信息。我自己也做了一些调查。我询问了亲戚和儿童研究小组的其他人等，我们都同意这样。然后，我们就给他请了最好的——我不应该说是最好的——我们认为最好的学前教育老师。这在他五岁时给他提供了成长起来的时间，如果这样说得通的话。这给他一定时间让他找到自己学习的节奏，然后就是取得进步，从而让他的学习更稳定，为他一、二、三年级还有现在四年级的学习打下了基础。（现在）他是一贯都是在 A—B 之间。

因此，尽管进入竞争更强的学校有直接的负面影响，但搬入埃塞尔·劳伦斯家园能够间接提高成绩。学生进入质量更好、暴力和失范更少的学校，可以获得自己的房间和安静的学习空间，从而达到提高学习成绩的效果。所以我们暂时的结论就是搬到埃塞尔·劳伦斯家园对住宅项目子女的成绩没有整体影响，学生的 GPA 最终没有因为他们进入学习竞争更强的学校而出现明显下降。他们接受到更好的教育，但成绩没有变化。

新的生活轨迹

本章列举的证据表明搬到埃塞尔·劳伦斯家园不仅让住宅项目居民改善了居民区环境，而且让他们的生活方向转为实现心理更加健康和经济更为独立——这在以前并不可能实现。同时，搬到埃塞尔·劳伦斯家园为他们提供了更好的条件，以确保子女取得教育成功。图 8 - 18 以路径模型的形式总结了针对成年人的研究结果。从图 8 - 18 可以看出，在埃塞尔·劳伦斯家园居住减少了居民与居民区失范和暴力的接触，从而降低了他们经历负面生活事件的频率，这两个干预影响都减少了居民的精神痛苦。搬到埃塞尔·劳伦斯家园也通过减少居民与居民区失范和暴力的接触，从而减少了那些破坏经济成果的负面生活事件，直接和间接地提高了居民的经济独立性。

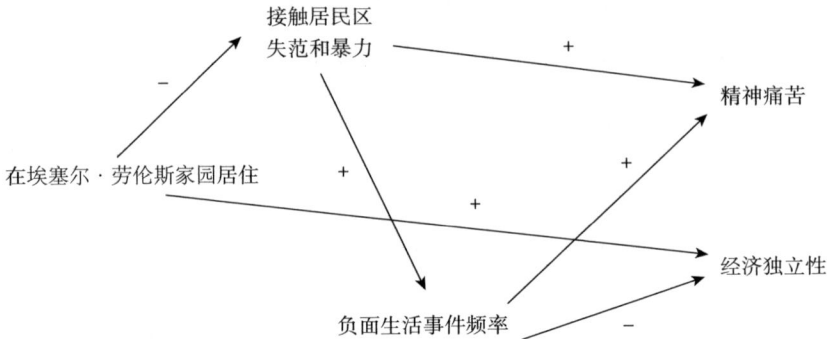

**图 8 - 18　搬到埃塞尔·劳伦斯家园如何对成年人的精神痛苦和
经济独立性产生影响**

图 8 - 19 是一个相似的路径模型，总结了我们针对儿童的研究成果。搬到埃塞尔·劳伦斯家园为家长对子女的学习提供更多支持创造了条件，同时让儿童自己在学习上投入更多时间。此外，搬家提高了儿童在家拥有安静学习空间的可能性，同时可以让其进入社会失范和暴力更少、更优质的学校。尽管后者本身就是一个有益成果，它也是间接提升成绩的干预影响。搬到埃塞尔·劳伦斯家园让居民子女进入更好、暴力更少的学校，并找到

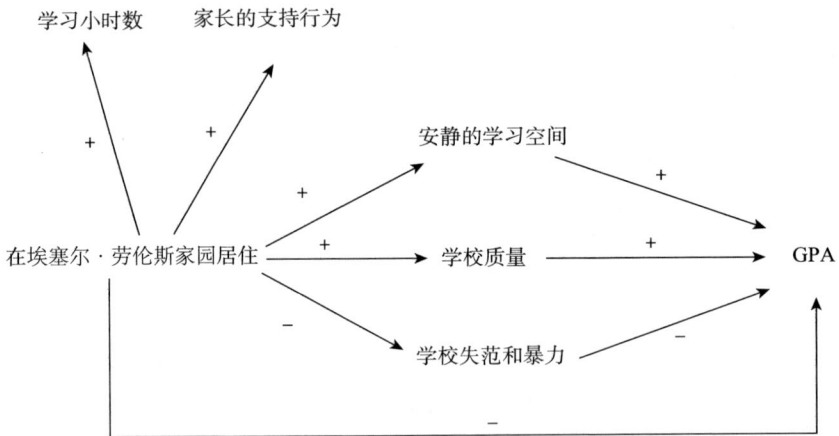

**图 8 - 19　在埃塞尔·劳伦斯家园居住对儿童学习成果影响的路径模型
（使用匹配样本估计）**

安静的学习空间，这进而提高了他们的成绩。虽然进入竞争更强的学校对他们的 GPA 有负面影响，但这个直接影响被前面说的间接影响所弥补。所以整体来看，他们的成绩没有下滑。儿童接受了更好的教育，其获得的成绩与原先相同，这将他们放在了一个上大学更有利的位置，因为劳雷尔山的学校名声远超卡姆登和新泽西州其他低收入社区的学校。

在一次关于搬到埃塞尔·劳伦斯家园对家庭影响的访谈中，一位父亲回想了他们在社区居住的 10 年中，住房的稳定性和他们家庭的成长。他告诉我们："他们种下了这周围的所有树木，各种各样的树非常美丽。我还记得他们刚种下的时候我向院子里望去，它还非常小。一年又一年过了，它们已经长大了。不只是树，我看到孩子，看到他们长得这么大，就像是我们重新扎根。这非常美好。"

第九章
保障性住房
—— 以郊区解决方案应对城市问题

　　新泽西州保障性住房之路漫长而曲折，整个过程充满重重阻碍，需要长时间通过诉讼、协商、规划和实施这一系列看似无穷无尽的过程去一个一个攻克。从 1969 年斯普林维尔社区行动委员会最初成立，到公平住宅开发公司最终在 2004 年向居民开放第二阶段的住房单元，埃塞尔·劳伦斯家园经过了 35 年才得以建成。在这几十年中，对于在劳雷尔山建立保障性住房这一可怕结局，人们表达了许多恐惧，也发起了许多控告。但是，住宅项目还是得以建成并最终开放了。在本书中，我们讲述了埃塞尔·劳伦斯家园的形成过程，还对其开放后发生的情况进行了系统分析。这样，我们研究了住宅项目给社区带来的后果，对周边居民区及其居民和租户自己带来的影响。为社会科学和公共政策所需，我们在此会回顾监督劳雷尔山研究的主要发现，并考虑这些发现对社会科学和公共政策的启示。

从未变为现实的恐惧

　　我们回顾的有关该地区政治经济的文献强调了多种原因，来解释为什么针对土地使用的争论都很情绪化且过于激烈，尤其是那些与结果有利害关系的人更是如此。通常，土地使用争论的各方都将提供居所功能和作为交换物质财富的资产视为房地产价值。虽然有时使用和交换价值会同时具备，但实际上他们经常相互冲突，而且通常那些保护使用价值的人也与那些宣传交换价值的人不同。

　　从绝对意义上讲，我们不能判断使用和交换价值在本质上哪一个更正确，而且两方的争论无法从道义上解决。相反，使用和交换价值之间的冲突必须在政治领域裁决。在劳雷尔山的案例中，埃塞尔·劳伦斯家园租户和邻居都对居民区的使用价值有浓厚的兴趣。但是，作为房屋所有者和最终出售者，邻居们也对居民区的交换价值非常感兴趣，而埃塞尔·劳伦斯家园居民则不会这样。相比之下，其他在劳雷尔山居住但不是邻居的居民对该地区的使用价值基本没什么兴趣，他们仅关注住宅项目对镇上房产交换价值的潜在影响。当然，最终利益冲突通过新泽西州最高法院以不太愉快的方式解决。

对于美国大多数家庭而言，住房产权是家庭财富单一来源中最大的部分。因此，对房价的威胁事实上就是对家庭经济状况的威胁。面临可能发生的经济损失让人们感到非常厌恶且痛苦，这种被称为"损失厌恶"的现象已是成熟的认知心理学原则（Tversky and Kahneman，1991）。结果就是，人们在保护自己的经济利益时通常表现得很"没有理性"（Kahneman，Knetsch，and Thaler，1991；Kahneman，2011）。另外，人们对于自己长大、生活和抚养子女成长的地方有情感依赖，当我们考虑到一个居住的地方对于消费者来讲不容易被替代或被放弃时，就能理解为什么针对土地使用的争端会有如此大的分歧；如果我们把种族和阶级问题叠加在土地使用问题上，那么这些混在一起的问题就非常容易燃烧。

在劳雷尔山，我们当然看到了这种可燃性。最初，在镇上建筑保障性家庭住房项目的提议遭遇了强烈且情绪化的反对。经过一系列长时间的诉讼、报纸评论、向编辑写信、规划委员会听证会、理事会会议和在其他平台上的辩论后，尖刻的语言、带有种族歧视的图画和充满怨恨的指控还是会经常出现。虽然镇上有一些居民站出来保护住宅项目和其居民，但在主流电视广播那里占主导的都是反对的声音。但是，我们对周边住宅小区居民的调查揭示，虽然公众表达的负面情绪反映了潜在的种族敌意，但争论最终更像是小题大做，而激起这场波动的是一小部分具有很强动机性、可能还存有种族敌对情绪的人。这些人鼓动民众用最强硬的手段反对住宅项目。然而，在首批埃塞尔·劳伦斯家园居民搬入后过了10多年，大多数邻居对住宅区或是不关心，或是抱有积极的态度。

虽然后来在其他社区中修建保障性住房也遭遇了尖刻的反对，但我们的结论是，政府工作人员可能被建议要忽略少数动机很强的人为反对住宅开发而做出的激烈举措。这些人与不关心或者表示赞成的大多数人相反。

其实，在埃塞尔·劳伦斯家园开放 10 年后，周边住宅小区有 1/5 的居民都没注意到镇上有保障性住宅项目；1/3 的人不知道居民区中有住宅项目；近乎 3/4 的人不知道住宅项目的名字；90% 的人从未与埃塞尔·劳伦斯家园的人有过个人接触。总结来说，项目最终开放带来的并不是轩然大波，而是低声的抱怨。

我们的研究表明，相比轩然大波，低声的抱怨其实是合理的反应。在埃塞尔·劳伦斯家园规划最终获批之前，镇上居民在争论中反复表达了他们对住宅项目开放后必然会出现的极端后果的恐惧。这些极端后果包括犯罪率上升、税收负担加大和房价下降。尽管有这些恐惧，但当我们仔细评估镇上和周边居民区的犯罪率、税收和房价趋势时，我们发现没有证据能够表明住宅项目开放对犯罪率、税收或房价有直接影响。而且，对于学校支出的间接影响因学生数量少（在将近 3000 名学生构成的区域里只有 30 人）而被弱化，而且还分散在不同的小学、初中和高中。由于在劳雷尔山，小学生的人均花销要比在他们原来的学区低，我们认为这种新的安排代表了一种更高效地利用纳税人的钱以实现更好教学成果的途径。最终，许多人预测的严重外部效应没有变为现实。

MTO 实验

我们的研究结果表明，为中低收入少数族裔居民提供的保障性住房项目可以在富裕的白人郊区进行开发，不会给周边居民区或其居民带来极大的开销。在成效方面，我们发现搬到埃塞尔·劳伦斯家园给住在项目的居民和他们子女的生活带来了显著的改善。我们在图 9-1 总结了对于成年人的影响，这重复了图 8-18 的路径图，并且在每条路径上都配有表示标准化效应的参数。我们在估计时使用的是倾向性分数匹配的埃塞尔·劳伦斯家园居民和非居民样本。

图 9-1 清楚表明，搬到埃塞尔·劳伦斯家园显著减少了居民与社会失范和暴力的接触，从而让他们经历负面生活事件的频率大幅下降。作为标准化效应，路径系数表示的是由自变量的 1 个变化标准差产生的因变量在标准单位（z 分数）上的变化。因此，如果在埃塞尔·劳伦斯家园居住的可能性提高 1 个标准差，一个人与居民区失范和暴力的接触就会降低 0.419 个标准差，遇到的负面生活事件就会减少 0.296 个标准单位。在因果链条上，居

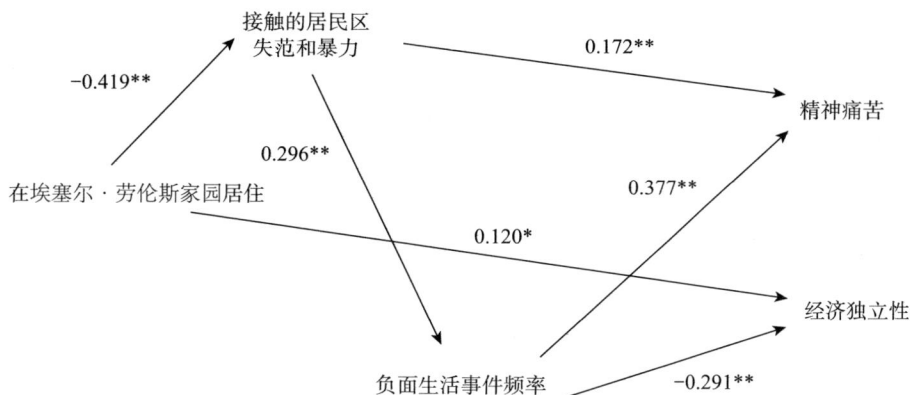

图 9 - 1 用匹配样本估计的在埃塞尔·劳伦斯家园居住对成年人精神痛苦和 经济独立性影响的路径模型

$^{*}p < 0.05$；$^{**}p < 0.01$。

民区失范和暴力每减少 1 个标准差，反过来会让精神痛苦指数减少 0.172 个标准单位；负面生活事件频率降低 1 个标准差，精神痛苦会降低 0.377 个单位，这些都是社会科学的常用标准表示的实质影响。

　　在表 9 - 1，前两组数据总结了在埃塞尔·劳伦斯家园居住对精神痛苦带来的直接和间接影响。虽然在埃塞尔·劳伦斯家园居住对心理困扰的估计直接影响为 0，但通过减少与失范和暴力的接触和降低负面生活事件的频率而带来的间接影响是 - 0.119。间接影响的估计是计算由中间变量连接"在埃塞尔·劳伦斯家园居住"和"精神痛苦"的全部路径的路径系数的乘积。由于缺少显著的直接影响，这个数字也代表了在埃塞尔·劳伦斯家园居住给精神痛苦带来的全部因果影响。如第二列所示，当使用的是未匹配样本估算方程组时，我们获得的结果相似，即间接影响和总影响都等于 - 0.126。

表 9 - 1 在埃塞尔·劳伦斯家园居住对成年人精神痛苦、成年人经济独立性和 子女教育成果的直接与间接因果影响估计

在埃塞尔·劳伦斯家园居住的影响：	匹配样本	未匹配样本
成年人的精神痛苦 *		
直接	0.000	0.000
间接	- 0.119	- 0.126
总影响	- 0.119	- 0.126
成年人经济独立性 *		

续表

在埃塞尔·劳伦斯家园居住的影响：	匹配样本	未匹配样本
直接	0.120	0.147
间接	0.049	0.007
总影响	0.169	0.154
学习时间**		
直接	0.433	0.455
间接	0.000	0.000
总影响	0.433	0.455
家长的支持行为**		
直接	0.343	0.300
间接	0.000	0.000
总影响	0.343	0.300
儿童拥有安静的学习空间**		
直接	0.432	0.370
间接	0.000	0.000
总影响	0.432	0.370
学校质量**		
直接	0.444	0.474
间接	0.000	0.000
总影响	0.444	0.474
学校失范和暴力**		
直接	− 0.344	− 0.208
间接	0.000	0.000
总影响	− 0.344	− 0.208
子女的 GPA**		
直接	− 0.327	− 0.249
间接	0.389	0.414
总影响	0.062	0.165

　　*被访者年龄、性别、种族、教育、婚姻状况、家庭中女性占比和倾向值保持不变的估计（在未匹配样本中）。

　　**控制儿童的年龄和性别以及家长的年龄、性别、婚姻状况、就业状态、大学教育情况和倾向值的估计（在未匹配样本中）。

　　在经济独立性方面，图 9 - 1 显示在埃塞尔·劳伦斯家园居住对经济独立性指数的直接影响是 0.120，作为其补充，接触居民区失范和暴力以及负面生活事件的影响是 0.036（通过路径系数 −0.419、0.296、−0.291 相乘所得），所以得出匹配样本的总影响为 0.156。这个估计的值与通过未匹配样本估计的总影响 0.154 稍有不同，但二者的影响都很强大且统计显著（$p < 0.01$）。因此，埃塞尔·劳伦斯家园居民和一组相似的自我选择出的非居民之间的系统对比得出了估计的因果效应，无论是否使用倾向性分数匹配，按照社会科学标准衡量这些影响都非常大。

通过将匹配样本分析中得到的参数估计值附在图 8 – 19 的每条路径上，图 9 – 2 总结了在埃塞尔·劳伦斯家园居住对所观察的埃塞尔·劳伦斯家园居住的青少年儿童在所选教育成果的因果影响。表 9 – 1 靠底端的数据总结了相关的直接和间接影响。虽然在埃塞尔·劳伦斯家园居住明显提高了儿童的学习时间，让家长支持学习的行为增强，但在控制其他因素时，这两个因素没有对成绩产生任何影响。所以，在埃塞尔·劳伦斯家园居住对学习时间的直接影响是 0.433，对家长支持行为的间接影响是 0.343。换句话说，在埃塞尔·劳伦斯家园居住的可能性增加 1 个标准差，可以让儿童的学习时间增加 0.43 个标准差，让家长的支持行为指数增加 0.34 个标准差。如表 9 – 1 所示，当通过未匹配方程估算系数时，影响大小差不多相同，分别为 0.455 和 0.300。

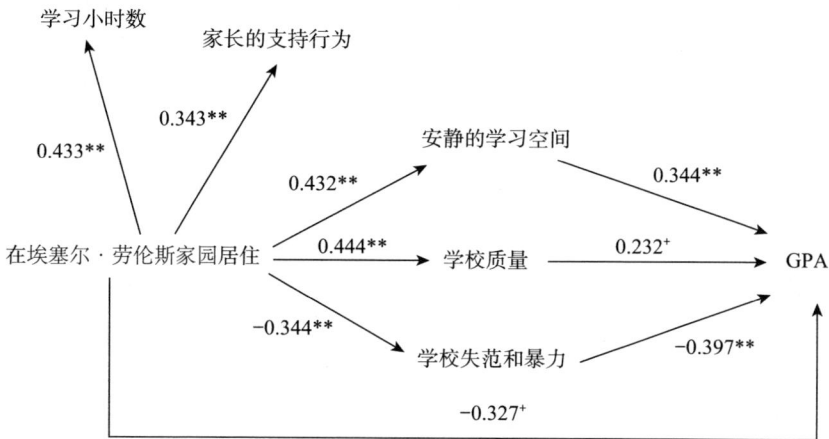

**图 9 – 2 用匹配样本估计的在埃塞尔·劳伦斯家园居住对
儿童学习成果影响的路径模型**

$**$ $p < 0.01$；$+$ $p < 0.10$。

如图 9 - 2 所示，在埃塞尔·劳伦斯家园居住对拥有安静的学习空间、学校质量与学校失范和暴力也有直接影响，当通过匹配的居民和非居民样本计算估值时，影响分别为 0.432、0.444 和 - 0.344。但是，这些变量自身对 GPA 也有影响，分别为 0.344、0.232 和 - 0.397，由此得出埃塞尔·劳伦斯家园对 GPA 的间接影响分别为 0.149、0.103 和 0.137，总共的间接影响为 0.389，这有效弥补了直接影响的 - 0.327，从而得到了较小的整体影响 0.062。在使用未匹配的居民和非居民样本估算时，得到的结果有微小差异。

这些计算证实了我们在第八章得到的初步结论，即埃塞尔·劳伦斯家园居民儿童的成绩不会因为他们到难度更大、竞争更强的学校学习而下降。虽然在埃塞尔·劳伦斯家园居住对 GPA 的直接影响其实是负值，但三个重要的间接正面影响抵消了这个负面的影响。尽管搬家后学生可能被强制推入一个更具挑战性的教育环境，但他们也更容易获得安静的学习空间（拥有自己的房间或住宅项目资助的"课业小组"）；他们可进入质量更好、失范和暴力发生率较低的学校。而且所有这些收获都让他们的 GPA 有所提升，抵消并超出在要求更高的学习环境中竞争带来的负面影响。

为了显示直接和间接影响相互补偿后带来的总影响如何对随着在埃塞尔·劳伦斯家园度过时间而变化的成绩产生作用，我们在其他变量保持在平均值时，使用匹配和未匹配的回归方程预测了在住宅项目居住年限不同时，学校质量指数、学校失范和暴力以及拥有安静学习空间的可能性。然后，我们将这些预测值代入回归模型，以预测将其他变量控制在平均值时，在埃塞尔·劳伦斯家园居住不同年限所获得的成绩，从而通过居住年限计算出预期的 GPA。图 9 - 3 显示了这个计算结果。

虽然未匹配模型的预测显示随着在住宅项目度过的时间而增加，GPA增长较匹配模型而言更为显著，但两组预测都表明随着在住宅项目居住的时间增长，成绩会有所提升。从匹配比较中可以看出，GPA 从最初的 2.85开始上升，大约 4 年后达到大约 3.08 并趋于平稳。而在未匹配比较中，GPA 增长更稳、幅度更大，其从最初的 2.57 上升到 10 年后大约 3.0（见图9 - 3）。不论以哪种方式，住宅项目居民通过间接途径，使其成绩优势随着时间的推移得到提升，我们至少可以得到的结论是：尽管搬到埃塞尔·劳

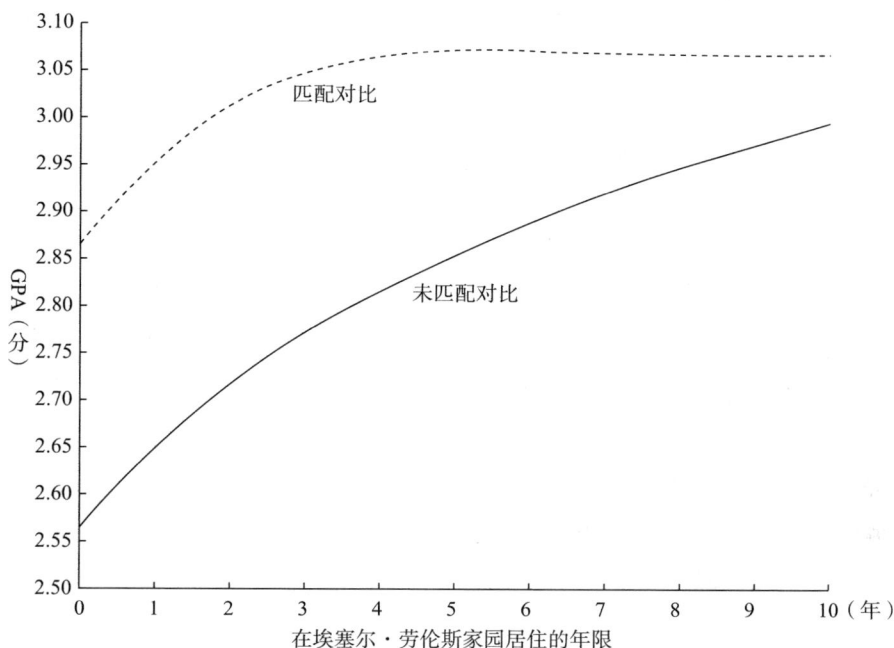

图 9 - 3　在埃塞尔·劳伦斯家园居住的年限对学生 GPA 的影响

伦斯家园让学生在竞争性更强、要求更高的学校中接受更好的教育，但并未使学生的成绩降低。

对社会科学和社会政策的启示

这些发现对社会科学有重要的实质性和理论性启示，对社会政策也具有实用的启示。在社会科学方面，学者们对于"居民区影响"的存在和本质一直有争议。社会科学家们一直都在讨论基于个人与家庭环境的影响或在个人与家庭环境的影响之外，在居民区内接触的正面或负面环境是否会影响一个人的人生机遇，以及如何影响。尽管许多研究说明即便增加控制后，居民区环境和个人福利之间在多种维度上存在明确的相关关系，但横剖甚至纵贯的回归模型都不能真正排除内生性作为另一种解释，就是无法测量的变量同时导致贫困人口搬到贫困居民区，并做出使他们不利的行为。

虽然最近准实验研究致力于通过比较实验组和对照组的结果来排除这个挑战性的假设，但社会科学家们早期的努力并未获得成功。截至目前，两个重要的研究都是基于房屋流动项目，即试图将贫困人口搬入更好的居民区然后观察结果的干预措施。在高特罗示范项目中，公共住房居民被要求从住宅项目搬到城市或郊区的居民区。在 MTO 示范项目中，调查者试图随机将公共住房居民分配到高度贫困和低度贫困的地方。但在前一个实验中，向实验组和对照组分配的过程其实一点也不随机。而在后者中，分配后进行的选择过程中未进行随机分配。尽管两项研究都发现搬到更好的居民区其实会改善人们日常生活的环境，并且能让人们拥有更好的心理健康，但高特罗住宅项目发现成年人的经济状况和儿童的教育成果都有明显改善，而 MTO 示范项目未发现这一点。

我们的研究同样也源于房屋流动项目——埃塞尔·劳伦斯家园是为让中低收入少数族裔家庭搬入富裕的白人郊区而建立的保障性住房项目。通过使用结构等同的实验组和对照组，我们能够确认搬入埃塞尔·劳伦斯家园让住宅项目参与者的居民区环境有了大幅提升。我们通过两种独立的方式，对居民区环境改善进行统计论证：第一种是对比住宅项目居民在搬家之前和之后经历的居民区失范和暴力；第二种是将埃塞尔·劳伦斯家园居民和对照组的非居民进行对比（非居民也是自己选择进入富裕白人郊区的保障性住房项目，我们采用倾向值匹配使其均等）。因此，尽管实验组和对照组缺少随机分配，但二者之间的可比性仍有一定保证。相同的比较也证实了改善居民区环境不会以破坏与亲朋好友之间的人际交往或影响获取日常生活所需的基本服务为代价，该事实一直持续到后来。

在论证完搬入埃塞尔·劳伦斯家园会使与失范和暴力的接触大幅下降后，我们在匹配和不匹配的埃塞尔·劳伦斯家园居民和非居民对照组之间进行了一系列的比较。我们发现，搬入埃塞尔·劳伦斯家园让负面生活事件明显减少，降低了精神痛苦程度，增加了就业和收入，同时降低了福利的接收，总体上提高了参与其中的成年人的经济独立程度。对儿童来说，在埃塞尔·劳伦斯家园居住提升了他们所上学校的质量，减少了他们与校园暴力和失范的接触，同时为更多学生提供了安静的学习空间，让他们得到的父母教育更具支持性，使其获得了更有益于学习的环境。反过来，拥有安静的学习空间和进入更好，暴力、失范更少的学校让他们得到的成绩更高。考虑到研究设计，我们认为这些影响可以被当作因果解释，因此证实了居民区对生活轨迹的解释有重要意义，而且对社会经济成果的影响确实存在。

在社会政策方面，我们的结果表明在富裕的郊区开发保障性住房项目是一个有效的方法，可以降低种族和阶层的隔离程度，同时增加内城居民的社会流动。经济状况上的跨越由成年人实现，教育成果上的显著提升是儿童搬入埃塞尔·劳伦斯家园后才实现的。总而言之，实现这些进展没有给住宅项目居民带来明显的社会代价，也没有给住宅项目周边的居民或郊区社区带来经济代价。

住宅项目也未给新泽西或劳雷尔山镇的纳税人带来严重的代价（为阻止住宅项目动工而提起诉讼所花费的金钱除外）。埃塞尔·劳伦斯家园旨在让所有的住宅单元对各种低收入和中等收入家庭而言都负担得起。所以，在资金上埃塞尔·劳伦斯家园能够自我维持，利用租户的租金（视收入而调整）和储备资金提供包括债务偿付开支在内的每年运营费用——这反映了住宅项目可用的补助金来源多种多样。资助埃塞尔·劳伦斯家园建成的资金主要有两个来源：联邦收入住房返税计划的股票，以及通过住房和抵押贷款金融机构、新泽西社区事务部和联邦住房贷款银行的保障性住房项目获得的新泽西州低利贷款。我们的研究结果表明这些项目的确是利用公共资金进行的良好投资——改善基础设施（提升住宅存量），增加人口收入并降低依赖性（提高平均收入和就业率，同时降低福利使用），还有创造新的、更优质的人力资本（改善儿童的教育成果）。

更具体的是，我们的研究结果显示，针对支付能力介于地区收入中位数10%～80%之间人群的百分之百保障性住房项目可以在任何地方成功开展，前提是可以使用必要的附加低利贷款或无利贷款。埃塞尔·劳伦斯家园能够建成并有人入住的主要原因是通过低收入住房返税计划获得资金。如第三章讲到的，这些资金将近占项目总资金的一半。LIHTC 计划在 1986 年由《税收改革法案》确立。自开始起至今，LIHTC 计划已经为 3.3 万个住宅项目的 200 万个住宅单元提供了资金，其中有将近 40% 的住宅单元位于郊区（McClure，2006）。其实，LIHTC 在郊区开发的住宅单元占比一直在稳步上升：20 世纪 90 年代初有 9000～1.1 万个住宅单元坐落在郊区，90 年代中有 1.7 万～2.9 万个，90 年代末至 21 世纪初有 3.3 万～3.9 万个（McClure，2006）。

劳雷尔山的情况只是在美国变得越来越广泛的现象中的一部分，它有潜力成为现有空间隔离形式的重大干预措施，为数千人提供脱贫的途径。埃塞尔·劳伦斯家园的真正独特之处在于它面向支付能力范围更广、差异

更大的潜在租户。美国大多数 LIHTC 资助的住宅项目对于收入中位数 60%
的家庭来说是 100% 支付得起，而埃塞尔·劳伦斯家园提供的住宅单元让处
于收入中位数 10%~80% 的家庭都支付得起。虽然 LIHTC 资金足够资助大
多数保障性住房项目（不论开发商是否以盈利为目的），但仅凭 LIHTC 资金
通常不足以供给劳雷尔山面向多种支付能力的住宅项目的总费用，因此在
堵住缺口时，州政府资金非常重要。因此，我们的研究结果对 LIHTC 项目
的持续和潜在扩张表示认可，同时也请求州政府给予更大的支持以使得郊
区住宅面向更广范围支付能力的居民。

　　对内部居民和周边社区而言，埃塞尔·劳伦斯家园住宅项目大获成功
不是偶然，而是很多人（尤其是那些与公平住宅开发公司和公平分配房屋
中心有联系的人）通过努力、仔细规划和执着的监督才得以实现的。尽管
从我们所用的数据中不太可能确定对埃塞尔·劳伦斯家园成功起主要作用
的设计和实施要素，但是一些显著的要素仍凸显出来。

　　首先，埃塞尔·劳伦斯家园居民都是自己选择并经过筛选。全部租户
竭力来到公平住宅开发办公室领取、填写并提交申请表，以申请宣传中称
按照"先到先得"的原则分配的住宅单元。顾名思义，这些人的动机几乎
都是改善自己的生活和住宅区，然后获得更多机会提升社会经济状况。另
外，全部申请人都经过筛选以挑选出那些更可能融入社会、发挥经济优势、
支付房租、与他人友好相处并对自己的住宅进行维护的"优质租户"。

　　埃塞尔·劳伦斯家园因此不是为美国所有贫困和弱势家庭提供了流动
性典范。那些陷入药物滥用、犯罪行为、家庭暴力和家庭不稳定的人不是
保障性住房的好的候选人。他们的问题可能比较复杂、相互联系、各式各
样，所以需要综合干预而不是简单地在配有优质学校的平静的居民区为他
们提供良好的住房。但是，对于几百万低收入和中等收入家庭而言，保障
性住宅开发确实是一个合适的干预措施。这些家庭当前陷于贫困的城市居
民区中，没有其他的地方可以去，但是他们在学校和工作中坚持不懈，希
望能有改善的机会。对于他们而言，像埃塞尔·劳伦斯家园这样的保障性
住房开发能够让他们的生活轨迹发生大幅转变，使其向社会经济成功、教
育成就和真正融入美国中产阶层靠拢。

　　其次，住宅项目面向更广范围支付能力的居民。在 20 世纪五六十年代，
公共住房都留给最需要的家庭，这实际上使住宅项目构成了贫困空间集聚，

营造了难以维持的社会和经济环境。作为对比，埃塞尔·劳伦斯家园住宅单元的设计是提供给多种收入的家庭，从处于收入中位数 10% 的个人（5630 美元）到收入中位数 80% 的五口之家（69440 美元）不等。尽管所有家庭都希望通过搬入保障性住房获益，但不是所有家庭都处于极度贫困之中。经济贫困集聚的恶性后果因此而减轻，这些后果在声名狼藉的住宅项目中显而易见，例如芝加哥的罗伯特·泰勒家园（Venkatesh，2000）和圣路易斯的普鲁特·伊戈住宅开发项目（Rainwater，1970）。

再次，重视住宅项目的设计和审美。住宅项目环绕尽端路和公共绿地而建，离开了主干路并被田野和树林包围，其外观有意模仿周边住宅小区的普遍外观而设计。联建住宅的建筑风格模仿了周边居民区和该地区其他富裕郊区的建筑风格，美观的联建住宅建筑使用的材料和油漆的颜色天衣无缝地融入了周边地区，例如街对面的度假村。另外，住宅项目从最初就有园林景观的开发预算，而且在运营预算中一直都有园林维护这一项，从而确保了住宅项目一直保持美观，且外人无法从周围的社区辨别出这是"保障性住房"。这样一来，开发商能够减弱周边居民的反应，而且在这个住宅项目开放时许多人甚至没有注意到这是保障性住房。他们这样做也避免了在美国经常与"公共住房"相关的视觉烙印。

最后，住宅项目不仅仅是租赁中介在进行管理。从最初开始，住宅区内的社会组织都经过仔细设计和规划。所以，实体布局和建筑结构的规划都采用清晰的视野着眼于如何影响社会互动，以及如何提升非正式社会控制的可能性。这种清晰的视野提供了许多 Jane Jacobs（1969）所说的"街道眼"，即人们从自己的住宅凉台，还有吸引儿童玩耍、成年人进行休闲社交活动的绿地来观察公共空间。管理干预在住宅项目租户中积极地建立了社会凝聚力，为他们提供了面对面进行正式讨论和非正式活动的空间和机会；发起和帮助组织维持居民区监督小组，为儿童提供"课业小组"（同时为工作的家长提供放学后的儿童托管服务，以及在儿童中形成人力资本以促进教育成果）。

不论成功的具体原因是什么，作为促进美国大都市种族和阶层融合的社会政策，以及作为在整个社会实现减贫与经济流动的实践项目，埃塞尔·劳伦斯家园都验证了进一步开发保障性家庭住房的理论。我们的研究结果明确表明，为低收入和中等收入少数族裔家庭提供的保障性住房能够在富裕的白人郊区中修建，不会对原有社区或其居民带来明显的损失，同时能够提高住宅项目居民的经济独立性，并改善居民子女的教育成果，这一切给纳税人在总体上带来的代价非常小或完全没有。对于所有相关人员来说，这都是个双赢的前景。

附　录

附录 A1　对埃塞尔·劳伦斯邻近居民区居民的调查

引言。你好！我代表普林斯顿大学正在进行一项调查，想要了解当地居民区的住房条件和需求。调查仅需大约 10 分钟的时间。请问你的家中是否有 18 岁或以上的人能够介绍一下居民区吗？

我可以向谁了解以下这些问题？调查仅需 10 分钟左右。

1. 你在何年何月搬到现在的住宅？

如果在 2000 年之前搬入：

2a. 现在请你回想 2000 年之前和之后居民区的样子。这里居民区是指以你的家为圆心，半径为两个街区的范围。我将列出居民区的一些特点，然后请你告诉我在 2000 年后，这些特点减少很多、减少一点、差不多没变、增加一些、增加很多：

a. 房价。在 2000 年后，它们减少很多、减少一点、差不多没变、增加一些、增加很多？

b. 当地交通？

c. 种族和信仰多样性？

d. 噪声？

e. 空气污染？

f. 垃圾废物收集频率？

g. 回收服务的频率？

h. 街头涂鸦？

  i. 公共学校中的考试成绩？

  j. 街头游手好闲或闲逛的人？

  k. 犯罪率？

  l. 整体生活质量？

  3a. 现在请回想一下 2000 年之前和之后劳雷尔山镇的情况。我会列出相同的指标，然后请你告诉我在 2000 年后，这些特点减少很多、减少一点、差不多没变、增加一些、增加很多：

  a. 房价。在 2000 年后，它们减少很多、减少一点、差不多没变、增加一些、增加很多？

  b. 当地交通？

  c. 种族和信仰多样性？

  d. 噪声？

  e. 空气污染？

  f. 垃圾废物收集频率？

  g. 回收服务的频率？

  h. 街头涂鸦？

  i. 公共学校中的考试成绩？

  j. 街头游手好闲或闲逛的人？

  k. 犯罪率？

  l. 整体生活质量？

  4a. 你认为自家房子的价值在最近房地产衰退时期是否下降？如果是：下降了多少？

  如果在 2000 年之后搬入：

  2b. 现在请你回想自己搬来后居民区的样子。这里居民区是指以你的家为圆心，半径为两个街区的范围。我将列出居民区的一些特点，然后请告诉我在你来到这个居民区后，这些特点减少很多、减少一点、差不多没变、增加一些、增加很多：

  a. 房价。在 2000 年后，它们是变得减少很多、减少一点、差不多没变、增加一些、增加很多？

    b. 当地交通？

    c. 种族和信仰多样性？

    d. 噪声？

    e. 空气污染？

    f. 垃圾废物收集频率？

    g. 回收服务的频率？

    h. 街头涂鸦？

    i. 公共学校中的考试成绩？

    j. 街头游手好闲或闲逛的人？

    k. 犯罪率？

    l. 整体生活质量？

3b. 现在请回想一下自己搬来之后劳雷尔山镇的情况。我会列出相同的指标，然后请你告诉我在你搬到这个居民区后，这些特点是减少很多、减少一点、差不多没变、增加一些、增加很多：

    a. 房价。在 2000 年后，它们是减少很多、减少一点、差不多没变、增加一些、增加很多？

    b. 当地交通？

    c. 种族和信仰多样性？

    d. 噪声？

    e. 空气污染？

    f. 垃圾废物收集频率？

    g. 回收服务的频率？

    h. 街头涂鸦？

    i. 公共学校中的考试成绩？

    j. 街头游手好闲或闲逛的人？

    k. 犯罪率？

    l. 整体生活质量？

4b. 你认为自家房子的价值在最近房地产衰退时期是否下降？如果是：

下降了多少？

全部受访者：

5. 你是否注意到劳雷尔山镇已经开始修建或提议修建保障性住房项目？
是＿＿＿＿＿＿　　　　否＿＿＿＿＿＿

6. 你是否注意到附近（离家 1 英里范围内）有保障性住房项目或已经开始修建保障性住房项目？
是＿＿＿＿＿＿　　　　否＿＿＿＿＿＿

如果是，请问以下问题：

a. 能否告诉我该住房项目的名称？
否＿＿＿＿＿＿是：逐字写下答案：＿＿＿＿＿＿＿＿

b. 它的位置在哪里？
逐字写下答案：＿＿＿＿＿＿＿＿

c. 如果描述这个住房项目的居民，你首先想到的是哪 5 个词？
逐字写下答案：＿＿＿＿＿＿＿＿

d. 你自己认识这个住房项目中的居民吗？
是＿＿＿＿＿＿　　　　否＿＿＿＿＿＿

e. 你是否与这个住宅项目中的居民有过接触？
是＿＿＿＿＿＿　　　　否＿＿＿＿＿＿

f. 如果受访者回答说有过互动：请列出所有与该住房项目居民有过互动的地点：
逐字写下多个答案：＿＿＿＿＿＿＿＿

g. 如果你有学龄儿童，他们与此住房项目中的儿童是否成为朋友？

7. 感谢你和我们分享你的看法。在结束之前，我们想请你回答几个关于你自己的问题：

a. 你的年龄多大？

b. 你是什么种族或族裔？

c. 你现在有工作还是在找工作？

如果有工作：是全职还是兼职？

目前的职业是什么？

d. 你的受教育年限是几年？

年限_____

如果回答是：高中毕业：记为 12 年

大学毕业：记为 16 年

高等学位：记为 17 年

结束。我们的问题到此为止。感谢你的参与。

附录 A2　对劳雷尔山政府官员的访谈导引

1. 你做现在的工作多久了？

2. 你知道埃塞尔·劳伦斯家园在劳雷尔山的位置吗？

3. 在 2000 年之前，你对在劳雷尔山修建保障性住房是支持还是反对？

4. 你是否亲自或在工作上参与过埃塞尔·劳伦斯家园的审核过程？是以什么样的身份参与过？

5. 你是否听说过公平住宅开发公司？你对这家公司都有哪些了解？

6. 你是否与公平住宅开发公司的人有过接触？在何种情况下以何种身份有过接触？

7. 你是否与埃塞尔·劳伦斯家园的居民有过接触？在何种情况下以何种身份有过接触？

8. 你怎么描述埃塞尔·劳伦斯家园的居民？

9. 埃塞尔·劳伦斯家园的居民与劳雷尔山的其他居民接触程度如何？

10. 埃塞尔·劳伦斯家园的修建和入住给劳雷尔山带来了哪些益处？

11. 埃塞尔·劳伦斯家园的修建和入住给劳雷尔山整体带来了何种代价，给你的机构带来了何种代价？

12. 你是否听说过劳雷尔山居民对埃塞尔·劳伦斯家园的一些负面言论？

13. 你支持还是反对在劳雷尔山其他地方修建类似的住房？

14. 你支持还是反对在邻近城镇修建类似的住房？为什么？

15. 埃塞尔·劳伦斯家园与镇上其他营利性住房的外观相似还是有差异？

16. 你是否与其他城市的政府官员讨论过保障性住房？

附录 A3   埃塞尔·劳伦斯家园的居民和非居民控制案例的调查问卷

介绍。你好。我代表普林斯顿大学正在进行一项调查，想要了解你所住的居民区当前的环境和 1999 年的环境，其间有何变化，以及你和家人如何适应这些变化。本次调查所需时间大约为半个小时。我能问你几个问题吗？

1999 年受访者的环境

首先，请回忆在 1999 年 12 月（就是庆祝千禧年的时候）你住的房子。你能想起那时在哪里与谁一起居住吗？我想了解一些关于你的家庭和居民区环境的信息。

1. 请告诉我在 1999 年 12 月你与谁在一起居住？包括任何在你家里居住的人，即使他们不是你的亲戚也没有与你度过一整年的时间也无妨。请从你自己开始。

与受访者的关系	性别	年龄	是否上学？	受教育年限	全职还是兼职工作？	是否全年都在这里？

2. 回想你 1999 年居住的地区，请估算非裔、拉丁裔、亚裔在你的居民区中（即以你的公寓为圆心，半径为 3 个街区的范围内）所占的百分比。

非裔或黑人约占比例：_____

拉丁裔或西班牙裔约占比例：_____

亚裔约占比例：_____

3. 1999 年你在这个居民区居住时，在一个日历年中，你看到以下情况的频率是怎样？

	从不	很少	有时	经常	频繁	每天
街上有无家可归的人						
街上有卖淫者						
帮派分子在街上闲逛						
街上有吸毒工具						
有人公然贩卖违禁药品						
有人公然使用违禁药品						
有人公然饮酒或喝醉						
公然进行身体暴力						
听到枪击声						

4. 1999 年你在这个居民区居住时，在一个日历年中，你与以下这些人接触的频率如何？

	不适用	从不	很少	有时	经常	频繁	每天
祖母							
母亲							
父亲							
兄弟姐妹							
其他家庭成员							
隔壁邻居							
最好的朋友							

5. 1999 年你在这个居民区居住时，前往以下地点时的难易程度如何？

	不适用	非常容易	还算容易	一般	稍有困难	非常困难
杂货店						
药店						
工作地点						
孩子的学校						
日托中心						
诊所						

6. 1999 年当你前往下述地点时，通常需要花多长时间？

杂货店？

药店？

工作地点？

日托中心？

孩子的学校？

诊所？

7. 总体来说，你认为 1999 年自己的健康状况如何？你认为是极佳、很好、好、一般或不太好？

8. 你还记得 1999 年自己的居住地址吗？

写下门牌号、街道、城镇或城市和邮编：＿＿＿＿＿＿＿＿

受访者现在的环境

9. 现在我想了解当前与你一起生活的人。请告诉我现在你家中有谁一起居住？和之前一样，请涵盖家中住的全部人员，即使他们不是亲戚或者没有和你度过一整年。请放心，我们会将此信息保密。特别注意的是，埃塞尔·劳伦斯的员工不会获得此信息。请从你自己开始。

与受访者的关系	性别	年龄	是否上学？	受教育年限	全职还是兼职工作？	是否全年都在这里？

10. 考虑一下你现在居住的地区，请估算非裔、拉丁裔、亚裔在你的居民区中（即以你的公寓为圆心，半径为三个街区的范围内）所占的百分比。

非裔或黑人约占比例：＿＿＿＿＿

拉丁裔或西班牙裔约占比例：＿＿＿＿＿

亚裔约占比例：＿＿＿＿＿

11. 过去 12 个月中，你看到以下情况的频率：

	从不	很少	有时	经常	频繁	每天
街上有无家可归的人						
街上有卖淫者						
帮派分子在街上闲逛						
街上有吸毒工具						
有人公然贩卖违禁药品						
有人公然使用违禁药品						
有人公然饮酒或喝醉						
公然进行身体暴力						
听到枪击声						

12. 过去 12 个月中，你与以下这些人接触的频率如何？

	不适用	从不	很少	有时	经常	频繁	每天
祖母							
母亲							
父亲							
兄弟姐妹							
其他家庭成员							
隔壁邻居							
最好的朋友							

13. 过去 12 个月中，你前往以下地点时的难易程度如何？

	不适用	非常容易	还算容易	一般	稍有困难	非常困难
杂货店						
药店						
工作地点						
孩子的学校						
日托中心						
诊所						

14. 过去 12 个月中，当你前往下述地点时，通常需要花多长时间？
杂货店？
药店？

工作地点？

日托中心？

孩子的学校？

诊所？

15. 总体来说，你认为过去 12 个月中自己的健康状况如何？你认为是极佳、很好、好、一般或不太好？

16. 请告诉我们在过去 12 个月中，你遇到以下情况的频率如何？

	从不	几次	每周一次	几乎每天	每天
头痛					
胃痛或肚子痛					
突然无故感觉浑身发热					
冷汗					
无故感到身体虚弱					
嗓子痛或咳嗽					
无故感到非常疲惫					
尿频或尿痛					
感觉很恶心					
醒来感觉疲惫					
例如皮痒或痤疮等皮肤问题					
头晕					
胸痛					
脉搏急促或心跳加快					
肌肉或关节酸痛					
食欲不振					
入睡或睡眠困难					
难以放松					
频繁哭泣					
恐惧					

17. 你获得的最高学位、学历或证书是什么？

逐字写下答案：＿＿＿＿＿＿＿＿

    a. 你在哪年获得学位、学历或证书？_____

18. 你现在是否在上学？
    否
    如果是，请问是几年级？_____

19. 你现在是在工作赚钱吗？即使你的工作是"账外支付"，我们也希望了解。
    否
    如果是：
    每周工作的小时数：_____
    薪资：_____每_____
    当前职业：_____
    当前职业的工作时间：年_____月_____

20. 你目前是否拥有摩托车？
    是_____
    否_____你是否有可靠的途径使用汽车？

21. 每周你有几天会使用公共交通工具？

22. 此居民区中公共交通服务如何？
    非常差、很差、较好、非常好？

23. 你目前的婚姻状况如何？
    已婚，与配偶一起居住
    已婚，但与配偶分居
    与爱人同居
    离婚
    从未结婚
    丧偶

24. 过去 12 个月中，你或者与你生活的人遇到以下事件的次数是多少？

    严重疾病

    严重创伤

    死亡

    意外怀孕

    被警察逮捕

    判处监禁

    从学校开除

    失业

    失去住处

    抢劫

    盗窃

25. 过去 12 个月中，你的亲属或者朋友遇到以下事件的次数是多少？

    严重疾病

    严重创伤

    死亡

    意外怀孕

    被警察逮捕

    判处监禁

    从学校开除

    失业

    失去住处

    抢劫

    盗窃

谢谢您的参与。以上是全部问题。

附录 A4　倾向性分数使用的变量

为了计算每位申请者的倾向性分数，当参与者在埃塞尔·劳伦斯家园居住过时，我们将因变量定为 1；如果未居住过，则为 0。我们采用 Stata 的

psmatch2 指令通过以下一系列的变量生成倾向性分数：

候选名单上的位置。全部埃塞尔·劳伦斯家园申请者都按提交申请的顺序列在候选名单中。因此，候选名单上的数字越小，越有可能搬入家园。申请者在候选名单上的位置由此可被视为申请者被选中搬入住宅项目的实际可能性指标，以及他/她希望被选中的进取心，因为进取心更强的申请者理论上会在进取心较弱的申请者之前提交申请。当管理者开启新一轮的申请时，他们会列一张新的等候名单。这表示我们抽样范围中的申请者在五张候选名单中的一张上：2000、2003、2006、2007 或 2010。一些候选名单比其他的要长得多，这使得在回归方程中很难只包含候选名单号码——根据那一年候选名单的长度，候选名单上"200"号的可能性或许差不了太多。所以，对于 5 轮申请中的每一轮，我们会将名单等分为 4 份，然后生成了一套虚拟变量（能够表明申请者在哪个四分位）。这些虚拟变量都包含在模型中（reference = Quartile 1）。还有一小部分申请者（大约占全部个案的 2.6%）未出现在候选名单上。我们在公平住房开发查阅归档的申请时发现了他们的申请材料。这些个案也被加入抽样范围，但是没有指定候选名单号码。我们单独为其指定了虚拟变量（表明他们没有被指定候选名单号码）。

在埃塞尔·劳伦斯家园所需的卧室数量。家园提供包含 1 间、2 间和 3 间卧室的住宅单元。据管理人员讲，3 间卧室的住宅单元需求量最大——这表示需要 3 间卧室的家庭被选中搬入的可能性相对小一些。我们包含了范围为 1~3 的连续变量，以表示所需的卧室数量。

与家庭成员同住。为了测定申请人对家庭资源的获取情况，我们加入了 1 个二分变量，以测量他们申请搬入家园时是否与家人同住。

女性。我们包含了 1 个虚拟变量以表明申请者是否为女性。

婚姻状况。我们设置了 4 个虚拟变量以表明申请者的状况：从未结婚（参照组）、已婚、离婚/分居和丧偶。

年龄。年龄被编码为连续变量。

有子女。我们加入了 1 个虚拟变量以表明申请者在申请中是否（是 = 1）将 18 岁以下子女列为潜在居民。

收入。我们要求居民自己报告并提供收入证明，其中包含非工资收入（例如贫困家庭临时补助或社会保险）。在申请过程中做得充分的申请者还会让公平住宅开发公司的员工验证收入。我们利用全部可用资料中的数据构建了一个指标，衡量申请者在申请搬入家园时的收入。为方便解释，我们将收入标准化后进行倾向性分数分析。每当遇到缺少收入的个案时，我们填补其收入为婚姻状况、年龄和性别都相同的其他个案的平均年收入。我们在模型中包含了 1 个变量表示受访者的收入是否为填补（N = 8）。

居民区特点。申请者在申请中需提供当前的地址。一些申请者提供了 P. O. 邮箱，我们为这些申请者指定的地址与 P. O. 邮箱对应的邮局相同。然后，我们给这些地址进行地理编码，并附上申请者所在人口普查区的相关特征。最终模型包括以下指标：黑人占比、西班牙裔占比、闲置住宅单元占比、出租住宅单元占比以及联邦贫困线以下的人口占比。

申请埃塞尔·劳伦斯家园的原因。在申请末尾，申请者要提供他们申请在住宅项目居住的原因。答案是开放式的，而且用来创建两个虚拟变量以表示居民的搬家动机：与住房有关的需求（需要保障性住房、无家可归、房租到期、需要更多空间等）；与安全和机遇有关的原因（想要更好的校区、想要更安全/更好的环境、希望家人生活更好等）。我们也建立了 1 个虚拟变量以表示受访者是否回答了这个问题。最后，假设有子女且关心安全问题的申请者可能更加积极地想要搬入埃塞尔·劳伦斯家园，我们在申请者是否有子女和是否提到与安全和机遇相关的原因之间创建了 1 个交互变量。

附录 A5　对居民和非居民家庭中 12 ~ 18 岁成员提出的问题

1. 列出第 8 个问题中的家庭名单

2. 你现在是在公立学校、私立教会学校还是私立非教会学校就读？

（　）公立（　）私立教会（　）私立非教会（　）其他（请说明）

学校名称是什么？ _____

3. 你现在上几年级？ _____

4. 你收到的最后一份成绩单中，每项成绩获得了几次？

A 的数量：

B 的数量：

C 的数量：

D 的数量：

F 的数量：

5. 你收到的最后一份成绩单中，以下课程各有几次？

　　英语课_____

　　数学课_____

　　历史课_____

　　科学课_____

　　外语课_____

　　职业课_____

6. 回想一下你现在所上学校的种族和族裔组成，请估计全体学生中非裔、拉美裔和亚裔所占的百分比：_____

　　非裔或黑人大约占比：_____

　　拉丁裔或西班牙裔大约占比：_____

　　亚裔大约占比：_____

7. 在过去 3 个月的上学时间中，你在学校看到以下行为的频率如何？

	从不	很少	有时	经常	频繁
学生打架					
学生吸烟					
学生接吻或爱抚					
学生上课迟到					
学生逃课					
学生逃学					
学生对教师或校长喊叫或恐吓					
学生推搡或殴打教师或校长					
故意破坏学校或个人财产					
偷窃学校或个人财产					
学生买酒					
学生吸毒					
学生持刀					
学生持枪					
学生抢劫其他学生					

8. 在过去 12 个月内，你的家长做以下事情的频率如何？

	从不	很少	有时	经常	频繁	总是
检查你是否完成作业						
在作业上为你提供帮助						
参与家长教师联合会（PTA）						
与你的朋友交谈						
与你的朋友家长交谈						
在你获得好成绩时给予奖励						
在你成绩差时施加惩罚						
在你不听话时施加惩罚						
限制你看电视						
限制你玩电子游戏						
限制你与朋友在一起的时间						
有设定夜里回家时间						
要求你做家务						
带你去艺术馆						
带你去科技中心或博物馆						
带你去图书馆						

9. 在过去 3 个月内，你参与以下活动的频率如何？

	从不	很少	有时	经常	频繁
学校里有组织的体育活动					
校外有组织的体育活动					
即兴比赛（游戏）					
话剧或戏剧活动					
校内乐队或乐团					
校内辩论					
校内啦啦队					
操练队					
活力俱乐部或相关活动					
学生会					
舞蹈课					
私人音乐课					

	从不	很少	有时	经常	频繁
私人美术课					
童子军活动					
社区志愿活动					

10. 在过去 3 个月内，你自己使用以下物品的频率如何？

	从不	很少	有时	经常	频繁
日报					
星期日报纸					
新闻周刊					
百科全书					
词典					
地图册					
电脑					
互联网					
便携式计算器					
钢琴					
其他乐器					

11. 在过去 3 个月内，你估计自己的母亲使用以下物品的频率如何？

	从不	很少	有时	经常	频繁
日报					
星期日报纸					
新闻周刊					
百科全书					
词典					
地图册					
电脑					
互联网					
便携式计算器					
钢琴					
其他乐器					

12. 到目前为止，晚上学校有课时你最晚在外面待到什么时候？
    大概时间：_____

13. 到目前为止，周末晚上你最晚在外面待到什么时候？
    大概时间：_____

14. 你现在有自己的卧室吗？　有/没有
    如果没有，你与几个人共用卧室？_____

15. 你有特定的、不被人打扰的学习地点吗？　有/没有

16. 对于学年里典型的 1 周，请对自己在以下几方面进行评估（评估所有适用项）：
    你看电视或视频的小时数
    你玩电子游戏的小时数
    你学习或做作业的小时数
    你为获取信息或兴趣而阅读的小时数
    你听音乐的小时数
    你做家务或杂务的小时数
    你在家照看兄弟姐妹的小时数
    你在家外面工作的小时数
    你在校外与朋友社交花费的小时数

17. 现在你的学校中，你认为下述行为在朋友眼中是非常不好、有点不好、说不清、比较好还是非常好？这里"好"指的是被别的学生尊敬或羡慕。

	非常不好	有点不好	说不清	比较好	非常好
在课外努力学习					
在课堂上提出挑战性问题					
在课堂上主动提供信息					
在课堂上回答老师的问题					

	非常不好	有点不好	说不清	比较好	非常好
用新的、独到的理念解决问题					
在作业上向其他学生提供帮助					
在难学的科目上取得优异成绩					
计划上大学					

18. 这些天与你一起玩的朋友们认为以下事情的重要性如何？

	完全不重要	有点重要	比较重要	非常重要
有规律地上课				
努力学习				
运动				
取得好成绩				
受人欢迎或为人们所喜爱				
完成高中				
上大学				
有稳定的男/女朋友				
愿意参加派对并放纵				
参与宗教活动				
参与社区或志愿工作				
拥有稳定的工作				
有大量的钱可以花				

19. 你是否认同以下说法：

	非常同意	还算同意	不太同意	非常不同意
在学校学习好对未来生活有帮助				
我觉得自己的未来非常有限				
学校学的内容在毕业后根本没用				
有比花时间做功课更好的事情				
在学校努力是浪费时间				

20. 请回想学校里关系最紧密的 5 位朋友。他们有几个人是：

　　黑人？

　　拉丁裔？

亚裔？

白人？

其他种族？

21. 你在现在的学校中适应得怎么样？是完全不适应、不太适应、还算适应、很适应还是极为适应？

22. 请回想你在学校最好的朋友。对于这个人，以下说法的符合程度如何？

	非常不符合	还算符合	非常符合
获得 B 以上的成绩			
对学校感兴趣			
努力学习			
按时上课			
计划上大学			
受其他人欢迎			
做运动			
大量阅读			
大量看电视			
曾有过性行为			
使用违禁药物			
喝醉			

23. 以下几项评估你对自己的看法。请表明你对以下说法的同意或不同意程度。

	非常不同意	有点不同意	说不清	勉强同意	非常同意
我认为自己是有价值的人，和别人平等					
我认为自己有一些优点					
总的来说，我觉得自己很失败					
我和大多数人一样能做一些事情					

	非常不同意	有点不同意	说不清	勉强同意	非常同意
我觉得自己没什么可骄傲的					
我对自己怀有积极的态度					
总的来说，我对自己比较满意					
我希望自己能更有自尊					
我有时觉得自己没用					
我有时觉得自己什么优点都没有					

24. 考虑一下你现在的生活，请表明你对以下说法的同意或不同意程度。

	非常不同意	有点不同意	说不清	勉强同意	非常同意
我无法掌控自己的生活方向					
生活中如果要取得成功，好运比努力工作更重要					
每次我要向前发展时，总有事情或者人羁绊					
当我制定计划时，我很确认会按照计划执行					
我觉得自己被周边的事情所遗漏					
我努力就会做得好					

25. 你认为自己的健康如何？你认为是极佳、非常好、好、一般或不佳？

26. 你现在校外有工作吗？

　　　如果有：你在哪儿工作？＿＿＿＿＿＿

　　　每周工作几小时？＿＿＿＿＿＿

　　　每小时工作量是多少？＿＿＿＿＿＿

谢谢。我们的问题到此为止。

附录 A6　建立社会量表

严重性加权的居民区失范量表

严重性加权失范量表 $= \sum_i \sum_j (X_{ij} * (j-1) * W_i)$,

i 表示居民区失范行为 $1 \sim 9$ 的指标

j 表示目击频率 $1 \sim 6$ 的回答类别

如果受访者选择回答类别为 j，则 $X_{ij} = 1$；如果为其他，则 $X_{ij} = 0$

W_i = 项目 i 的 Wofgang-Sellin 严重性指数

可靠性 $\alpha = 0.962$

	严重性加权
街上有无家可归的人	0.3
街上有卖淫者	2.1
街上有帮派分子闲逛	1.1
街上有吸毒工具	1.3
人们公然贩卖毒品	20.6
人们公然使用毒品	6.5
人们公然饮酒	0.8
公然实施身体暴力	6.9
听到枪击声	2.1

压力加权的生活事件量表

压力加权的生活事件量表 $= E_i (F_i * W_i)$,

i 表示负面生活事件的 $1 \sim 11$ 项

F_i = 受访者报告的生活事件 i 的频率

W_i = Holme – Rahe 压力指数

可靠性 $\alpha = 0.874$

每项的加权如下：

项目	加权
严重疾病	49
严重受伤	53
死亡	82

续表

项目	加权
意外怀孕	40
被警察逮捕	37
被判入狱	63
被学校开除	26
失去工作	47
失去住房	30
抢劫	29
盗窃	23

与埃塞尔·劳伦斯家园居民的邻里接触量表

	否	是
注意到镇上的保障性住房	0	1
注意到居民区的保障性住房	0	1
能够正确说出住宅项目的名称	0	1
与埃塞尔·劳伦斯家园居民有过个人接触	0	1
自己认识埃塞尔·劳伦斯家园居民	0	1
子女认识埃塞尔·劳伦斯家园的儿童	0	1

注：量表范围 $0 \sim 6$，可靠性 $\alpha = 0.778$。

居民认为恐惧变为现实的程度量表

	否	是
受访者自己家的房价下降	0	1
受访者的房价比镇上其他人的低	0	1
受访者的房价比县上其他人的低	0	1
居民区的房价情况更差	0	1
镇上的房价情况更差	0	1
居民区的犯罪情况更严重	0	1
镇上的犯罪情况更严重	0	1
镇上的犯罪情况更严重①	0	1
学校考试成绩下滑	0	1

注：量表范围 $0 \sim 9$，可靠性 $\alpha = 0.641$。

---

① 原文中与前一项重复。——译者注

与社会上其他人进行居民互动的量表

与以下人群互动的频率	从不	很少	有时	经常	频繁	每天
祖母	0	1	2	3	4	5
母亲	0	1	2	3	4	5
父亲	0	1	2	3	4	5
兄弟姐妹	0	1	2	3	4	5
其他家庭成员	0	1	2	3	4	5
隔壁邻居	0	1	2	3	4	5
最好的朋友	0	1	2	3	4	5

注：量表范围 $0 \sim 5$，可靠性 $\alpha = 0.709$。

与家庭成员互动的量表

与以下人群互动的频率	从不	很少	有时	经常	频繁	每天
祖母	0	1	2	3	4	5
母亲	0	1	2	3	4	5
父亲	0	1	2	3	4	5
兄弟姐妹	0	1	2	3	4	5
其他家庭成员	0	1	2	3	4	5

注：平均量表范围 $0 \sim 5$，可靠性 $\alpha = 0.613$。

与非家庭成员互动的量表

与以下人员的互动频率	从不	很少	有时	经常	频繁	每天
隔壁邻居	0	1	2	3	4	5
最好的朋友	0	1	2	3	4	5

注：平均量表范围 $0 \sim 5$，可靠性 $\alpha = 0.2768888$。

获得日常服务难易程度量表

到达下述地点的难度	非常容易	还算容易	说不清	有点困难	非常困难
杂货店	0	1	2	3	4
药店	0	1	2	3	4
你的工作地点	0	1	2	3	4
孩子的学校	0	1	2	3	4

续表

到达下述地点的难度	非常容易	还算容易	说不清	有点困难	非常困难
日托服务	0	1	2	3	4
诊所	0	1	2	3	4

注：平均量表范围 0 ~ 4，可靠性 $\alpha = 0.893$。

精神痛苦量表

过去 12 个月内你经历以下症状的频率	从不	几次	每周一次	几乎每天	每天
难以入睡	0	1	2	3	4
难以放松	0	1	2	3	4
经常哭泣	0	1	2	3	4
恐惧	0	1	2	3	4
无故疲惫	0	1	2	3	4
醒来疲惫	0	1	2	3	4

注：平均量表范围 0 ~ 4，可靠性 $\alpha = 0.764$。

经济独立性量表

因子加权独立性量表 $= \sum_i (Z_i * F_i)$，

i 表示 1 ~ 4 的经济变量（如下）

$Z_i = $ 变量 i 的 Z 分数

$F_i = $ 变量 i 的因子载荷

可靠性 $\alpha = 0.924$

	因子载荷
工作赚钱	0.919
工作获得的收入	0.956
全部收入	0.827
工作收入占比	0.927

家长在学习上的支持指数

过去 12 个月内家长有以下做法的频率	从不	很少	有时	经常	频繁	总是
检查作业	0	1	2	3	4	5
在作业上给予帮助	0	1	2	3	4	5

续表

过去 12 个月内家长有以下做法的频率	从不	很少	有时	经常	频繁	总是
参加 PTA	0	1	2	3	4	5
与其他家长交谈	0	1	2	3	4	5
带子女去图书馆	0	1	2	3	4	5

注：平均分数 0~5，可靠性 $\alpha = 0.763$。

学校质量的因子得分

因子加权质量量表 $= \sum_i (Z_i * F_i)$，

i 表示 1~9 的学校质量指标（如下）

Z_i = 质量指标 i 的 Z 分数

F_i = 变量 i 的因子载荷

可靠性 $\alpha = 0.902$

	因子载荷	
	初中	高中
平均班级规模	0.719	0.731
学生流动率	0.846	0.824
通过州语言测试的学生百分比	0.959	0.984
通过州数学测试的学生百分比	0.950	0.942
出勤率	0.899	0.935
SAT 平均分	—	0.988
AP 考试中至少一门达到 3 分以上的百分比	—	0.866
辍学率	—	0.926
毕业率	—	0.912

严重性加权的学校失范量表

严重性加权的学校失范量表 $= \sum_i \sum_j (X_{ij} * (j-1) * W_i)$，

i 表示 1~9 项的居民区失范问题

j 表示 1~6 的目击频率的回答类别

如果受访者的回答类别为 j，则 $X_{ij} = 1$；如果不为 j，则 $X_{ij} = 0$

W_i = 项目 i 的 Wofgang-Sellin 严重性指数

	严重性加权
学生打架	6.20

续表

	严重性加权
学生接吻或爱抚	0.04
学生上课迟到	0.06
学生吸烟	0.08
学生逃课	0.10
学生逃学	0.20
学生对教师或校长喊叫或恐吓	5.40
学生推搡或殴打教师或校长	7.90
故意破坏学校或个人财产	3.80
偷窃学校或个人财产	2.20
学生买酒	1.10
学生吸毒	6.50
学生持刀	2.40
学生持枪	4.60
学生抢劫其他学生	4.40

附录 A7　埃塞尔·劳伦斯家园居民和非居民比较分析方程

图 7 - 2 的方程估计值：预测居民区失范指数的 OLS 模型

自变量	未匹配样本	未匹配样本	匹配样本
埃塞尔·劳伦斯家园居民	-39.884 **	-37.445 **	-42.150 **
	(6.030)	(6.412)	(6.066)
男性户主	—	9.578	-15.316
	(11.901)	(12.446)	
户主年龄	—	-0.727 **	-0.954 **
	(0.262)	(0.245)	
户主为白人	—	(11.036)	9.91
	(9.111)	(7.961)	
户主为其他种族	—	-17.979 *	-9.030
	(8.407)	(8.648)	
结婚/同居	—	6.296	28.781 **
	(9.422)	(9.708)	

续表

自变量	未匹配样本	未匹配样本	匹配样本
分居/离异	—	0.813	21.691**
	(7.266)	(6.760)	
丧偶	—	(5.490)	12.397
	(13.020)	(13.240)	
高中毕业	—	−25.315*	−34.261**
	(10.331)	(10.757)	
受过一些大学教育	—	−23.885*	−23.206*
	(9.706)	(10.610)	
大学毕业	—	−40.612**	−31.923*
	(12.370)	(12.630)	
女性在家庭中占比（%）	—	(14.204)	−4.099
	(12.641)	(11.606)	
倾向性分数		6.335	—
	(16.712)		
截距	49.158**	111.251**	110.961**
	(4.340)	(17.524)	(15.078)
N	224	224	232
R^2	0.16	0.28	0.37

** $p < 0.01$；* $p < 0.05$；^ $p < 0.10$，双尾检验。

图 7-4 的方程估计值：预测加权压力指数对数的 OLS 模型

自变量	未匹配样本	未匹配样本	匹配样本
埃塞尔·劳伦斯家园居民	−0.965**	−0.754*	−0.644^
	(0.333)	(0.366)	(0.353)
男性户主	—	0.421	0.886
	(0.679)	(0.724)	
户主年龄	—	0.002	0.024^
	(0.015)	(0.014)	
户主为白种人	—	(0.284)	−0.927*
	(0.520)	(0.463)	
户主为其他种族	—	(0.390)	−0.527
	(0.480)	(0.503)	

续表

自变量	未匹配样本	未匹配样本	匹配样本
结婚/同居	—	0.100	0.619
	(0.538)	(0.565)	
分居/离异	—	0.148	0.499
	(0.415)	(0.393)	
丧偶	—	1.208	0.751
	(0.743)	(0.770)	
高中毕业	—	0.643	1.182 ^
	(0.590)	(0.626)	
受过一些大学教育	—	1.462 **	2.428 **
	(0.554)	(0.617)	
大学毕业	—	0.442	1.239 ^
	(0.706)	(0.735)	
女性在家庭中占比（%）	—	0.410	0.960
	(0.721)	(0.675)	
倾向性分数	—	− 1.647 ^	—
	(0.954)		
截距	3.399 **	2.740 **	− 0.494
	(0.240)	(1.000)	(0.877)
N	224	224	232
R^2	0.04	0.11	0.14

** $p < 0.01$；* $p < 0.05$；^ $p < 0.10$，双尾检验。

图 7 − 5 的方程估计值：预测加权压力指数对数的 OLS 模型

自变量	未匹配样本	未匹配样本	匹配样本	匹配样本
埃塞尔·劳伦斯家园居民	− 0.754 *	− 0.401	− 0.644 ^	− 0.02
	(0.366)	(0.390)	(0.353)	(0.378)
男性户主	0.421	0.331	0.886	1.113
	(0.679)	(0.672)	(0.724)	(0.704)
户主年龄	0.002	0.009	0.024 ^	0.038 **
	(0.015)	(0.015)	(0.014)	(0.014)
户主为白人	− 0.284	− 0.180	− 0.927 *	− 1.074 *
	(0.520)	(0.516)	(0.463)	(0.450)

续表

自变量	未匹配样本	未匹配样本	匹配样本	匹配样本
户主为其他种族	−0.39	−0.221	−0.527	−0.393
	(0.480)	(0.479)	(0.503)	(0.489)
结婚/同居	0.1	0.04	0.619	0.192
	(0.538)	(0.532)	(0.565)	(0.558)
分居/离异	0.148	0.14	0.499	0.177
	(0.415)	(0.410)	(0.393)	(0.390)
丧偶	1.208	1.259 $^\wedge$	0.751	0.567
	(0.743)	(0.735)	(0.770)	(0.748)
高中毕业	0.643	0.882	1.182 $^\wedge$	1.690 **
	(0.590)	(0.591)	(0.626)	(0.620)
受过一些大学教育	1.462 **	1.688 **	2.428 **	2.772 **
	(0.554)	(0.555)	(0.617)	(0.605)
大学毕业	0.442	0.824	1.239 $^\wedge$	1.712 *
	(0.706)	(0.716)	(0.735)	(0.722)
女性在家庭中占比（%）	0.410	0.544	0.960	1.021
	(0.721)	(0.715)	(0.675)	(0.655)
倾向性分数	−1.647 $^\wedge$	−1.707 $^\wedge$	—	—
	(0.954)	(0.943)		
加权失范指数	—	0.009 *	—	0.015 **
	(0.004)		(0.004)	
截距	2.740 **	1.692	−0.494	−2.139 *
	(1.000)	(1.079)	(0.877)	(0.950)
N	224	224	232	232
R^2	0.11	0.13	0.14	0.20

$^{**}p < 0.01$；$^*p < 0.05$；$^\wedge p < 0.10$，双尾检验。

图 7-7 的方程估计值：预测非家庭互动指数的 OLS 模型

自变量	未匹配样本	未匹配样本	匹配样本
埃塞尔·劳伦斯家园居民	0.155	0.222	0.532 **
	(0.160)	(0.177)	(0.170)
男性户主	—	0.063	0.031
	(0.328)	(0.349)	

自变量	未匹配样本	未匹配样本	匹配样本
户主年龄	—	-0.015^*	-0.010
		(0.007)	(0.007)	
户主为白人	—	0.134	0.277
		(0.251)	(0.223)	
户主为其他种族	—	-0.479^*	-0.508^*
		(0.233)	(0.244)	
结婚/同居	—	$0.500^{\wedge}$	0.795^{**}
		(0.260)	(0.272)	
分居/离异	—	0.277	0.104
		(0.201)	(0.190)	
丧偶	—	0.484	0.234
		(0.362)	(0.373)	
高中毕业	—	0.052	$-0.517^{\wedge}$
		(0.291)	(0.309)	
受过一些大学教育	—	-0.180	$-0.589^{\wedge}$
		(0.273)	(0.305)	
大学毕业	—	-0.321	-0.733^*
		(0.346)	(0.361)	
女性在家庭中占比（％）	—	0.405	1.048^{**}
		(0.350)	(0.326)	
倾向性分数	—	-0.168	—
		(0.465)		
截距	2.676^{**}	3.077^{**}	2.428^{**}
	(0.115)	(0.483)	(0.425)
N	223	223	231
R^2	0.00	0.07	0.16

$^{**}p < 0.01$；$^*p < 0.05$；$^{\wedge}p < 0.10$，双尾检验。

图 8 - 2 的方程估计值：预测精神痛苦指数的 OLS 模型

自变量	未匹配样本	未匹配样本	匹配样本
埃塞尔·劳伦斯家园居民	-0.221^*	$-0.213^{\wedge}$	-0.132
	(0.110)	(0.122)	(0.115)

续表

自变量	未匹配样本	未匹配样本	匹配样本
男性户主	—	− 0.194	− 0.147
	(0.226)	(0.237)	
户主年龄	—	− 0.001	0.000
	(0.005)	(0.005)	
户主为白人	—	0.043	0.223
	(0.173)	(0.151)	
户主为其他种族	—	− 0.271 ^	− 0.242
	(0.159)	(0.164)	
结婚/同居	—	0.048	0.225
	(0.179)	(0.185)	
分居/离异	—	0.176	0.515 **
	(0.138)	(0.129)	
丧偶	—	0.161	0.069
	(0.247)	(0.252)	
高中毕业	—	0.028	0.006
	(0.196)	(0.205)	
受过一些大学教育	—	− 0.024	− 0.029
	(0.184)	(0.202)	
大学毕业	—	− 0.325	− 0.219
	(0.235)	(0.240)	
女性在家庭中占比（%）	—	0.133	0.270
	(0.240)	(0.221)	
倾向性分数	—	0.116	—
	(0.317)		
截距	1.102 **	1.028 **	0.742 *
	(0.079)	(0.332)	(0.287)
N	224	224	232
R^2	0.02	0.07	0.16

** $p < 0.01$；* $p < 0.05$；^ $p < 0.10$，双尾检验。

图 8 - 3 的方程估计值：预测精神痛苦指数的 OLS 模型

自变量	未匹配样本	未匹配样本	匹配样本	匹配样本
埃塞尔·劳伦斯家园居民	- 0.213 ^	0.038	- 0.132	0.068
	(0.122)	(0.119)	(0.115)	(0.115)
男性户主	- 0.194	- 0.283	- 0.147	- 0.213
	(0.226)	(0.205)	(0.237)	(0.215)
户主年龄	- 0.001	0.002	0.000	0.000
	(0.005)	(0.005)	(0.005)	(0.004)
户主为白人	0.043	0.124	0.223	0.310 *
	(0.173)	(0.157)	(0.151)	(0.139)
户主为其他种族	- 0.271 ^	- 0.148	- 0.242	- 0.151
	(0.159)	(0.146)	(0.164)	(0.149)
结婚/同居	0.048	0.009	0.225	0.067
	(0.179)	(0.162)	(0.185)	(0.170)
分居/离异	0.176	0.156	0.515 **	0.392 **
	(0.138)	(0.125)	(0.129)	(0.119)
丧偶	0.161	0.058	0.069	- 0.060
	(0.247)	(0.226)	(0.252)	(0.228)
高中毕业	0.028	0.075	0.006	- 0.044
	(0.196)	(0.181)	(0.205)	(0.192)
受过一些大学教育	- 0.024	- 0.071	- 0.029	- 0.265
	(0.184)	(0.173)	(0.202)	(0.193)
大学毕业	- 0.325	- 0.187	- 0.219	- 0.283
	- 0.235	- 0.219	- 0.24	- 0.222
女性在家庭中占比（%）	0.133	0.154	0.270	0.163
	(0.240)	(0.218)	(0.221)	(0.200)
倾向性分数	0.116	0.262	—	—
	(0.317)	(0.290)		
加权失范指数	—	0.005 **	—	0.003 *
	(0.001)	(0.001)		
生活压力指数的对数	—	0.106 **	—	0.124 **
	(0.021)	(0.021)		

续表

自变量	未匹配样本	未匹配样本	匹配样本	匹配样本
截距	1.028**	0.230	0.742*	0.489^
	(0.332)	(0.331)	(0.287)	(0.292)
N	224	224	232	232
R^2	0.07	0.25	0.16	0.32

** $p < 0.01$；* $p < 0.05$；^ $p < 0.10$，双尾检验。

图 8-4 的方程估计值：预测精神痛苦指数的 OLS 模型

自变量	未匹配样本	匹配样本
在埃塞尔·劳伦斯家园的年数	-0.025	-0.018
	(0.016)	(0.015)
男性户主	-0.203	0.153
	(0.226)	(0.237)
户主年龄	-0.001	0.000
	(0.005)	(0.005)
户主为白人	0.055	0.231
	(0.173)	(0.150)
户主为其他种族	-0.290^	-0.256
	(0.159)	(0.162)
结婚/同居	0.047	0.218
	(0.179)	(0.184)
分居/离异	0.187	0.519**
	(0.138)	(0.128)
丧偶	0.184	0.081
	(0.248)	(0.253)
高中毕业	0.044	0.022
	(0.196)	(0.205)
受过一些大学教育	-0.011	-0.017
	(0.185)	(0.203)^
大学毕业	-0.306	-0.203
	(0.235)	(0.241)
女性在家庭中占比（%）	0.110	0.252
	(0.240)	(0.218)

自变量	未匹配样本	匹配样本
倾向性分数	0.036	—
	(0.306)	
截距	1.031	0.716*
	(0.333)	(0.284)
N	224	232
R^2	0.07	0.16

** $p < 0.01$；* $p < 0.05$；^ $p < 0.10$，双尾检验。

图 8 – 5 的方程估计值：预测经济独立性指数的 OLS 模型

自变量	未匹配样本	未匹配样本	匹配样本
埃塞尔·劳伦斯家园居民	0.297*	0.334*	0.255*
	(0.118)	(0.129)	(0.114)
男性户主	—	− 0.427^	− 0.622**
	(0.225)	(0.217)	
户主年龄	—	− 0.016**	− 0.018**
	(0.005)	(0.005)	
户主为白人	—		
	(0.173)	(0.163)	(0.135)
户主为其他种族	—	0.094	0.124
	(0.158)	(0.169)	
结婚/同居	—	0.103	0.265
	(0.178)	(0.175)	
分居/离异	—		0.180
	(0.137)	(0.047)	
丧偶	—		
	(0.244)	(0.140)	(0.149)
高中毕业	—	0.538**	0.201
	(0.194)	(0.195)	
受过一些大学教育	—	0.587**	0.232
	(0.183)	(0.209)	
大学毕业	—	0.660**	0.219
	(0.234)	(0.201)	
		(0.237)	

续表

自变量	未匹配样本	未匹配样本	匹配样本
女性在家庭中占比（%）	—	-0.565^*	-0.717^{**}
	(0.239)	(0.228)	
倾向性分数	—	-0.172	—
	(0.251)		
截距	-0.154	$0.534^\wedge$	0.924^{**}
	(0.085)	(0.307)	(0.300)
N	224	224	224
R^2	0.03	0.22	0.22

$^{**}p<0.01$；$^*p<0.05$；$^\wedge p<0.10$，双尾检验。

图 8-6 的方程估计值：预测经济独立性指数的 OLS 模型

自变量	未匹配样本	未匹配样本	匹配样本	匹配样本
埃塞尔·劳伦斯家园居民	0.334^*	0.280^*	0.255^*	0.267^*
	(0.129)	(0.132)	(0.114)	(0.119)
男性户主	$-0.427^\wedge$	$-0.384^\wedge$	-0.622^{**}	-0.574^{**}
	(0.225)	(0.219)	(0.217)	(0.213)
户主年龄	-0.016^{**}	-0.015^{**}	-0.018^{**}	-0.014^{**}
	(0.005)	(0.005)	(0.005)	(0.005)
户主为白人	(0.163)	(0.192)	(0.135)	(0.193)
	(0.173)	(0.168)	(0.206)	(0.200)
户主为其他种族	0.094	0.063	0.124	0.087
	(0.158)	(0.155)	(0.169)	(0.164)
结婚/同居	0.103	0.104	0.265	0.194
	(0.178)	(0.172)	(0.175)	(0.168)
分居/离异	(0.047)	(0.039)	0.180	0.131
	(0.137)	(0.133)	(0.140)	(0.136)
丧偶	(0.195)	(0.093)	(0.149)	(0.120)
	(0.244)	(0.237)	(0.262)	(0.252)
高中毕业	0.538^{**}	0.603^{**}	0.201	$0.370^\wedge$
	(0.194)	(0.192)	(0.209)	(0.205)
受过一些大学教育	0.587^{**}	0.732^{**}	0.232	0.516^*
	(0.183)	(0.184)	(0.201)	(0.203)

自变量	未匹配样本	未匹配样本	匹配样本	匹配样本
大学毕业	0.660**	0.719**	0.219	0.401^
	(0.234)	(0.233)	(0.237)	(0.232)
女性在家庭中占比（%）	-0.565*	-0.518*	-0.717**	-0.644**
	(0.239)	(0.233)	(0.228)	(0.221)
倾向性分数	(0.172)	(0.250)	—	—
	(0.251)	(0.245)		
加权失范指数	—	0.000	—	0.002
	(0.001)	(0.001)		
生活压力指数的对数	—	-0.093**	—	-0.105**
	(0.024)	(0.024)		
精神痛苦指数	—	0.004	—	(0.008)
	(0.074)	(0.078)		
截距	0.534^	0.685*	0.924**	0.740*
	(0.307)	(0.335)	(0.300)	(0.322)
N	224	224	224	224
R^2	0.22	0.28	0.22	0.30

$^{**}p < 0.01$；$^{*}p < 0.05$；$^{\wedge}p < 0.10$，双尾检验。

图 8 - 7 的方程估计值：预测经济独立性指数的 OLS 模型

自变量	未匹配样本	匹配样本
在埃塞尔·劳伦斯家园的年数	0.040*	0.039*
	(0.016)	(0.016)
男性户主	-0.442*	-0.232
	(0.219)	(0.238)
户主年龄	-0.015**	-0.014**
	(0.005)	(0.005)
户主为白人	-0.220	-0.331*
	(0.167)	(0.154)
户主为其他种族	0.072	0.041
	(0.155)	(0.163)
结婚/同居	0.249	-0.022
	(0.172)	(0.185)

续表

自变量	未匹配样本	匹配样本
分居/离异	− 0.039	− 0.012
	(0.133)	(0.134)
丧偶	− 0.048	− 0.243
	(0.241)	(0.252)
高中毕业	0.620 *	0.423 *
	(0.192)	(0.210)
受过一些大学教育	0.740 **	0.724 **
	(0.184)	(0.213)
大学毕业	0.713 **	(0.843)
	(0.233)	(0.246)
女性在家庭中占比（%）	− 0.505 *	− 0.322
	(0.232)	(0.219)
倾向性分数	− 0.717 *	—
	(0.298)	
加权失范指数	0.000	0.000
	(0.001)	(0.001)
生活压力指数的对数	− 0.107 **	− 0.100 **
	(0.024)	(0.025)
精神痛苦指数	0.024	− 0.028
	(0.074)	(0.075)
截距	1.001 **	0.535 *
	(0.351)	(0.315)
N	224	232
R^2	0.30	0.30

** $p < 0.01$；* $p < 0.05$；^ $p < 0.10$，双尾检验。

图 8 − 8 的方程估计值：预测安静学习空间的逻辑回归模型

自变量	未匹配样本	未匹配样本	匹配样本
埃塞尔·劳伦斯家园居民	1.199	2.263 *	2.522 *
	(0.752)	(1.033)	(1.058)
年龄	—	0.244	0.210
	(0.211)	(0.237)	

自变量	未匹配样本	未匹配样本	匹配样本
男性	—	0.721	1.177
	(0.839)	(0.901)	
家长年龄	—	- 0.041	0.017
	(0.056)	(0.073)	
家长有工作	—	- 2.651^	- 3.420*
	(1.474)	(1.479)	
家庭收入	—	0.995	0.915
	(0.690)	(0.596)	
倾向性分数	—	- 2.927	—
	(2.568)		
截距	0.999*	1.569	- 1.423
	(0.442)	(3.857)	(5.427)
N	56	56	57
对数似然比	- 24.90	- 22.50	- 20.54
Pseudo R^2	0.05	0.14	0.22

** $p < 0.01$；* $p < 0.05$；^ $p < 0.10$，双尾检验。

图 8 - 9 的估算方程式：预测不受打扰的学习空间的逻辑回归模型

自变量	未匹配样本	匹配样本
埃塞尔·劳伦斯家园居民	0.595*	0.787*
	(0.270)	(0.356)
年龄	0.335	0.474
	(0.242)	(0.374)
男性	0.936	1.654
	(0.893)	(1.082)
家长年龄	- 0.023	0.059
	(0.056)	(0.098)
家长有工作	- 2.929^	- 4.000*
	(1.570)	(1.607)
家庭收入	1.050	1.136^
	(0.734)	(0.660)
倾向性分数	- 3.017	—
	(2.704)	

续表

自变量	未匹配样本	匹配样本
截距	− 0. 489	− 7. 394
	(3. 952)	(8. 657)
N	56	57
对数似然比	− 20. 00	− 16. 93
Pseudo R^2	0. 24	0. 36

$^{**} p < 0.01 ;\ ^{*} p < 0.05 ;\ ^{\wedge} p < 0.10$，双尾检验。

图 8 – 10 的方程估计值：预测家长支持指数的 OLS 模型

自变量	未匹配样本	未匹配样本	匹配样本
埃塞尔·劳伦斯家园居民	0. 595 *	0. 565 $^{\wedge}$	0. 507 *
	(0. 244)	(0. 303)	(0. 222)
年龄	—	− 0. 132 $^{\wedge}$	0. 001
	(0. 068)	(0. 056)	
男性	—	− 0. 077	0. 005
	(0. 284)	(0. 214)	
家长年龄	—	0. 030 $^{\wedge}$	0. 033 *
	(0. 018)	(0. 016)	
家长已大学毕业	—	0. 183	0. 250
	(0. 506)	(0. 367)	
家长结婚/同居	—	− 0. 159	0. 082
	(0. 525)	(0. 423)	
家长有工作	—	0. 230	0. 248
	(0. 472)	(0. 357)	
家庭收入	—	− 0. 026	0. 029
	(0. 208)	(0. 141)	
倾向性分数	—	− 0. 989	
	(0. 794)		
截距	1. 600 **	2. 755 *	0. 242
	(0. 178)	(1. 287)	(1. 189)
N	56	56	57
对数似然比	− 24. 90	− 22. 50	− 20. 54
Pseudo R^2	0. 10	0. 23	0. 24

$^{**} p < 0.01 ;\ ^{*} p < 0.05 ;\ ^{\wedge} p < 0.10$，双尾检验。

图 8 – 11 的方程估计值：预测家长支持指数的 OLS 模型

自变量	未匹配样本	匹配样本
埃塞尔·劳伦斯家园居民	0.084 *	0.079 **
	(0.034)	(0.026)
年龄	− 0.127 ^	0.003
	(0.067)	(0.054)
男性	− 0.086	0.021
	(0.268)	(0.205)
家长年龄	0.034 ^	0.033 *
	(0.017)	(0.015)
家长大学毕业	0.198	0.294
	(0.492)	(0.352)
家长结婚/同居	− 0.252	0.078
	(0.514)	(0.406)
家长有工作	0.346	0.288
	(0.434)	(0.327)
家庭收入	− 0.089	0.004
	(0.199)	(0.131)
倾向性分数	− 0.614	—
	(0.702)	
截距	2.306 ^	0.168
	(1.255)	(1.137)
N	56	57
R^2	0.27	0.29

$^{**} p < 0.01$；$^* p < 0.05$；$^\wedge p < 0.10$，双尾检验。

图 8 – 12 的方程估计值：预测每周学习小时数的 OLS 模型

自变量	未匹配样本	未匹配样本	匹配样本
埃塞尔·劳伦斯家园居民	4.519 *	6.359 **	6.298 **
	(1.742)	(2.245)	(2.021)
年龄	—	− 0.066	0.246
	(0.507)	(0.513)	
男性	—	2.137	1.183

续表

自变量	未匹配样本	未匹配样本	匹配样本
	(2.109)	(1.945)	
家长年龄	—	− 0.027	0.037
	(0.131)	(0.145)	
家长大学毕业	—	4.772	7.643 *
	(3.749)	(3.337)	
家长结婚/同居	—	− 1.529	− 0.434
	(3.891)	(3.843)	
家长有工作	—	− 0.169	2.081
	(3.502)	(3.249)	
家庭收入	—	− 0.741	− 1.870
	(1.540)	(1.278)	
倾向性分数	—	− 8.431	—
	(5.886)		
截距	5.731 **	9.918	− 2.890
	(1.275)	(9.543)	(10.812)
N	56	56	57
R^2	0.11	0.18	0.28

$^{**} p < 0.01$；$^* p < 0.05$；$^{\wedge} p < 0.10$，双尾检验。

图 8 − 13 的方程估计值：预测每周学习小时数的 OLS 模型

自变量	未匹配样本	匹配样本
在埃塞尔·劳伦斯家园的年数	0.807 **	0.874 **
	(0.252)	(0.236)
年龄	− 0.049	0.216
	(0.497)	(0.492)
男性	1.738	1.219
	(2.004)	(1.882)
家长年龄	0.015	0.037
	(0.126)	(0.140)
家长大学毕业	4.938	8.189 *
	(3.675)	(3.232)
家长结婚/同居	− 2.293	− 0.605

续表

自变量	未匹配样本	匹配样本
	(3.837)	(3.720)
家长有工作	1.495	3.075
	(3.242)	(2.999)
家庭收入	−1.464	−2.308$^\wedge$
	(1.483)	(1.198)
倾向性分数	−3.756	—
	(5.243)	
截距	5.318	−2.762
	(9.368)	(10.426)
N	56	57
R^2	0.22	0.33

$^{**}p < 0.01$；$^{*}p < 0.05$；$^{\wedge}p < 0.10$，双尾检验。

图 8−14 的方程估计值：预测学校质量因子指数的 OLS 模型

自变量	未匹配样本	未匹配样本	匹配样本
埃塞尔·劳伦斯家园居民	0.982**	0.769**	0.540**
	(0.144)	(0.263)	(0.144)
年龄	—	−0.041	−0.060
	(0.050)	(0.037)	
男性	—	−0.470*	−0.280*
	(0.209)	(0.139)	
家长年龄	—	0.008	0.001
	(0.013)	(0.010)	
家长大学毕业	—	−0.508	−0.905**
	(0.372)	(0.238)	
家长结婚/同居	—	0.177	0.057
	(0.386)	(0.274)	
家长有工作	—	−0.054	−0.306
	(0.347)	(0.232)	
家庭收入	—	0.093	0.240*
	(0.153)	(0.091)	
倾向性分数	—	0.528	—

续表

自变量	未匹配样本	未匹配样本	匹配样本
	(0.584)		
截距	− 0.519 *	− 0.077	1.179
	(0.133)	(0.946)	(0.772)
N	57	56	57
Pseudo R²	0.35	0.46	0.55

** p < 0.01; * p < 0.05; ^ p < 0.10, 双尾检验。

图 8-15 的方程估计值：预测学校质量因子指数的 OLS 模型

自变量	未匹配样本	匹配样本
在埃塞尔·劳伦斯家园的年数	0.077 **	0.052 **
	(0.026)	(0.018)
年龄	− 0.044	− 0.073 ^
	(0.052)	(0.038)
男性	− 0.564 **	− 0.304 **
	(0.209)	(0.146)
家长年龄	0.014	0.001
	(0.013)	(0.011)
家长大学毕业	− 0.488	− 0.860 **
	(0.383)	(0.250)
家长结婚/同居	0.127	0.023
	(0.400)	(0.288)
家长有工作	0.202	− 0.141
	(0.338)	(0.232)
家庭收入	0.003	0.183 ^
	(0.155)	(0.093)
倾向性分数	1.163 *	—
	(0.547)	
截距	− 0.565	1.367 ^
	(0.977)	(0.807)
N	57	57
Pseudo R²	0.43	0.51

** p < 0.01; * p < 0.05; ^ p < 0.10, 双尾检验。

图 8 - 16 的方程估计值：预测学校失范指数的 OLS 模型

自变量	未匹配样本	未匹配样本	匹配样本
埃塞尔·劳伦斯家园居民	- 12.059 **	- 8.869	- 12.492 **
	(5.578)	(7.703)	(5.175)
年龄	—	0.480	0.699
	(1.597)	(1.315)	
男性	—	6.768	- 0.890
	(6.646)	(4.981)	
家长年龄	—	- 0.272	0.361
	(0.412)	(0.371)	
家长大学毕业	—	- 13.390	- 17.504 *
	(11.812)	(8.545)	
家长结婚/同居	—	- 6.043	- 20.267 *
	(12.259)	(9.841)	
家长有工作	—	1.611	11.056
	(11.034)	(8.320)	
家庭收入	—	2.116	- 1.105
	(4.853)	(3.274)	
倾向性分数		- 13.380	—
	(18.545)		
截距	32.236 **	38.350	3.014
	(4.082)	(30.064)	(27.691)
N	56	56	57
Pseudo R^2	0.08	0.18	0.32

$^{**}p < 0.01$；$^{*}p < 0.05$；$^{\wedge}p < 0.10$，双尾检验。

图 8 - 17 的方程估计值：预测学校失范指数的 OLS 模型

自变量	未匹配样本	匹配样本
在埃塞尔·劳伦斯家园的年数	- 0.674	- 0.914
	(0.819)	(0.647)
年龄	0.576	1.144
	(1.611)	(1.347)
男性	8.324	0.005

续表

自变量	未匹配样本	匹配样本
	(6.502)	(5.156)
家长年龄	-0.349	0.347
	(0.409)	(0.385)
家长大学毕业	-13.603	-18.521*
	(11.924)	(8.857)
家长结婚/同居	-5.904	-19.185^
	(12.450)	(10.195)
家长有工作	-1.900	6.127
	(10.518)	(8.216)
家庭收入	3.183	0.506
	(4.812)	(3.284)
倾向性分数	-21.414	—
	(17.012)	
截距	43.262	-3.740
	(30.398)	(28.568)
N	56	57
Pseudo R^2	0.17	0.27

** $p<0.01$；* $p<0.05$；^ $p<0.10$，双尾检验。

参考文献

Ahrentzen, Sherry. 2008. "How does affordable housing affect surrounding property values?" Research Brief No. 1, Housing Research Synthesis Project, Stardust Center for Affordable Homes and Families, Arizona State University.

Albright, Len. 2011. *Community Social Organization and the Integration of Affordable Housing Residents in a Suburban New Jersey Community*. Ph.D. Dissertation, Department of Sociology, University of Chicago.

Alonso, William. 1964. *Location and Land Use: Toward a General Theory of Land Rent*. Cambridge, MA: Harvard University Press.

Ariely, Dan. 2009. *Predictably Irrational: The Hidden Forces That Shape Our Decisions*. New York: Harper.

Babb, Carol, Louis Pol, and Rebecca Guy. 1984. "The Impact of Federally Assisted Housing on Single Housing Sales: 1970–1980." *Mid-South Business Journal* 4: 13–17.

Bauman, John F. 1987. *Public Housing, Race, and Renewal: Urban Planning in Philadelphia, 1920–1974*. Philadelphia, PA: Temple University Press.

Bertrand, Marianne, and Sendhil Mullainathan. 2004. "Are Emily and Greg More Employable than Lakisha and Jamal? A Field Experiment on Labor Market Discrimination." *American Economic Review* 94:991–1013.

Bowly, Devereux, Jr. 1978. *The Poorhouse: Subsidized Housing in Chicago 1895–1976*. Carbondale: Southern Illinois University Press.

Braun, Bob. 2011. "Braun: Mount Laurel low-income housing a success story." *Newark Star-Ledger*, July 25.

Brescia, Raymond H., 2009. "Subprime Communities: Reverse Redlining, the Fair Housing Act and Emerging Issues in Litigation Regarding the Subprime Mortgage Crisis." *Albany Government Law Review* 2 :164–216.

Briggs, Xavier de Souza, Joe T. Darden, and Angela Aidala. 1999. "In the Wake of Desegregation: Early Impacts of Scattered-Site Public Housing on Neighborhoods in Yonkers, New York." *Journal of the American Planning Association* 65: 27–49.

Briggs, Xavier de Souza, and Peter Dreier. 2008. "Memphis Murder Mystery? No, Just Mistaken Identity." *Shelterforce*. http://www.shelterforce.org/article/special/1043/.

Burchell, Robert W. 1985. *Mount Laurel II: Challenge and Delivery of Low-Cost Housing*. New Brunswick, NJ: Rutgers Center for Urban Policy Research.

Burgess, Ernest W. 1925. "The growth of the city: an introduction to a research project." Pp. 47–62 in Robert E. Park and Ernest W. Burgess, eds., *The City*. Chicago: University of Chicago Press.

———. 1928. "Residential Segregation in American Cities." *Annals of the American Academy of Political and Social Science* 140:105–15.

Bursick, Robert J., and Harold G. Grasmick. 1992. *Neighborhoods and Crime: The Dimensions of Effective Community Control.* Lanham, MD: Lexington Books.

Bush-Baskette, Stephanie R., Kelly Robinson, and Pater Simmons. 2011. "Residential and Social Outcomes for Residents Living in Housing Certified by the New Jersey Council on Affordable Housing." *Rutgers Law Review*, forthcoming. Available from the Social Science Research Network at http://ssrn.com/abstract=1865342.

Campbell, Donald T., and Julian Stanley. 1971. *Experimental and Quasi-Experimental Designs for Research.* New York: Wadsworth.

Capuzzo, Jill. 2001. "The Affordable Housing Complex That Works." *New York Times*, November 25, p. B1.

Carruthers, Bruce G., and Sarah L. Babb. 2000. *Economy/Society: Markets, Meanings, and Social Structure.* Thousand Oaks, CA: Pine Forge Press.

Charles, Camille Z. 2003. "The dynamics of racial residential segregation." *Annual Review of Sociology* 29: 67–207.

Charles, Camille Z., Mary J. Fischer, Margarita Mooney, and Douglas S. Massey. 2009. *Taming the River: Negotiating the Academic, Financial, and Social Currents in America's Selective Colleges and Universities.* Princeton, NJ: Princeton University Press.

Cisneros, Henry G., and Lora Engdahl. 2009. *From Despair to Hope: Hope VI and the New Promise of Public Housing in America's Cities.* Washington, DC: Brookings Institution Press.

Clampet-Lundquist, Susan. 2004a. "Moving over or moving up? Short-term gains and losses for relocated HOPE VI families." *Cityscape* 7: 57–80.

———. 2004b. "HOPE VI relocation: Moving to new neighborhoods and building new ties." *Housing Policy Debate* 15:415–47.

———. 2007. "No more 'Bois ball: The impact of relocation from public housing on adolescents." *Journal of Adolescent Research* 22:298–323.

———. 2010. "'Everyone had your back': Social ties, perceived safety, and public housing relocation." *City and Community* 9:87–108.

Clampet-Lundquist, Susan, and Douglas S. Massey. 2008. "Neighborhood Effects on Economic Self-Sufficiency: A Reconsideration of the Moving to Opportunity Experiment." *American Journal of Sociology* 114:107–43.

Council on Affordable Housing. 2010. "Proposed and Completed Affordable Units, 12/9/09." http://www.state.nj.us/dca/affiliates/coah/reports/units.pdf; accessed May 21, 2010. Updated to 2012 via email from COAH to David Kinsey, March 29, 2012.

Crowley, Sheila. 2009. "HOPE VI: What Went Wrong." Pp. 229–47 in *From Despair to Hope: HOPE VI and the New Promise of Public Housing in America's Cities*, edited by Henry G. Cisneros and Lora Engdahl. Washington, DC: Brookings Institution Press.

Danielson, Michael N. 1976. *The Politics of Exclusion.* New York: Columbia University Press.

Dehejia, Rajeev, and Sadek Wahba. 2002. "Propensity Score Matching Methods for Nonexperimental Causal Studies." *Review of Economics and Statistics* 84(1): 151–61.

DeMarco, Megan. 2012. "Christie Administration Asks Towns to Send Affordable Housing Money to State." *Newark Star Ledger*, July 24, 2012. http://www.nj.com/news/index.ssf/2012/07/christie_administration_asks_t.html.

DePalma, Anthony. 1988. "Mount Laurel: Slow, Painful Progress." *New York Times*, May 1, 1988.

DeSalvo, Karen B., Nicole Bloser, Kristi Reynolds, Jiang He, and Paul Muntner. 2006. "Mortality Prediction with a Single General Self-Rated Health Question: A Meta-Analysis." *Journal of General Internal Medicine* 21(3): 267–75.

de Souza Briggs, Xavier. 2005. *The Geography Of Opportunity: Race And Housing Choice in Metropolitan America*. Washington, DC: Brookings Institution Press.

de Souza Briggs, Xavier, Susan J. Popkin, and John Goering. 2010. *Moving to Opportunity: The Story of an American Experiment to Fight Ghetto Poverty*. New York: Oxford University Press.

Duany, Andres, Elizabeth Plater-Zyberk, and Jeff Speck, 2000. *Suburban Nation: The Rise of Sprawl and the Decline of the American Dream*. New York: North Point Press.

Duncan, Otis D., and Beverly Duncan. 1957. *The Negro Population of Chicago: A Study of Residential Succession*. Chicago: University of Chicago Press.

Edin, Kathryn, and Laura Lein. 1997. *Making Ends Meet: How Single Mothers Survive Welfare and Low-Wage Work*. New York: Russell Sage Foundation.

Evans, Peter B. 1995. *Embedded Autonomy: States and Industrial Transformation*. Princeton, NJ: Princeton University Press.

Fair Share Housing. 2010. What is the Mount Laurel Doctrine?" Accessed 7/25/11. http://fairsharehousing.org/mount-laurel-doctrine/.

Fischel, William A. 2004. "An economic history of zoning and a cure for its exclusionary effects." *Urban Studies* 41:317–40.

Fischer, Claude S., Gretchen Stockmayer, Jon Stiles, and Michael Hout. 2004. Distinguishing the Geographic Levels and Social Dimensions of U.S. Metropolitan Segregation, 1960–2000." *Demography* 41:37–59.

Fischer, Mary J., and Douglas S. Massey. 2004. "The Social Ecology of Racial Discrimination." *City and Community* 3:221–43.

Fligstein, Neil. 2001. *The Architecture of Markets: An Economic Sociology of Twenty-First Century Capitalist Societies*. Princeton, NJ: Princeton University Press.

Fogelson, Robert M. 2005. *Bourgeois Nightmares: Suburbia 1870–1930*. New Haven: Yale University Press.

Fong, Eric. 1994. "Residential Proximity Among Racial Groups in American and Canadian Neighborhoods." *Urban Affairs Quarterly* 30(2): 285–97.

———. 1996. "A Comparative Perspective of Racial Residential Segregation: American and Canadian Experiences." *Sociological Quarterly* 37(2): 501–28.

———. 2006. "Residential Segregation of Visible Minority Groups in Canada." Pp. 51–75 in Eric Fong, ed., *Inside the Mosaic*. Toronto: University of Toronto Press.

Fong, Eric, and Kumiko Shibuya. 2005. "Multi-Ethnic Cities in North America." *Annual Review of Sociology* 31:285–304.

Freedman, Matthew, and Emily Owens. 2011. "Low-Income Housing Development and Crime." *Journal of Urban Economics*, forthcoming.

Freeman, L., and Botein, H., 2002. "Subsidized Housing and Neighborhood Impacts: A Theoretical Discussion and Review of the Evidence." *Journal of Planning Literature* 16:359–78.

Friedman, Samantha, and Gregory D. Squires. 2005. "Does the Community Reinvestment Act Help Minorities Access Traditionally Inaccessible Neighborhoods?" *Social Problems* 52(2): 209–31.

Funderburg, Richard, and Heather MacDonald. 2010."Neighbourhood Valuation Effects from New Construction of Low-income Housing Tax Credit Projects in Iowa: A Natural Experiment." *Urban Studies* 47:1745–71.

Galster, George C. 2004. "The effects of affordable and multifamily housing on market values of nearby homes. Pp. 176–201 in Anthony Downs, ed. *Growth Management and Affordable Housing: Do They Conflict?* Washington, DC: Brookings Institution Press.

Galster, George C., Peter A. Tatian, Anna M. Santiago, Kathryn L. S. Pettit, and Robin E. Smith. 2003. *Why Not in My Backyard? Neighborhood Impacts of Deconcentrating Assisted Housing.* New Brunswick, NJ: Rutgers Center for Urban Policy Research.

Getlin, Josh. 2004. "Low-income housing wins a beachhead in the 'burbs ." *Seattle Times*, November 14, B1.

Glaeser, Edward L., and Joseph Gyourko. 2003. "The impact of zoning on housing affordability." *Economic Policy Review* 9:23–39.

———. 2008. *Rethinking Federal Housing Policy: How to Make Housing Plentiful and Affordable.* Washington, DC: AEI Press.

Glaeser, Edward L., Joseph Gyourko, and Raven Saks. 2005. "Why have house prices gone up?" *American Economic Review* 95:329–33.

Glaeser, Edward L, Jenny Schuetz, and Bryce Ward. 2006. *Regulation and the Rise of Housing Prices in Greater Boston.* Cambridge, MA: Pioneer Institute for Public Policy Research and Rappaport Institute for Greater Boston.

Glaeser, Edward L., and Bryce Ward. 2006. "The causes and consequences of land use regulation: Evidence from Greater Boston." NBER Working Paper No. W12601. Cambridge, MA: National Bureau of Economic Research.

Goering, John, and Judith Feins. 2003. *Choosing a Better Life? Evaluating the Moving to Opportunity Experiment.* Washington, DC: The Urban Institute Press.

Goetz, Edward G. 2003. *Clearing the Way: Deconcentrating the Poor in Urban America.* Washington, DC: The Urban Institute Press.

Goldstein, Ira, and William L. Yancey. 1986. "Public Housing Projects, Blacks, and Public Policy: The Historical Ecology of Public Housing in Philadelphia." Pp. 262–89 in John M. Goering, ed., *Housing Desegregation and Federal Policy.* Chapel Hill: University of North Carolina Press.

Goleman, Daniel. 2006. *Emotional Intelligence: Why It Can Matter More Than IQ.* New York: Bantam.

Griffiths, Elizabeth, and George Tita. 2009. "Homicide in and Around Public Housing: Is Public Housing a Hotbed, a Magnet, or a Generate of Violence for the Surrounding Community?" *Social Problems* 56: 474–93.

Guillen, Mauro F. 2001. *The Limits of Convergence: Globalization and Organizational Change in Argentina, South Korea, and Spain.* Princeton, NJ: Princeton University Press.

Guo, Shenyang Y., and Mark W. Fraser. 2009. *Propensity Score Analysis: Statistical Methods and Applications.* Thousand Oaks, CA: Sage Publications.

Gyorko, Joseph E., Albert Saiz, and Anita A. Summers. 2008. "A new measure of the local regulatory environment for housing markets: Wharton Residential Land Use Regulatory Index. *Urban Studies* 45:693–729.

Haar, Charles M. 1996. *Suburbs Under Siege: Race, Space, and Audacious Judges.* Princeton, NJ: Princeton University Press.

Haddock C. K., W. S. Poston, S. A. Pyle, R. C. Klesges, M. W. Vander Weg, A. Peterson, and M. Debon. 2006. "The Validity of Self-Rated Health as a Measure of Health Status Among Young Military Personnel: Evidence from a Cross-Sectional Survey." *Health and Quality of Life Outcomes* 4:57–66.

Hall, Peter A., and David Sockice. 2001. *Varieties of Capitalism: The Institutional Foundations of Comparative Advantage.* Oxford: Oxford University Press.

Hanley, Robert. 1984. "Some Jersey towns, giving in to courts, let in modest homes." *New York Times*, February 29, p. A1.

Hasse, John, John Reiser, and Alexander Pichacz. 2011. "Evidence of Persistent Exclusionary Effects of Land Use Policy within Historic and Projected Development Patterns in New Jersey: A Case Study of Monmouth and Somerset Counties." Unpublished Paper, Geospatial Research Laboratory, Rowan University.

Hays, R. Allen. 1985. *The Federal Government and Urban Housing: Ideology and Change in Public Policy.* Albany: State University of New York Press.

Hirsch, Arnold R. 1983. *Making the Second Ghetto: Race and Housing in Chicago, 1940–1960.* Cambridge: Cambridge University Press.

Hirsch, Deborah. 2009. "Report ranks Camden most dangerous U.S. city." *Cherry Hill Courier Post*, Nov. 24, p. 1.

Holmes, T. H., and M. Masuda. 1974. "Life Change and Illness Susceptibility." Pp. 45–72 in B. S. Dohrenwend and B. P. Dohrenwend, eds., *Stressful Life Events: Their Nature and Effects.* New York: Wiley.

Holmes, T. H., and R. H. Rahe. 1967. "The Social Readjustment Rating Scale." *Journal of Psychosomatic Research* 11:213–18.

Holzman, Harold R., 1996. "Criminological Research on Public Housing: Toward a Better Understanding of People, Places, and Spaces." *Crime and Delinquency* 42:351–78.

Hunt, R. Bradford. 2009. *Blueprint for Disaster: The Unraveling of Chicago Public Housing.* Chicago, IL: University of Chicago Press.

Husock, Howard. 2003. *America's Trillion-Dollar Housing Mistake: The Failure of American Housing Policy.* Lanham, MD: Ivan R. Dee.

Iceland, John, Daniel A Weinberg, and Erika Steinmetz. 2002. *Racial and Ethnic Residential Segregation in the United States: 1980–2000.* Washington, DC: U.S. Census Bureau.

Idler, Ellen L., and Yael Benyamini. 1997. "Self-Rated Health and Mortality: A Review of Twenty-Seven Community Studies." *Journal of Health and Social Behavior* 38(1): 21–37.

Jackson, Kenneth T. 1985. *Crabgrass Frontier: The Suburbanization of the United States.* New York: Oxford University Press.

Jacobs, Jane. 1969. *The Death and Life of Great American Cities.* New York: Modern Library. Jencks, Christopher, and Susan E. Mayer. 1990. "The Social Consequences of Growing Up in a Poor Neighborhood." Pp. 111–86 in Laurence E. Lynn, Jr., and Michael G. H. McGeary, eds., *Inner City Poverty in the United States.* Washington, DC: National Academy of Sciences.

Jones, E. Michael. 2004. *The Slaughter of Cities: Urban Renewal as Ethnic Cleansing.* South Bend, IN: St. Augustine's Press.

Kahneman, Daniel. 2011. *Thinking Fast and Slow.* New York: Farrar, Straus and Giroux.

Kahneman, Daniel, Jack L. Knetsch, Richard H. Thaler. 1991. "Anomalies: The Endowment Effect, Loss Aversion, and Status Quo Bias." *The Journal of Economic Perspectives* 5(1): 193–206

Katznelson, Ira. 2005. *When Affirmative Action Was White: An Untold History of Racial Inequality in Twentieth-Century America.* New York: W. W. Norton.

Kaufman, Julia E., and James Rosenbaum. 1992. "The education and employment of low- income black youth in white suburbs." *Educational Evaluation and Policy Analysis* 14:229–40.

Keels, Micere, Greg Duncan, Stefanie DeLuca, Ruby Mendenhall, and James Rosenbaum. 2005. "Fifteen years later: can residential mobility programs provide a long-term escape from neighborhood segregation, crime, and poverty?" *Demography* 42 (1): 51–73.

Kirp, David L., John P. Dwyer, and Larry A. Rosenthal. 1995. *Our Town: Race, Housing, and the Soul of Suburbia.* New Brunswick, NJ: Rutgers University Press.

Kling, Jeffrey R., Jeffrey B. Liebman, and Lawrence F. Katz. 2007. "Experimental analysis of neighborhood effects." *Econometrica* 7:83–119.

Koebel, Theodore C., Robert E. Lang, and Karen A. Danielsen. 2004. *Community Acceptance of Affordable Housing.* Washington, DC: National Association of Realtors. http://www.vchr.vt.edu/pdfreports/Community%20Acceptance%20 of%20Affordable%20Housing.pdf. Accessed 7/17/11.

Lareau, Annette. 2000. *Home Advantage: Social Class and Parental Intervention in Elementary Education.* Lanham, MD: Rowman and Littlefield.

———. 2011. *Unequal Childhoods: Class, Race, and Family Life, Second Edition with an Update a Decade Later.* Berkeley: University of California Press.

Lawrence-Halley, Ethel A. 2007. "Biography of Ethel Robinson Lawrence." The Richard C. Godwin Lecture in Honor of Ethel Lawrence, Rutgers Camden. http://goodwinlecture.rutgers.edu/lawrence.htm.

Ledoux, Joseph. 1996. *The Emotional Brain: The Mysterious Underpinnings of Emotional Life.* New York: Simon and Schuster.

———. 2002. *Synaptic Self: How Our Brains Become Who We Are.* New York: Viking.

Lee, Chang-Moo, Dennis P. Culhane, and Susan M. Wachter. 1999. "The Differential Impacts of Federally Assisted Housing Programs on Nearby Property Values: A Philadelphia Case Study." *Housing Policy Debate* 10:75–93.

Levine, Jonathan. 2005. *Zoned Out: Regulation, Markets, and Choices in Transportation and Metropolitan Land Use*. Oxford: RFF Press.

Logan, John, and Harvey Molotch. 1987. *Urban Fortunes: The Political Economy of Place*. Berkeley: University of California Press.

Lomnitz, Larissa. 1977. *Networks and Marginality: Life in a Mexican Shantytown*. New York: Academic Press.

Lord, Richard. 2004. *American Nightmare: Predatory Lending and the Foreclosure of the American Dream*. Monroe, ME: Common Courage Press.

Ludwig, Jens., Jeffrey Liebman, Jeffrey Kling, Greg Duncan, Lawrence Katz, Ronald Kessler, and Lisa Sanbonmatsu. 2008. "What Can We Learn about Neighborhood Effects from the Moving to Opportunity Experiment?" *American Journal of Sociology* 114:144–88.

Ludwig, Jens, Lisa Sanbonmatsu et al. 2011. "Neighborhoods, Obesity, and Diabetes—A Randomized Social Experiment." *New England Journal of Medicine* 365:1509–19.

Lundberg, Olle, and Kristiina Manderbacka. 1996. "Assessing Reliability of a Measure of Self-Rated Health. *Scandinavian Journal of Public Health* 24:218–24.

Malpezzi, Stephen. 1996. Housing prices, externalities, and regulation in U.S. metropolitan areas." *Journal of Housing Research* 7:209–41.

Massey, Douglas S. 1995. "Getting Away with Murder: Segregation and Violent Crime in Urban America." *University of Pennsylvania Law Review* 143(5):1203–32.

———. 1996. "The Age of Extremes: Concentrated Affluence and Poverty in the 21st Century." *Demography* 33:395–412.

———. 2001. "The Prodigal Paradigm Returns: Ecology Comes Back to Sociology." Pp. 41–48 in Alan Booth and Ann C. Crouter, eds., *Does it Take a Village? Community Effects on Children, Adolescents, and Families*. Mahwah, NJ: Lawrence Erlbaum Associates.

———. 2004. "Segregation and Stratification: A Biosocial Perspective." *The DuBois Review: Social Science Research on Race* 1:1–19.

———. 2005a. *Return of the L-Word: A Liberal Vision for the New Century*. Princeton: Princeton University Press.

———. 2005b. *Strangers in a Strange Land: Humans in an Urbanizing World*. New York: Norton.

———. 2008. *Categorically Unequal: The American Stratification System*. New York: Russell Sage Foundation.

Massey, Douglas S., Jere R. Behrman, and Magaly Sanchez. 2006. *Chronicle of a Myth Foretold: The Washington Consensus in Latin America*. Thousand Oaks, CA: Sage Publications.

Massey, Douglas S., and Adam Bickford. 1992. "Segregation in the Second Ghetto: Racial and Ethnic Segregation in American Public Housing. 1977." *Social Forces* 69:1011–38.

Massey, Douglas S., Camille Charles, Garvey Lundy, and Mary J. Fischer. 2003. *Source of the River: The Social Origins of Freshmen at America's Selective Colleges and Universities*. Princeton: Princeton University Press.

Massey, Douglas S., and Nancy A. Denton. 1985. "Spatial Assimilation as a Socioeconomic Outcome." *American Sociological Review* 50:94–105.

———. 1988. "The Dimensions of Residential Segregation." *Social Forces* 67: 281–315.

———. 1993. *American Apartheid: Segregation and the Making of the Underclass*. Cambridge, MA: Harvard University Press.

Massey, Douglas S., and Mitchell E. Eggers. 1990. "The Ecology of Inequality: Minorities and the Concentration of Poverty 1970–1980." *American Journal of Sociology* 95:1153–88.

———. 1993. "The Spatial Concentration of Affluence and Poverty During the 1970s." *Urban Affairs Quarterly* 29:299–315.

Massey, Douglas S., and Mary J. Fischer. 2003. "The Geography of Inequality in the United States 1950–2000." Pp. 1–40 in William G. Gale and Janet Rothenberg Pack, eds., *Brookings-Wharton Papers on Urban Affairs 2003*. Washington, DC: Brookings Institution.

Massey, Douglas S., and Shawn M. Kanaiaupuni. 1993. "Public Housing and the Concentration of Poverty." *Social Science Quarterly* 74:109–23.

Massey, Douglas S., and Garvey J. Lundy. 2001. "Use of Black English and Racial Discrimination in Urban Housing Markets: New Methods and Findings." *Urban Affairs Review* 36:470–96.

Massey, Douglas S., and Brendan P. Mullan. 1984. "Processes of Hispanic and Black Spatial Assimilation." *American Journal of Sociology* 89:836–73.

Massey, Douglas S., and LiErin Probasco. 2010. "Divergent Streams: Race-Gender Achievement Gaps at Selective Colleges and Universities." *The DuBois Review: Social Science Research on Race* 7(1): 219–46.

Massey, Douglas S., Jonathan T. Rothwell, and Thurston Domina. 2009. "Changing Bases of Segregation in the United States." *Annals of the American Academy of Political and Social Science* 626:74–90.

McClure, Kirk. 2006. "The Low-Income Housing Tax Credit Goes Mainstream and Moves into the Suburbs." *Housing Policy Debate* 17(3): 419–46.

McNulty, Thomas L., and Steven R. Holloway. 2000. Race, Crime, and Public Housing in Atlanta: Testing a Conditional Effect Hypothesis." *Social Forces* 79:707–29.

Mendenhall, Ruby, Stefanie DeLuca, and Greg Duncan. 2006. "Neighborhood Resources, Racial Segregation, and Economic Mobility: Results from the Gautreaux Program." *Social Science Research* 35:892–923.

Metcalf, George R. 1988. *Fair Housing Comes of Age*. New York: Greenwood Press.

Miller, Shazia. 1998. "Order and Democracy: Trade-offs between Social Control and Civil Liberties at Lake Parc Place." *Housing Policy Debate* 9:757–73.

Mills, Edwin S., and Bruce W. Hamilton. 1997. *Urban Economics* (5th ed.). Boston: Addison-Wesley.

Molz, Michelle. 2003. "Hundreds apply for low-cost homes." *Cherry Hill Courier-Post*, September 16. http://www.southjerseynews.com/issues/september/m 091603j.htm.

Molz, Michelle, and Michael T. Burkhart. 2002. "S. J. housing project shines." *Cherry Hill Courier-Post*, May 5, 2002. http://www.southjerseynews.com/issues/may/m050502a.htm#.

Morenoff, Jeffrey, Robert J. Sampson, and Stephen Raudenbush. 2001. "Neighborhood Inequality, Collective Efficacy, and the Spatial Dynamics of Urban Violence." *Criminology* 39:517–60.

Morgan, Stephen L., and Christopher Winship . 2007. *Counterfactuals and Causal Inference: Methods and Principles for Social Research*. New York: Cambridge University Press.

Morris, Martina, and Bruce Western. 1999. "Inequality in earnings at the close of the twentieth century." *Annual Review of Sociology* 25: 623–57.

Murphy, Alexandra K., and Danielle Wallace. 2010. "Opportunities for Making Ends Meet and Upward Mobility: Differences in Organizational Deprivation Across Urban & Suburban Poor Neighborhoods." *Social Science Quarterly* 91(5): 1164–86.

Nelson, Arthur C., Thomas W. Sanchez, and Casey J. Dawkins. 2004. "The effect of urban containment and mandatory housing elements on racial segregation in U.S. metropolitan areas, 1990–2000. *Journal of Urban Affairs* 26:339–50.

New Jersey Department of Community Affairs. 2010. "Proposed and Completed Affordable Units. Trenton: Department of Community Affairs. Accessed online January 2010. http://www.state.nj.us/dca/affiliates/coah/reports/units.pdf.

———. 2011. "About DCA." Trenton: Department of Community Affairs. Accessed online October 19, 2011. http://www.nj.gov/dca/about/index.html.

New Jersey Department of Education. 2011. 2009 Department of Education School Report Card File. Trenton: New Jersey Department of Education. Accessed September 7–8 at http://education.state.nj.us/rc/rc09/index.html.

New Jersey Division of State Police. 1990–2009. *Uniform Crime Report: State of New Jersey*. West Trenton: New Jersey Division of State Police. Accessed August, 15–16 at http://www.state.nj.us/njsp/info/stats.html.

New Jersey Division of Taxation. 2010a. "Average Residential Sale Price." Accessed online January 2011. http://www.state.nj.us/treasury/taxation/lpt/class2avgsales.shtml.

———. 2010b. "General Tax Rates by County and Municipality." Accessed online January 2011. http://www.state.nj.us/treasury/taxation/lpt/taxrate.shtml.

New Jersey Housing and Mortgage Finance Agency. 2011. "About the HMFA." Trenton: Housing and Mortgage Finance Agency. Accessed October 19, 2011. http://www.nj.gov/dca/hmfa/.

Newman, Oscar. 1972. *Defensible Space: Crime Prevention Through Urban Design*. New York: Macmillan.

Nguyen, Mai Thi. 2005. "Does affordable housing detrimentally affect property values? A review of the literature." *Journal of Planning Literature* 20:15–26.

North, Douglas C. 1990. *Institutions, Institutional Change and Economic Performance*. Cambridge: Cambridge University Press.

O'Flaherty, Brendan. 1996. *Making Room: The Economics of Homelessness*. Cambridge, MA: Harvard University Press.

Orfield, Myron. 2002. *American Metropolitics: The New Suburban Reality*. Washington, DC: Brookings Institution Press.

O'Sullivan, Arthur. 2008. *Urban Economics* (7th ed.). New York: McGraw Hill.

Park, Robert E. 1926. "The Urban Community as a Spatial Pattern and A Moral Order." Pp. 3–18 in Ernest W. Burgess, ed., *The Urban Community*. Chicago: University of Chicago Press.

Patterson, Kelly L., and Robert M. Silverman. 2011. *Fair and Affordable Housing in the U.S.: Trends, Outcomes, Future Directions*. Leiden: Brill.

Pearsall, R., and Wahl, J. 2000. "Complex provides a new start." *Cherry Hill Courier Post*, pp. 1A, 5A, November 20.

Pendall, Rolf. 2000. "Local land-use regulation and the chain of exclusion." *Journal of the American Planning Association* 66:125–42.

Pendall, Rolf., Robert Puentes, and Jonathan Martin. 2006. "From traditional to reformed: A review of land use regulations in the nation's 50 largest metropolitan areas." Brookings Institution Research Brief, Washington, DC.

Piketty, Thomas, and Emmanuel Saez. 2003. "Income Inequality in the United States, 1913–1998." *Quarterly Journal of Economics* 158:1–16.

Pizarro, Max. 2009. "Christie all but drives a stake through COAH in Monmouth County remarks." Politicker NJ. Accessed 7/25/2011. http://www .politickernj.com/max/ 27179/christie-all-drives-stake-through-coah-monmouth -county-remarks.

Polikoff, Alexander. 2006. *Waiting for Gautreaux: A Story of Segregation, Housing, and the Black Ghetto*. Evanston, IL: Northwestern University Press.

Popkin, Susan J., Victoria E. Gwiasda, Lynn M. Olson, and Dennis P. Rosenbaum. 2000. *The Hidden War: Crime and the Tragedy of Public Housing in Chicago*. New Brunswick, NJ: Rutgers University Press.

Popkin, Susan J., Bruce Katz, Mary K. Cunningham, Karen D. Brown, Jeremy Gustafson, and Margery A. Turner. 2004. A *Decade of HOPE VI: Research Findings and Policy Challenges*. Washington, DC: The Urban Institute and the Brookings Institution.

Portes, Alejandro. 2010. *Economic Sociology: A Systematic Inquiry*. Princeton, NJ: Princeton University Press.

Portes, Alejandro, and Erik Vickstrom. 2011. "Diversity, Social Capital, and Cohesion." *Annual Review of Sociology* 37:461–79.

Purnell, Thomas, William Idsardi, and John Baugh. 1999. "Perceptual and Phonetic Experiments on American English Dialect Identification." *Journal of Language and Social Psychology* 18:10–30.

Putnam, Robert D. 2000. *Bowling Alone: The Collapse and Revival of American Community*. New York: Simon and Schuster.

———. 2007. "E Pluribus Unum: Diversity and Community in the 21st Century: The 2006 Johan Skytte Prize Lecture." *Scandinavian Political Studies* 30(2): 137–74.

Rabiega, William A., Ta-win Lin, and Linda M. Robinson. 1984. "The Property Value Impacts of Public Housing Projects in Low and Moderate Density Residential Neighborhoods." *Land Economics* 60:174–79.

Rabinowitz, Alan. 2004. Urban Economics and Land Use in America: The Transformation of *Cities in the Twentieth Century*. New York: M. E. Sharp.

Rainwater, Lee. 1970. *Behind Ghetto Walls: Black Families in a Federal Slum*. Chicago: Aldine, Atherton.

Reardon, Sean F., and Kendra Bischoff. 2011a. "Income Inequality and Income Segregation." *American Journal of Sociology* 116(4), 1092–153.

———. 2011b. Growth in the Residential Segregation of Families by Income, 1970–2009. American Communities Project, Brown University. www.s4 .brown.edu/us2010/Data/Report/report111111.pdf.

Roncek, Dennis W., Ralph Bell, and Jeffrey M. A. Francik. 1981. "Housing Projects and Crime: Testing a Proximity Hypothesis." *Social Problems* 29: 151–66.

Rose, Jerome G., and Robert E. Rothman 1977. *After Mount Laurel: New Suburban Zoning*. New Brunswick, NJ: Rutgers Center for Urban Policy Research.

Rosenbaum, James E. 1991. "Black Pioneers: Do Their Moves to the Suburbs Increase Economic Opportunity for Mothers and Children?" *Housing Policy Debate* 2:1179–213.

Rosenbaum, James E., Marilyn J. Kulieke, and Leonard S. Rubinowitz. 1987. "Low-income Black Children in White Suburban Schools: A Study of School and Student Responses." *Journal of Negro Education* 56:35–43.

Rosenbaum, James E., and Susan J. Popkin. 1990. Economic and Social Impacts of Housing Integration: A Report to the Charles Stewart Mott Foundation. Evanston, IL: Center for Urban Affairs and Policy Research.

———. 1991. "Employment and Earnings of Low-income Blacks who Move to Middle-class Suburbs," in Christopher Jencks and Paul Peterson, eds. *The Urban Underclass*. Washington, DC: The Brookings Institution.

Rosenbaum, James E., Susan J. Popkin, Julia E. Kaufman, and Jennifer Rusin. 1991. "Social Integration of Low-income Black Adults in Middle-class White Suburbs." *Social Problems* 38:448–61.

Rosin, Hanna. 2008. "American Murder Mystery." *The Atlantic*, July/August 2008. http://www.theatlantic.com/magazine/archive/2008/07/american-murder -mystery/6872/.

Ross, Stephen L., and Margery A. Turner. 2004. "Other Things Being Equal: A Paired Testing Study of Discrimination in Mortgage Lending." *Journal of Urban Economics* 55:278–97.

Rossi, Peter H. 1980. *Why Families Move*. Thousand Oaks, CA: Sage Publications.

Rothwell, Jonathan T. 2011. "Racial Enclaves and Density Zoning: The Institutionalized Segregation of Racial Minorities in the United States." *American Law and Economics Review* 13(1): 290–358.

———. 2012. "The Effects of Racial Segregation on Trust and Volunteering in U.S. Cities." *Urban Studies* 49(10): 2109–36.

Rothwell, Jonathan T., and Douglas S. Massey. 2009. "The Effect of Density Zoning on Racial Segregation in U.S. Urban Areas." *Urban Affairs Review* 44:799–806.

———. 2010. "Density Zoning and Class Segregation in U.S. Metropolitan Areas." *Social Science Quarterly* 91:1123–43.

Rubin, Donald B. 2006. *Matched Sampling for Causal Effects*. New York: Cambridge University Press.

Rubinowitz, Leonard S., and James E. Rosenbaum. 2000. *Crossing the Class and Color Lines: From Public Housing to White Suburbia*. Chicago: University of Chicago Press.

Rugh, Jacob S., and Douglas S. Massey. 2010. "Racial Segregation and the Amer-
ican Foreclosure Crisis." *American Sociological Review* 75(5): 629–51.

———. 2012. Residential Isolation by Race and Class: Trends in the United
States since 1970. Working Paper, Office of Population Research, Princeton
University.

Sampson, Robert J. 1990. "The Impact of Housing Policies on Community Dis-
organization and Crime." *Bulletin of the New York Academy of Medicine*
66:526–33.

———. 1993. "The Community Context of Violent Crime." Pp. 259–86 in *So-
ciology and the Public Agenda*, edited by William Julius Wilson. Newbury
Park, CA: Sage.

———. 2008. "Moving to Inequality: Neighborhood Effects and Experiments
Meet Social Structure." *American Journal of Sociology* 114:189–231.

———. 2009. "Racial Stratification and the Durable Tangle of Neighborhood
Inequality." *Annals of the American Academy of Political and Social Science*
621:260–80.

———. 2012. *Great American City: Chicago and the Enduring Neighborhood
Effect*. Chicago: University of Chicago Press.

Sampson Robert J., Jeffrey Morenoff, and Felton Earls. 1999. "Beyond Social
Capital: Spatial Dynamics of Collective Efficacy for Children." *American So-
ciological Review* 64: 633–60.

Sampson, Robert J., J. Morenoff, and T. Gannon-Rowley. 2002. "Assessing
Neighborhood Effects: Social Processes and New Directions in Research." *An-
nual Review of Sociology* 28:443–78.

Sampson, Robert J., Stephen Raudenbush, and Felton Earls. 1997. "Neighbor-
hoods and Violent Crime: A Multilevel Study of Collective Efficacy." *Science*
277:918–24.

Sampson, Robert J., and Patrick Sharkey. 2008. "Neighborhood Selection and the
Social Reproduction of Concentrated Racial Inequality." *Demography* 45:1–29.

Sampson, Robert J., Patrick Sharkey, and Stephen Raudenbush. 2008. "Dura-
ble Effects of Concentrated Disadvantage on Verbal Ability among African-
American Children." *Proceedings of the National Academy of Sciences* 105,
No. 3: 845–53.

Sampson, Robert J., and William Julius Wilson. 1995. "Toward a Theory of Race,
Crime, and Urban Inequality." In *Crime and Inequality*, edited by John Hagan
and Ruth Peterson. Stanford, CA: Stanford University Press.

Santiago, Anna M., George C. Galster, and Peter Tatian. 2001. "Assessing the
Property Value Impacts of the Dispersed Housing Subsidy Program in Denver."
Journal of Policy Analysis and Management 20(1): 65–88.

Schwartz, Alex F. 2006. *Housing Policy in the United States* (2nd ed.). New York:
Routledge.

Shaw, Clifford, and Henry McKay. 1969. *Juvenile Delinquency and Urban Areas*.
Chicago: University of Chicago Press.

Skogan, Wesley G. 1990. *Disorder and Decline: Crime and the Spiral of Decay in
American Neighborhoods*. New York: Free Press.

Small, Mario Luis. 2004. *Villa Victoria: The Transformation of Social Capital in
a Boston Barrio*. Chicago, IL: University of Chicago Press.

Small, Mario L., and Katherine Newman. 2001. "Urban Poverty after the Truly Disadvantaged: The Rediscovery of the Family, the Neighborhood, and Culture." *Annual Review of Sociology* 27:23–45.

Smeeding, Timothy M., Jeffrey P. Thompson, Asaf Levanon, and Esra Burak. 2011. Inequality, and Poverty over the Early Stages of the Great Recession. Pp. 82–126 in David B. Grusky, Bruce Western, and Christopher Wimer, eds., *The Great Recession*. New York: Russell Sage Foundation.

Smith, Robin, and Michelle DeLair. 1999. "New Evidence from Lender Testing: Discrimination at the Pre-Application Stage." Pp. 23–41 in Margery A. Turner and Felicity Skidmore, eds., *Mortgage Lending Discrimination: A Review of Existing Evidence*. Washington, DC: Urban Institute.

Smothers, Ronald. 1997a. "Decades Later, Town Considers Housing Plan for the Poor." *New York Times*, March 3, p. B1.

———. 1997b. "Low-Income Houses and a Suburb's Fear." *New York Times*, April 5, p. 25.

———. 1997c. "Ending Battle, Suburb Allows Homes for Poor." *New York Times*, April 12, p. 21.

Spector, Paul E. 1981. *Research Designs*. Thousand Oaks, CA: Sage Publications.

Spoto, Mary Ann. 2012. "N.J. Supreme Court: Christie Can't Abolish Council of Affordable Housing." *Newark Star-Ledger*, June 11. http://www.nj.com/news/index.ssf/2012/06/nj_supreme_court_christie_cant.html.

Squires, Gregory D. 1994. *Capital and Communities in Black and White: The Intersections of Race, Class, and Uneven Development*. Albany: SUNY Press.

———. 1997. *Insurance Redlining: Disinvestment, Reinvestment, and the Evolving Role of Financial Institutions*. Washington, DC: Urban Institute Press.

———. 2004. *Why the Poor Pay More: How to Stop Predatory Lending*. Westport, CT: Praeger/Greenwood Publishing Group.

———. 2007. "Overcoming Discrimination in Housing, Credit, and Urban Policy," *Buffalo Public Interest Law Journal* 25:81–95.

Squires, Gregory D., and Jan Chadwick. 2006. "Linguistic Profiling: A Tradition of the Property Insurance Industry." *Urban Affairs Review* 41(3): 400–15.

Stack, Carol. 1974. *All Our Kin: Strategies for Survival in a Black Community*. New York: Harper.

Suttles, Gerald D. 1968. *The Social Order of the Slum: Ethnicity and Territory in the Inner City*. Chicago: University of Chicago Press.

Taeuber, Karl E., and Alma F. Taeuber. 1965. *Negroes in Cities: Residential Segregation and Neighborhood Change*. Chicago: Aldine.

Telles, Edward E. 1992. "Residential Segregation by Skin Color in Brazil." *American Sociological Review* 57(2): 186–97.

———. 2004. *Race in Another America: The Significance of Skin Color in Brazil*. Princeton, NJ: Princeton University Press.

Termine, Matthew. 2010. "Promoting Residential Integration through the Fair Housing Act: Are Qui Tam Actions a Viable Method of Enforcing 'Affirmatively Furthering Fair Housing' Violations?" *Fordham Law Review* 79(3): 1367–427.

Tiebout, Charles M. 1956. "A Pure Theory of Local expenditures." *Journal of Political Economy* 64:416–24.

Tienda, Marta. 1991. "Poor People, Poor Places: Deciphering Neighborhood Effects on Poverty Outcomes." Pp. 244–62 in Joan Huber (ed.), *Macro-Micro Linkages in Sociology*. Newbury Park, CA: Sage Publications.

Tighe, J. Rosie. 2010. "Public Opinion and Affordable Housing: A Review of the Literature." *Journal of Planning Literature* 25:3–17.

Turner, Margery A., Fred Freiberg, Eerin B. Godfrey, Carla Herbig, Diane K. Levy, and Robert E. Smith. 2002. *All Other Things Being Equal: A Paired Testing Study of Mortgage Lending Institution*. Washington, DC: U.S. Department of Housing and Urban Development.

Turner, Margery A., Susan J. Popkin, and Lynette A. Rawlings. 2008. *Public Housing and the Legacy of Segregation*. Washington, DC: Urban Institute Press.

Tversky, Amos, and Daniel Kahneman. 1991. "Loss Aversion in Riskless Choice: A Reference-Dependent Model." *Quarterly Journal of Economics* 106(4): 1039–61.

U.S. Census Bureau. 2009. U.S. Decennial Census—Profile of Selected Housing Characteristics & Profile of Selected Social Characteristics. Accessed online June 2009. http://factfinder.census.gov/home/saff/main.html.

———. 2011a. Income Inequality: Historical Statics. Census Web Page. http://www.census.gov/hhes/www/income/data/historical/inequality/index.html.

———. 2011b. *American Fact Finder*. Accessed 7/25/11. http://factfinder2.census.gov/faces/nav/jsf/pages/index.xhtml.

Varady, David P., and Carole C. Walker. 2007. *Neighborhood Choices: Section 8 Housing Vouchers and Residential Mobility*. New Brunswick, NJ: Rutgers Center for Urban Policy Research.

Vernarelli, Michael J. 1986. "Where Should HUD Locate Assisted Housing?: The Evolution of Fair Housing Policy." Pp. 214–34 in John M. Goering, ed., *Housing Desegregation and Federal Policy*. Chapel Hill: University of North Carolina Press.

Venkatesh, Sudhir A. 2000. *American Project: The Rise and Fall of a Modern Ghetto*. Cambridge, MA: Harvard University Press.

Weatherburn, Don, Bronwyn Lind, and Simon Ku. 1999. "'Hotbeds of Crime?' Crime and Public Housing in Urban Sydney." *Crime and Delinquency* 45: 256–71.

Wilson, James Q. 1983. *Thinking About Crime*. New York: Basic Books.

Wilson, James Q., and George L. Kelling. 1982. "Broken Windows." *The Atlantic Monthly*, March, pp. 29–38.

Wilson, William Julius. 1987. *The Truly Disadvantaged: The Inner City, the Underclass, and Public Policy*. Chicago: University of Chicago Press.

Wolf, L. A., B. S. Armour, and V. A. Campbell. 2008. "Racial/Ethnic Disparities in Self-Rated *Morbidity & Mortality Weekly Report* 57(39):1069–73.

Wolff, Edward N. 2004. "Changes in household wealth in the 1980s and 1990s in the U.S." Working Paper No. 407. Annandale-on-Hudson, NY: The Levy Economics Institute of Bard College.

———. 2010. "Recent trends in household wealth in the United States: Rising debt and the middle-class squeeze—an update to 2007." Working Paper No. 589. Annandale-on-Hudson, NY: The Levy Economics Institute of Bard College.

Wolfgang, Marvin E., Robert M. Figlio, Paul E. Tracy, and Simon I. Singer. 1985. *The National Survey of Crime Severity*. Washington, DC: U.S. Government Printing Office

Yinger, John. 1995. *Closed Doors, Opportunities Lost: The Continuing Costs of Housing Discrimination*. New York: Russell Sage.

索　引

后 记

　　城市作为人类文明的一种样式，一方面越来越为人们熟悉和接纳，另一方面，又不断对人类文明提出新的挑战。在我国，城市发展问题日益凸显。我们仅用三十年的时间就走过了西方发达国家上百年时间才走完的城市化历程。这种压缩式发展随着快速全球化将西方国家在不同发展阶段出现的城市社会问题在中国也集中地表现出来。当前，因城市化、工业化和全球化而引发的各种"城市病"，成为阻碍我国城市可持续协调发展的重要问题，这些问题包括城市社会不平等、人口老龄化、社会区隔/社会偏见与社会歧视、社会失序等。因此，如何从社会政策、公共政策上保证改革开放的成果为大多数社会成员所分享，减少社会不平等，缓解人口老龄化问题，消解社会区隔，减缓社会压力，寻求有效的社会治理之道，成为近年来我国社会学学者普遍关心的问题。

　　"他山之石，可以攻玉"。组织译介国外社会学关于城市研究经典著作的初衷就是想在理论研究、经验研究和政策研究等方面为解决我国在城市化进程中出现的主要问题提供一些借鉴，通过不同实践的比较分析，在学术上探究如何推进我国城市发展的理论解释，在实践中探索如何破解我国城市发展问题的有效途径。因此，这套丛书不仅包括城市理论的著作，还包括不同层面和视角的经验研究，这些经验研究涉猎的现实问题在我国城市也不同程度或以不同的方式存在着。我们希冀这套丛书能够对城市研究的进一步深入开展有所帮助。

　　本套丛书翻译工作是上海大学基层治理创新研究中心一项重要的科研任务，李友梅教授负责总体策划，组织实施等具体工作由张海东教授负责。参加翻译的主要人员为该中心各主要合作单位的年轻学者，他们英文功底好，大都有海外留学经历和很好的专业素养，在该领域有较好的研究基础。感谢他们辛苦的工作。同时，还要感谢的是社会科学文献出版社的编辑杨桂凤老师，她为本套丛书的出版做了大量的工作。可以说，这项工作的圆满完成汇聚了集体的智慧和力量，是一项协同创新的有益尝试。

图书在版编目（CIP）数据

攀登劳雷尔山：一个美国郊区围绕保障性住房的抗
争及社会流动／（美）道格拉斯·S.梅西
（Douglas S. Massey）等著；朱迪，张悦怡译. -- 北京：
社会科学文献出版社，2017.6
（城市研究. 经典译丛）
书名原文：Climbing Mount Laurel：The Struggle
for Affordable Housing and Social Mobility in an
American Suburb
ISBN 978 - 7 - 5097 - 9683 - 2

Ⅰ.①攀… Ⅱ.①道… ②朱… ③张… Ⅲ.①住宅 -
社会保障 - 研究 - 美国 Ⅳ.①D771.27②F299.712.331

中国版本图书馆 CIP 数据核字（2016）第 212823 号

城市研究·经典译丛
攀登劳雷尔山
——一个美国郊区围绕保障性住房的抗争及社会流动

著　　者／〔美〕道格拉斯·S.梅西（Douglas S. Massey）
　　　　　〔美〕兰·奥尔布赖特（Len Albright）
　　　　　〔美〕瑞贝卡·卡斯诺（Rebecca Casciano）
　　　　　〔美〕伊丽莎白·德里克森（Elizabeth Derickson）
　　　　　〔美〕大卫·N.肯锡（David N. Kinsey）
译　　者／朱　迪　张悦怡
出 版 人／谢寿光
项目统筹／杨桂凤
责任编辑／杨桂凤　吴良良

出　　版／社会科学文献出版社·社会学编辑部（010）59367159
　　　　　地址：北京市北三环中路甲 29 号院华龙大厦　邮编：100029
　　　　　网址：www.ssap.com.cn
发　　行／市场营销中心（010）59367081　59367018
印　　装／三河市尚艺印装有限公司

规　　格／开本：787mm×1092mm　1/16
　　　　　印张：17.5　字数：285 千字
版　　次／2017 年 6 月第 1 版　2017 年 6 月第 1 次印刷
书　　号／ISBN 978 - 7 - 5097 - 9683 - 2
著作权合同
登 记 号／图字 01 - 2015 - 3042 号
定　　价／79.00 元